Dieter Kroll / Jürgen Dzudzek (Hrsg.)

Neue Wege des Gesundheitsmanagements

Dieter Kroll / Jürgen Dzudzek (Hrsg.)

Neue Wege des Gesundheitsmanagements

„Der gesunderhaltende Betrieb" –

Das Beispiel Rasselstein

GABLER

Bibliografische Information der Deutschen Nationalbibliothek
Die Deutsche Nationalbibliothek verzeichnet diese Publikation in der
Deutschen Nationalbibliografie; detaillierte bibliografische Daten sind im Internet über
<http://dnb.d-nb.de> abrufbar.

1. Auflage 2010

Alle Rechte vorbehalten
© Gabler | GWV Fachverlage GmbH, Wiesbaden 2010

Gesamtprojektleitung: Dr. Rudolf Carl Meiler, ThyssenKrupp Steel AG, Duisburg
Redaktion: Christina Budde, Budde und Co, Bonn
Lektorat: Barbara Möller / Gabi Staupe

Gabler ist Teil der Fachverlagsgruppe Springer Science+Business Media.
www.gabler.de

Gestaltung des Umschlags und der Zwischenblätter: OLIVA. – Oliver Freigang, Berlin
Satz und Layout: deckermedia GbR, Vechelde
Druck und buchbinderische Verarbeitung: MercedesDruck, Berlin
Gedruckt auf säurefreiem und chlorfrei gebleichtem Papier
Printed in Germany

ISBN 978-3-8349-0938-1

Stimmen zum Buch

„Der demografische Wandel macht auch vor großen Unternehmen nicht halt. Ein wichtiger Lösungsansatz für dieses Problem ist das betriebliche Gesundheitsmanagement. Wie in vielen Unternehmen hat die betriebliche Gesundheitsförderung auch bei der ThyssenKrupp AG eine lange Tradition. Die bei Rasselstein im Modellprojekt „Der gesunderhaltende Betrieb" erprobten systematischen Ansätze hat es bisher in diesem Ausmaß und in dieser Konsequenz noch nicht gegeben. Mit der vorliegenden Publikation werden das Konzept, die Ideen und praktischen Erfahrungen nicht nur im ThyssenKrupp Konzern bekannt gemacht, sondern auch einer breiten Öffentlichkeit vorgestellt."

PROF. DR. EKKEHARD SCHULZ,
Vorsitzender des Vorstandes der ThyssenKrupp AG

„Betriebliches Gesundheitsmanagement kann als wichtiger Teil eines strategischen Personalmanagements bezeichnet werden. Dauerhaft hohe Leistungen lassen sich nur mit Mitarbeitern erbringen, die sich wohl fühlen und gesund sind. Betriebliches Gesundheitsmanagement senkt Kosten, zum Beispiel von Fehlzeiten und Unfällen. Aber es bringt auch den Beschäftigten einen deutlichen Gewinn. „Gesund und munter in die Rente", so lautet das Motto. Welche Erfolgskriterien bei der Umsetzung zu beachten sind, vermittelt das bei Rasselstein engagiert umgesetzte Projekt „Der gesunderhaltende Betrieb", das hier umfassend dargestellt wird."

RALPH LABONTE,
Mitglied des Vorstandes und Arbeitsdirektor der ThyssenKrupp AG

„Das Modellprojekt „Der gesunderhaltende Betrieb" ist ein wichtiger Baustein moderner betrieblicher Gesundheitspolitik. Um gesund zu arbeiten, braucht es die richtigen Bedingungen, aber man kann auch selbst etwas tun. Wenn die Angebote stimmen, werden sie auch wahrgenommen. Die Überzeugungsarbeit bei ThyssenKrupp Steel AG lohnt sich: Viele Beschäftigte sind bereit, die Angebote anzunehmen und Gewohnheiten zu verändern. Die gesundheitsfördernden Maßnahmen werden gut angenommen. Es ist gelungen, zu einer aktiven Gesundheitsvorsorge zu motivieren."

OLIVER BURKHARD,
Bezirksleiter der IG Metall in NRW

Grußworte

Von Dr. Heinz-Siegmund Thieler, VMBG Vereinigung der Metall-Berufsgenossenschaften

„Der grundlegende Wandel der Wirtschaft seit Beginn der 80er Jahre ist geprägt von Lean Management, Fusionen und zunehmendem Wettbewerbsdruck. Die Veränderungen im Wirtschaftsleben haben auch eine Verschiebung des Belastungsspektrums der Beschäftigten begünstigt. Um mit gesunden, leistungsfähigen, kreativen und motivierten Mitarbeitern am Markt bestehen zu können, muss der Gesundheitsförderung und der Gesunderhaltung der Beschäftigten ein hoher Stellenwert zukommen. Hier gilt es, den Wandel von kurativen Maßnahmen zur ganzheitlichen Prävention zu vollziehen.

Wirtschaftliche Aspekte wie Rendite, Ausfallzeiten, Qualität und Kundenzufriedenheit sind wesentlich davon abhängig, inwieweit die Gesundheit als zentrales Gut des Menschen auch in der Arbeitswelt Beachtung findet. Die Verankerung von Arbeitsschutz und Gesundheitsthemen in die betriebliche Unternehmensphilosophie bildet die Basis bei der Reduzierung von Unfallzahlen bis hin zur Vision der Null-Arbeitsunfälle.

Um der Balance zwischen Leistung und Gesundheit gerecht zu werden, hält die Vereinigung der Metall-Berufsgenossenschaften (VMBG) Präventionsmanagementsysteme, wie sie in diesem Projekt aufgezeigt werden, für ein geeignetes Instrument, dieses Ziel langfristig zu erreichen.

In der finanziellen wie auch personellen Unterstützung dieses Projektes durch die VMBG spiegelt sich schwerpunktmäßig die beispielhafte Umsetzung des gesetzlichen Auftrages zur Verhütung arbeitsbedingter Gesundheitsgefahren als Präventionsziel wider.

Mit dieser nunmehr abgeschlossenen Arbeit verbinden wir den Wunsch, dass dieses Projekt in möglichst zahlreichen Betrieben etabliert wird. Für die Gesunderhaltung und Leistungsfähigkeit des Arbeitnehmers wäre auf diese Weise auf Dauer ein wesentlicher Beitrag zu leisten, der ganz im Sinne des Präventivgedankens der Vereinigung der Metall-Berufsgenossenschaften stehen würde."

Von Prof. em. Dr. rer. soc. Bernhard Badura

„In einer alternden Gesellschaft mit steigenden Anforderungen an die Beschäftigten wird eine aktive betriebliche Gesundheitspolitik zum zentralen Element einer mitarbeiterorientierten Unternehmensführung. Die Rasselstein GmbH gehört zu den immer noch nicht sehr zahlreichen Unternehmen, die dies erkannt haben. Hauptverursacher von Krankheitskosten sind eine überschaubare Anzahl chronischer Störungen. Sie sind verantwortlich für psychische und körperliche Beeinträchtigungen der Arbeitsfähigkeit („Präsentismus"), für Fehlzeiten („Absentismus"), aufwendige Behandlung und kostspielige Frühberentung. Durch ein professionelles betriebliches Gesundheitsmanagement lassen sich Gesundheit und Wettbewerbsfähigkeit der Mitarbeiterinnen und Mitarbeiter fördern und die Entstehung chronischer Erkrankungen vermeiden oder deutlich hinausschieben.

Neben in Teilen der Wirtschaft immer noch hohen Krankenständen erweist sich gegenwärtig der demografische Wandel als Haupttreiber einer aktiven betrieblichen Gesundheitspolitik. Seine absehbaren Folgen für die Wirtschaft und die sozialen Sicherungssysteme sind tatsächlich erheblich. Unterlässt ein Unternehmen die Entwicklung eines professionell betriebenen Gesundheitsmanagements, dann muss zukünftig mit steigenden Fehlzeiten, sinkender Produktivität, mit einem sinkenden Angebot hochtalentierter Arbeitsuchender und steigenden Lohnnebenkosten gerechnet werden."

Inhalt

Vorwort

Als die Geschäftsleitung der Rasselstein GmbH 2003 mit dem „gesund-erhaltenden Betrieb" ein Pilotprojekt zum betrieblichen Gesundheitsmanagement ins Leben rief, waren einige der Rasselsteiner Führungskräfte und Beschäftigten zunächst skeptisch. „Es geht uns doch gut. Was brauchen wir ein Gesundheitsmanagement?", so die vorherrschende Meinung.

In der Tat ist die Rasselstein GmbH gut aufgestellt. Dank einer umfassenden Neuorganisation Mitte der 90er Jahre nach dem Muster der Teamorganisation und eines kontinuierlichen Verbesserungsprozesses hat sich das Unternehmen zum weltweit größten Produktionsstandort und zum Qualitätsführer für Weißblech entwickelt. Die Fehlzeitenquote liegt mit durchschnittlich 3,0 bis 3,5 Prozent an der Spitze des Branchenvergleichs. Auch die niedrigen Unfallzahlen nehmen einen vorderen Platz in der europäischen Stahlindustrie ein. Dass der Arbeits- und Gesundheitsschutz seit jeher einen wichtigen Platz im Unternehmen hat, zeigt sich auch am Unternehmensziel „Null Unfälle".

Dennoch gab und gibt es Handlungsbedarf. In Zeiten der Globalisierung und des schnellen unternehmerischen Wandels sind Technik und Maschinen weltweit nahezu gleichermaßen verfügbar. Zum entscheidenden Faktor für den Erfolg wird das Human- und Sozialkapital: Qualifizierte, motivierte und leistungsfähige Mitarbeiterinnen und Mitarbeiter sind die wichtigste Ressource eines Betriebes. Wer in die Gesundheit und das Wohlbefinden seiner Beschäftigten investiert, investiert deshalb in die Zukunft der Menschen und die des Unternehmens.

Darüber hinaus ist die Rasselstein GmbH wie alle bundesdeutschen Unternehmen vom demografischen Wandel betroffen: Das steigende Durchschnittsalter stellt uns vor die Herausforderung, mit einer alternden Belegschaft am Markt erfolgreich zu sein. Ältere Mitarbeiter sind zwar im Durchschnitt nicht häufiger krank als ihre jüngeren Kollegen, dafür aber häufig länger. Eine wichtige Rolle spielen hier chronische Erkrankungen, die sich oft erst ab 50 Jahren manifestieren. Ein vorausschauendes Gesundheitsmanagement setzt deshalb auf präventive Maßnahmen, die die Gesundheit erhalten und chronische Erkrankungen verhindern.

Wie kaum ein anderes Managementinstrument schafft das Gesundheitsmanagement eine Win-Win-Situation für Arbeitgeber und Arbeitnehmer. Beschäftigungsfähige und leistungsbereite Arbeitnehmer sind produktiver, entwickeln mehr Ideen, bleiben dem Unternehmen länger treu. Und den Beschäftigten macht nicht nur das Arbeiten mehr Spaß, sondern sie sind auch in der Lage, ihre wohlverdiente Rente noch gesund und munter anzutreten.

Gesundheit ist ein existenzielles Gut, für das der Arbeitgeber im betrieblichen Umfeld eine hohe Verantwortung trägt. Es ist Teil seiner gesellschaftlichen Verpflichtung, sowohl für gesundheitsgerechte Arbeitsbedingungen zu sorgen als auch den einzelnen Menschen zu einem gesundheitsförderlichen Verhalten zu befähigen.

Diese Kombination aus „Verhältnis"- und „Verhaltensprävention" ist nur ein Teil der Qualitätskriterien, die einem zeitgemäßen Gesundheitsmanagement wie dem „gesunderhaltenden Betrieb" zugrunde liegen. Salutogenese, Ganzheitlichkeit, Beteiligungsorientierung, kontinuierliche Verbesserungsprozesse und die Orientierung an aktuellen Erkenntnissen der Arbeits- und Gesundheitswissenschaften sind weitere Kriterien. Mit der Einführung eines integrierten Präventionsmanagementsystems wird die organisatorische Trennung zwischen Arbeitsschutz und Gesundheitsschutz aufgehoben, neue Schnittstellen entstehen. Das erfordert eine Zusammenarbeit, die aufgrund unterschiedlicher Interessen nicht immer einfach ist. Aber die Anstrengung lohnt sich, wie die Evaluationsergebnisse des Projektes zeigen. Bei der Rasselstein GmbH ist eine „Gesundheitskultur" entstanden, die heute von den Rasselsteiner Führungskräften und Beschäftigten gleichermaßen überzeugt getragen wird.

„Der gesunderhaltende Betrieb" ist während seiner Projektlaufzeit mehrfach ausgezeichnet worden: vom Bundesministerium für Wirtschaft und Technologie im Wettbewerb „Chancen mit Erfahrung", über eine gute Platzierung beim Ranking des Handelsblattes bis hin zum „Zukunftsradar" des Landes Rheinland-Pfalz. Die Ehrungen zeigen, dass es bislang wenige Gesundheitsprojekte gibt, die ein so umfassendes, systematisches und damit auch nachhaltiges Gesundheitsmanagement im Betrieb etabliert haben.

Ohne die großzügige Unterstützung der Hütten- und Walzwerks-Berufsgenossenschaft und der Vereinigung der Metallgenossenschaft sowie der Krankenkasse Novitas BKK wäre eine erfolgreiche Umsetzung des Projekts nicht möglich gewesen. Damit auch andere Unternehmen von den Erkenntnissen profitieren können, die die Rasselstein GmbH sammeln konnte, haben wir Ihnen im Sinne eines überbetrieblichen Wissenstransfers mit der vorliegenden Publikation Leitgedanken, Methodik, Umsetzung und Ergebnisse des Projektes „Der gesunderhaltende Betrieb" zusammengestellt.

Die Rasselstein GmbH ist ein Unternehmen, das sich noch nie vor Innovationen und Veränderungen gescheut hat. Insofern ist es kein Wunder, dass die „Neuen Wege des Gesundheitsmanagements" schon das zweite Buch sind, das erfolgreiche Veränderungsprozesse im Unternehmen beschreibt. Der Vorgänger „Neue Wege der Organisation" erläutert den umfangreichen Reorganisationsprozess des Unternehmens in den 90er Jahren.

Allen Leserinnen und Lesern wünschen wir viele Anregungen für ihr eigenes Gesundheitsmanagement und vor allem die Tatkraft, um das Thema Gesundheit in ihrem Betrieb nachhaltig zu verankern.

Glückauf!

DIETER KROLL
Arbeitsdirektor und Mitglied des Vorstands der ThyssenKrupp Steel AG

Hinweis: Um das Buch so klar und verständlich wie möglich zu gestalten, wird bewusst darauf verzichtet, jeweils auch eine Form der weiblichen Schreibweise zu benutzen. Selbstverständlich ist mit dem Mitarbeiter auch die Mitarbeiterin, mit dem Teilnehmer auch die Teilnehmerin etc. gemeint.

Einleitung:
Was ist neu am „gesunderhaltenden Betrieb"?

Jürgen Dzudzek

Zur Entstehung des Projektes

Mit der Reform des Arbeitsschutzgesetzes aus dem Jahre 1996 haben sich die gesetzlichen Aufgaben der Berufsgenossenschaften erweitert: Zur Prävention von Arbeitsunfällen und Berufskrankheiten ist seitdem auch die Prävention arbeitsbedingter Gesundheitsgefahren hinzugekommen (siehe Kapitel 5).

Neue Aufgaben durch gesetzliche Vorgaben und die stetigen Veränderungen der Arbeitswelt erfordern neue Wege und Aktionen. Immer wieder werden deshalb in gemeinsamen Projekten der Unfall- und Krankenversicherungsträger neue Präventionsansätze erforscht und erprobt. Sie dienen dazu, Erkenntnisse über erfolgversprechende Strategien zu gewinnen, um diese gegebenenfalls auf andere Betriebe übertragen zu können.

Insofern lag die Auswahl der Rasselstein GmbH als Träger des Modellprojekts „Der gesunderhaltende Betrieb" nahe. Gerade weil der Andernacher Weißblechhersteller schon vor Projektbeginn seit vielen Jahren konstant sinkende Unfallzahlen (siehe Kapitel 12) und konstant niedrige Fehlzeiten (siehe Kapitel 16) aufweist, war ein Blick auf die verschiedenen „gesundheitsförderlichen" Einflussfaktoren, die hier einwirken, unter Forschungsaspekten lohnenswert. Die Innovationsfreudigkeit des Unternehmens war bekannt. Im Rahmen einer umfassenden Reorganisation Anfang der 90er Jahre[1] hatte man den Betrieb vor der Schließung bewahren und das Unternehmen zurück an die Weltspitze bringen können. Mit der Einführung des kontinuierlichen Verbesserungsprozesses in allen Aufgaben und Prozessen wurde eine lernende Organisation geschaffen, die sich flexibel auf die Erfordernisse des Marktes einstellt. Hierarchien wurden verflacht, Mitarbeiter bei allen Entscheidungen mit einbezogen. Mit eigenverantwortlich arbeitenden Teams, die untereinander in einem Kunden-Lieferanten-Verhältnis stehen, wurde die Arbeitsteilung deutlich verringert. So beherrscht heute ein Produktionsmitarbeiter mindestens zwei Arbeitsplätze, und in den Schichten wird laufend rotiert. Die Beschäftigten können so über den Tellerrand schauen, sich weiterentwickeln und auch unter dem Gesichtspunkt des gesundheitsförderlichen Arbeitens Ganzheitlichkeit und einen entsprechenden Handlungsspielraum erleben. Jeder Mitarbeiter weiß um die Bedeutung seines eigenen Beitrags zur Erreichung des Unternehmensziels. Über die Gruppenarbeit, die inzwischen in allen betrieblichen und überbetrieb-

---

[1] Kroll/Neumann (2004).

lichen Bereichen flächendeckend eingeführt worden ist, ist jeder in den Problemlöseprozess eingebunden. Eine Vielzahl von Weiterbildungen sorgt für die entsprechende Qualifikation der Beschäftigten. Das neue Arbeitszeitkonzept orientiert sich an den Wünschen der Kunden *und* den Bedürfnissen der Mitarbeiter. Es erlaubt viel Flexibilität in beide Richtungen. Die Schichtpläne folgen einem vorwärts rotierenden Schichtsystem mit zwei Früh-, zwei Spät- und zwei Nachtschichten, auf die vier Freitage folgen. Dies kommt dem Biorhythmus entgegen.

All diese Elemente eines neu ausgerichteten Rasselsteiner Personalmanagements waren im ursprünglichen Sinne nicht unbedingt als Maßnahmen des Gesundheitsmanagements gedacht gewesen. Dabei hatte es die „klassische" betriebliche Gesundheitsförderung auch bei der Rasselstein GmbH schon vor Projektbeginn gegeben. Der Betriebsärztliche Dienst bot beispielsweise regelmäßig Rückenschulen und Entspannungskurse an. Daneben konzentrierte man sich verstärkt auf den Arbeitsschutz, um dem Unternehmensziel „Null Unfälle" näherzukommen. Was fehlte, war ein systematisches betriebliches Gesundheitsmanagement, das interdisziplinär vorgeht und alle Bereiche so vernetzt, das weitere Synergien entstehen können, die auf die betriebliche Gesundheit einwirken. Dies einzurichten und zu erproben, war Sinn und Zweck des Projekts „Der gesunderhaltende Betrieb".

Dazu stand die Entwicklung und Anwendung neuer Methoden und Maßnahmen des betrieblichen Gesundheitsmanagements im Fokus. Ziel war es, Erfahrungen und Erkenntnisse schon während des Projekts in die beteiligten Berufsgenossenschaften und die Transferunternehmen zu vermitteln.

Was ist neu am „gesunderhaltenden Betrieb"?

Das Modellprojekt „Der gesunderhaltende Betrieb" war das erste Projekt, das einen ganzheitlichen Ansatz von betrieblichem Gesundheitsmanagement so systematisch und umfassend umgesetzt hat (vgl. das Grußwort von Prof. em. Dr. Badura). Das untermauern auch die Ergebnisse einer Befragung des BIT e.V. und der Fakultät für Gesundheitswissenschaften 2002 unter 501 repräsentativ ausgewählten Unternehmen aus Nordrhein-Westfalen[2]. Die meisten Unternehmen konzentrieren sich auf Maßnahmen des „klassischen" Arbeitsschutzes mit Arbeitsplatzbegehungen und Analysen des Unfallgeschehens. Defizite bestehen bei der Ermittlung psychischer Belastungen und der Einbindung von Führungskräften in den Arbeits- und Gesundheitsschutz. „Die Durchführung freiwilliger Maßnahmen im Bereich der Betrieblichen Gesundheitsförderung findet in geringerem Umfang statt ... und lässt deutliche Handlungspotenziale

---

[2] Online-Dokument, „Befragung BGM NRW vom 8.11.2006, in: www.bit-bochum.de/download/.

erkennen."[3] Nur sechs Prozent der Unternehmen haben die Integration des Arbeits- und Gesundheitsschutzes in die betrieblichen Managementsysteme und weiteren Betriebsbereiche wie zum Beispiel die Personalentwicklung vollzogen. Auch werten nur 29 Prozent der Betriebe die von ihnen durchgeführten Maßnahmen aus.

Die Einzigartigkeit des Projektes zeigt sich auch in der ganzheitlichen Sichtweise von Gesundheit mit ihren psychischen, physischen, mentalen und sozialen Anteilen. Neu war auch, dass neben dem Abbau von Belastungen besonders der Aufbau von gesundheitsförderlichen Potenzialen (Salutogenese, siehe Kapitel 1) betont wird, und zwar sowohl auf der Seite des einzelnen Beschäftigten als auf der Seite der Organisation, zum Beispiel in Form der Arbeitsorganisation, der Mitarbeiterbeteiligung und der Unternehmenskultur. Führungskräfte aller Ebenen werden in das Gesundheitsmanagement einbezogen. Ein wesentliches Element ist zudem, dass der Präventionsprozess als kontinuierlicher Verbesserungsprozess angelegt ist, der sich auf datenbasiertes Wissen in Form der Ergebnisse der Mitarbeiterbefragung und der betrieblichen Kennzahlen stützt. Insofern bezieht sich der Ansatz der Ganzheitlichkeit nicht nur auf ein umfassendes Gesundheitsverständnis, sondern auch auf die betriebliche Sicht- und Vorgehensweise.

Recht neu war auch, den Transfer der Projektergebnisse nicht – wie üblich – nach Abschluss des Projektes zu organisieren, sondern ihn zu einem integrierten Teil des laufenden Projektes zu machen. Die Transferunternehmen waren von Projektbeginn an im Steuerkreis vertreten und konnten dadurch unmittelbar und direkt Ergebnisse und die Entwicklung der einzelnen Handlungsfelder verfolgen. Ihr Feedback wiederum konnte für die Weiterentwicklung des „gesunderhaltenden Betriebs" genutzt werden.

Demografie und alternde Gesellschaft

Unsere Gesellschaft altert: Die durchschnittliche Lebenserwartung der in den Industriegesellschaften lebenden Menschen steigt seit mehreren Jahren kontinuierlich an. Gleichzeitig steigt seit mehreren Jahrzehnten die Dauer der erforderlichen Ausbildung für die Berufstätigkeit vor allem in Industriebetrieben. In der Stahlbranche machen sich zusätzlich die Folgen der fast drei Jahrzehnte dauernden Stahlkrise mit dem Abbau von mehr als 250.000 Arbeitsplätzen gravierend bemerkbar. Durch langjährige Frühverrentung und die Nichtübernahme vieler Ausbildungslehrgänge ist das Durchschnittsalter der Stahlbelegschaften gegenüber der übrigen gewerblichen Gesellschaft sowie auch der übrigen Industrie insgesamt drastisch gestiegen.

---

[3] Ebenda.

Daraus wurden bisher keine Konsequenzen gezogen. Alternde Belegschaften stellen jedoch sowohl die Sozialversicherungsträger als auch die betroffenen Unternehmen vor verschiedene Herausforderungen: Es gilt erstens, den gesundheitlichen Verschleiß der Arbeitnehmer während des Arbeitslebens deutlich zu reduzieren. Bislang war dieser Abbau durch die Möglichkeiten der Frühverrentung in seinen Folgen eher verdeckt und nicht sichtbar. Zweitens wird es darauf ankommen, die Fähigkeiten der älteren Arbeitnehmer jenseits ihrer körperlichen Leistungsfähigkeit in ihrer Bedeutung anzuerkennen. Und drittens muss die Arbeitsteilung zwischen jüngeren und älteren Arbeitnehmern neu strukturiert werden, wenn die Verweildauer der Beschäftigten im Unternehmen steigt.

Vordringlich ist dabei der erste Punkt: Nur, wenn der gesundheitliche Verschleiß durch physische und psychische Belastungen während des Arbeitslebens deutlich reduziert wird, kann die Rente überhaupt erreicht werden. Auch dieser Herausforderung stellt sich das Projekt „Der gesunderhaltende Betrieb". Dabei liegt das Augenmerk nicht nur auf dem körperlichen Verschleiß durch die fehlende ergonomische Gestaltung von Arbeitsplätzen, sondern in besonderem Maße auf den organisatorischen, sozialen und stressreduzierenden Maßnahmen, die die Lebensenergie ganzheitlich erhalten.

Nutzen und Effekte

Nach aktuellen arbeitswissenschaftlichen Erkenntnissen kann ein betriebliches Gesundheitsmanagement seine Wirkung nur dann entfalten, wenn es einerseits als methodisch planvolles Präventionsmanagementsystem angelegt ist, verhaltens- und verhältnispräventive Maßnahmen umfasst[4] und als dauerhafte Gemeinschaftsaufgabe aller „Führungskräfte, inner- und überbetrieblicher Experten und der Mitarbeiter fest verankert ist."[5]

Diese Kriterien erprobte das Modellprojekt „Der gesunderhaltende Betrieb". Als dreijähriges Projekt angelegt, ermöglichte es sowohl dem durchführenden Unternehmen Rasselstein GmbH, den unmittelbar beteiligten Transferunternehmen wie auch anderen interessierten Betrieben, von den Erkenntnissen und Erfahrungen zu profitieren. Vor allem auch im Hinblick auf die dauerhafte Integration des Themas in die betrieblichen Strukturen hat der zunächst modellhafte Charakter viele Vorteile: Erfolgsfaktoren im Hinblick auf Prozesse, Strukturen und Maßnahmen lassen sich in ein nachhaltiges Konzept übertragen, Fallstricke können vermieden werden.

---

[4] Badura (2002).

[5] Wilkens in: www.boeckler.de/pdf/fof_020122transparenzstudie_gesundheitsmanagement.pdf

Mithilfe eigens entwickelter Instrumente wie zum Beispiel Gesundheitsaudits (siehe Kapitel 19) können pathogene, also krankmachende physische und psychische Faktoren in der Arbeit identifiziert werden. Salutogene Faktoren, das heißt gesunderhaltende Ressourcen, wie etwa Handlungsspielraum oder soziale Unterstützung durch Vorgesetzte und Kollegen, werden durch arbeitsorganisatorische Maßnahmen und Führungskräfteentwicklung gezielt aufgebaut. Auch das individuelle Gesundheitsverhalten wird gezielt beeinflusst.

Wichtiger als eine Vielzahl von Maßnahmen, wie sie im „gesunderhaltenden Betrieb" aufgrund seines Projektcharakters möglich waren, ist jedoch das grundlegend ganzheitliche Verständnis von Gesundheit, das zielgerichtete Vorgehen und der Wille, die gesundheitlichen Bedingungen für die Beschäftigten zu verbessern.

Teil I

Leitgedanken

Kapitel 1

Die Gesundheit erhalten

Jürgen Dzudzek

1. Der Paradigmenwechsel im Gesundheitsverständnis

Neue gesetzliche Regelungen zur Umsetzung des EU-Rechts[6] führten Mitte der 90er Jahre zu einer Erweiterung des betrieblichen Präventionsauftrages, unter anderem durch das Sozialgesetzbuch SGB VII, das neue Arbeitsschutzgesetz oder das Wiedereingliederungsmanagement nach § 84 SGB IX.[7]

Möglich machte dies das moderne Arbeits- und Gesundheitsschutzrecht der EU. Mit seinem ganzheitlichen Gesundheitsverständnis, das auf dem Gesundheitsbegriff der Weltgesundheitsorganisation WHO von 1986 beruht (siehe Abschnitt 2), erlaubt es neue Wege der Gesundheitspolitik in den Betrieben.

Durch den Einfluss der Naturwissenschaften und Technik war das gesamte Industriezeitalter bis ins 20. Jahrhundert hinein geprägt von einem eher mechanistischen Verständnis von Gesundheit und Krankheit: Der menschliche Körper glich einer Maschine. Analog dazu wurden die Organe zu Funktionseinheiten des Körpers. So lange die Organe im Zusammenspiel miteinander reibungslos funktionierten, war der Mensch gesund.

Wie tief diese Sichtweise auch heute noch verwurzelt ist, zeigt sich im alltäglichen Sprachgebrauch: Das Herz wurde zur „Pumpe", später zum „Motor". Das Blut fließt wie bei Kühlaggregaten im geschlossenen „Kreislauf". Arme und Beine haben wie bei Maschinenteilen „Gelenke".

Gesundheit wurde zur Funktionsnorm, das heißt zur Messgröße, die durch quantitative Methoden erfasst wird. Krankheit war demzufolge die Abweichung von der Funktionsnorm. Körperliche Defekte wurden repariert, die für die Gesundung so wichtigen Selbstheilungskräfte lange ignoriert. Die Mediziner begannen den Menschen zu wiegen und zu vermessen und später im Labor in allen seinen Einzelteilen zu analysieren. Das Ergebnis waren Messgrößen, die als Normen fest gelegt wurden und bis heute das medizinische Bewusstsein bestimmen. So sinnvoll Cholesterin- oder Blutzuckerwerte, Harnsäure- oder Blutdruckwerte, Body-Maß-Index oder andere Messgrößen für die Diagnose sein mögen, so sehr haben sie durch ihre einseitige quantitative Ausrichtung einen inhaltsleeren Gesundheitsbegriff hinterlassen.

Dieses lange dominante medizinische Verständnis hat auch den Alltagsbegriff von Gesundheit geprägt. Immer noch denken viele: „Gesund ist, wer nicht krank ist." Das mechanistische Verständnis von Gesundheit

---

[6] Gesetz zur Umsetzung der EG-Rahmenrichtlinie Arbeitsschutz und weiterer Arbeitsschutz-Richtlinien vom 7. August 1996.

[7] Grundlage für diese gesetzlichen Änderungen ist die EU-Rahmenrichtlinie Arbeitsschutz von 1989, zahlreiche Einzelrichtlinien und Ergonomie-Normen in Zusammenhang mit der EU-Maschinenrichtlinie.

hat zudem ein Menschenbild hinterlassen, das bestimmt ist von dem Glauben an die Unmündigkeit des Menschen, denn eine Maschine hat keine Selbstverantwortung und kann sich nicht selbst reparieren. Zugleich wird das Bild bestimmt von Misstrauen, das der Mensch von der Regelnorm abweichen könnte, weshalb man ihn „überwachen" muss. Dies hat zum Beispiel in Teilen auch lange Zeit die Arbeitsmedizin beeinflusst.

Erst mit dem Eindringen biochemischer Erkenntnisse in die Medizin und mit der von der WHO angestoßenen Diskussion um ein neues Verständnis von Gesundheit hat sich das Bild verändert. Der von der WHO entwickelte Gesundheitsbegriff ersetzt die herkömmliche Lehre von Krankheit (Pathogenese) und Gesundheit (Salutogenese) durch ein ganzheitliches Verständnis. Schon die erste Gesundheitsdefinition der WHO von 1946 greift auf die antike griechische Vorstellung vom „guten Leben" zurück, indem sie das Wohlbefinden zu einem Kernelement macht. Da die EU-Rahmenrichtlinie Arbeitsschutz das Wohlbefinden und seine Erreichung als wesentliches Ziel übernimmt, erreichte mit ihrer Umsetzung in deutsches Recht 1996 erstmals eine ganzheitliche Vorstellung von Gesundheit den betrieblichen Alltag.

Bis Mitte der 90er Jahre galt für den betrieblichen Gesundheitsschutz die aus dem Jahre 1869 stammende Gewerbeordnung, die auf dem Konzept der „Vermeidung von Invalidität" beruht. Erst 1996 löste der auf dem Wohlbefinden basierende „salutogene" Ansatz des betrieblichen Gesundheitsschutzes dieses Konzept ab.

2. Die Ottawa-Charta von 1986

Der schon seit 1946 durch die WHO im Grundsatz ganzheitlich angelegte Ansatz von Gesundheit wird noch einmal deutlich erweitert mit der so genannten „Ottawa-Charta", die auf der 1. Internationalen Konferenz zur Gesundheitsförderung am 21. November 1986 in Kanada verabschiedet wurde. Die Ottawa-Charta unterscheidet inhaltlich zwischen Gesundheitsförderung und aktivem gesundheitsförderlichem Handeln. Gesundheitskompetenz und aktive Lebensbewältigung ergeben sich als neue Aufgaben des betrieblichen Gesundheitsmanagements. An die Stelle von Gesundheitserziehung tritt die Befähigung („Empowerment"). In der Charta heißt es: „Gesundheit zielt auf einen Prozess, allen Menschen ein höheres Maß an Selbstbestimmung über ihre Gesundheit zu ermöglichen und damit zur Stärkung ihrer Gesundheit zu befähigen." Im Mittelpunkt steht damit die Erschließung salutogener, also gesunderhaltender Potenziale.

Salutogene Ansätze stellen die Frage: Was hält gesund trotz Belastung? Auch soziale Systeme können salutogene Merkmale entfalten, zum Beispiel tragfähige soziale Beziehungen und soziale Unterstützung, vertrauensvolle Bindungen, gemeinsame Werte, Regeln und Überzeugungen[8] von Führungskräften und Mitarbeitern.

Der Stressforscher Antonovsky[9] beschreibt, dass neben Einflussfaktoren der Umgebung auch das individuelle „Kohärenzerleben" von entscheidender Bedeutung für den Erhalt der Gesundheit ist. Dazu müssen folgende drei Faktoren im Erleben von Anforderungen gegeben sein:

1. „Comprehensibility" (Begreifbarkeit): Anforderungen müssen verstehbar und vorhersehbar sein.
2. „Manageability" (Beeinflussbarkeit): Anforderungen müssen zu erfüllen oder zu beeinflussen sein.
3. „Meaningfulness" („Sinnhaftigkeit"): Die Anforderung muss einen erkennbaren Sinn haben.

Ein modernes betriebliches Gesundheitsmanagement zielt deshalb neben dem Abbau von Umgebungsbelastungen in erster Linie auf die Stärkung der gesunderhaltenden Ressourcen sowohl des einzelnen Mitarbeiters als auch der Organisation.

3. Erfolgsfaktor Gesundheit

Erst seit einigen Jahren wird Gesundheit als „Produktivkraft" gesehen und damit als individueller und betrieblicher Erfolgsfaktor. Im Zuge der Globalisierung sind technische Innovationen weltweit verfügbar. Sie bestimmen nicht mehr allein über die Wettbewerbsfähigkeit des Unternehmens. Die gesundheitliche Verfassung der Belegschaft als Ausdruck produktiver Lebensenergie wird zukünftig vor allem auch im Hinblick auf den demografischen Wandel immer wichtiger werden. Sie sichert Kreativität und Ideen, Stressresistenz, Engagement und Bindung an das Unternehmen. Und sie spart Kosten. Nicht nur Fehlzeiten kosten Geld, sondern auch der „Präsentismus": Beschäftigte mit geringer Bindung an das Unternehmen fehlen durchschnittlich fünf Tage pro Jahr mehr als andere.[10] Für Teilnehmer an der Gesundheitsförderung kann dagegen eine Verringerung der Fehlzeiten von 12 bis 36 Prozent erreicht werden.

Doch auch der Mitarbeiter profitiert: Die Arbeitsbelastungen sinken, das Betriebsklima wird besser, die Kommunikation mit Kollegen und den Vorgesetzten funktioniert besser, die Arbeit macht mehr Freude.

Gesunde Arbeitsplätze sind somit ein Gewinn für alle.

---

[8] Badura/Greiner/Rixgens/Ueberle/Behr (2008).

[9] Antonovsky (1987).

[10] Health Advisory, „Gesundheitsvorsorge zahlt sich für Unternehmen aus", Internet-Dokument, 22.03.2007.

Kapitel 2

Prävention als kontinuierlicher Verbesserungsprozess: Ein integriertes betriebliches Gesundheitsmanagement

Rudolf Carl Meiler

1. Vom Arbeitsschutz zum präventiven Gesundheitsmanagement

Seit einigen Jahren werden die Themen Sicherheit und Gesundheit in Unternehmen und Organisationen nicht mehr nur aus der Perspektive von Arbeitsschutz und Arbeitssicherheit betrachtet. Der Blick hat sich erweitert: Zunehmend geht es darum, die Gesundheit der Beschäftigten vorausschauend und umfassend zu erhalten.

Mit dem Perspektivwechsel ändern sich auch die betrieblichen Maßnahmen. Sie zielen nicht mehr nur auf die Reduzierung von Arbeitsunfällen und die Abwehr von Gesundheitsgefahren, sondern auch auf die Optimierung der arbeitsbedingten Belastungen, die Entwicklung gesundheitsschützender und persönlichkeitsfördernder Bedingungen in der Organisation sowie die Unterstützung der Beschäftigten beim Aufbau individueller Ressourcen.

Wesentliche Auslöser dieser Entwicklung sind fünf Faktoren:

1. Die Leitlinien und Erklärungen der Weltgesundheitsorganisation (WHO) Bereits Mitte des 20. Jahrhunderts definiert die WHO Gesundheit nicht mehr als das Gegenteil von Krankheit, sondern als Zustand vollständigen physischen, geistigen und sozialen Wohlbefindens.[11] Dieser Gesundheitsbegriff wird in der Ottawa-Charta von 1986 zu einem Konzept der Gesundheitsförderung weiterentwickelt. In Bezug auf die Arbeitswelt entsteht die Forderung, Arbeit und Arbeitsbedingungen als „Quelle von Gesundheit" zu organisieren. Arbeits- und Lebensbedingungen sollen nicht nur sicher, sondern auch anregend, befriedigend und angenehm sein.[12]

2. Gesetzliche Regelungen auf internationaler und nationaler Ebene Das europäische Arbeitsschutzrecht, das deutsche Arbeitsschutzgesetz von 1996 und der Entwurf zum Präventionsgesetz von 2005 stellen die Prävention explizit in den Vordergrund. Damit liefern sie die rechtlichen Grundlagen und Rahmenbedingungen für eine betriebliche Gesundheitsförderung. Sie betonen als Grundprinzipen unter anderem das vorbeugende Handeln bei der Gestaltung der Arbeitsbedingungen, die Stärkung der Gesundheitspotenziale und die Verbesserung des Wohlbefindens am Arbeitsplatz.

---

[11] World Health Organization (1946). Verfassung der Weltgesundheitsorganisation vom 22. Juli 1946. Deutsche Übersetzung verfügbar unter: http://www.admin.ch/ch/d/sr/c0_810_1/index.html (06.12.2006).

[12] World Health Organization (1986). Ottawa-Charter for Health Promotion. First International Conference on Health Promotion. Ottawa, 21 November 1986. Deutsche Übersetzung verfügbar unter: http://www.admin.ch/ch/d/sr/c0_810_1/index.html (06.12.2006).

3. Internationale und nationale Netzwerke, Foren und Initiativen

Ihre Aktivitäten gehen über die Mindestanforderungen der Gesetze und Verordnungen hinaus. Das mit finanzieller Unterstützung der Europäischen Kommission gegründete „Europäische Netzwerk für betriebliche Gesundheitsförderung ENBGF" (European Network for Workplace Health Promotion ENWHP) propagiert in der „Luxemburger Deklaration" von 1997, dass die Verbesserung der Arbeitsorganisation, die Förderung einer aktiven Mitarbeiterbeteiligung und die Stärkung persönlicher Kompetenzen miteinander verknüpft werden sollten.

Richtungsweisend sind die vom ENBGF entwickelten Qualitätskriterien für die betriebliche Gesundheitsförderung. Sie orientieren sich am Modell der European Foundation for Quality Management (EFQM) und zielen auf die Integration des Gesundheitsmanagements in bestehende Systeme des Qualitätsmanagements.[13]

Auf nationaler Ebene unterstützt unter anderem die „Initiative Neue Qualität der Arbeit" (INQA) – eine Gemeinschaftsinitiative aus Bund, Ländern, Sozialpartnern, Sozialversicherungsträgern, Stiftungen und Unternehmen – Betriebe und Organisationen bei der Schaffung gesundheitsförderlicher Arbeitsbedingungen. Hier ist auch das Projekt „Der gesunderhaltende Betrieb" als Good-Practice-Beispiel gelistet.

4. Anreize für Unternehmen

Modellprojekte und Wettbewerbe schaffen Anreize für Unternehmen, in Maßnahmen der betrieblichen Gesundheitsförderung zu investieren. So erforscht die AOK Niedersachsen in einem langjährigen Modellvorhaben, inwieweit direkte finanzielle Anreize eine Motivationswirkung erzielen können. Die teilnehmenden Unternehmen erhalten beim Nachweis systematischer betrieblicher Gesundheitsförderung pro Jahr einen Beitragsbonus in Höhe eines Monatsbeitrages für die Krankenversicherung.[14]

Weitere Anreize bestehen in Auszeichnungen und Preisverleihungen wie zum Beispiel dem Deutschen Präventionspreis der INQA oder der Veröffentlichung vorbildlicher Projekte als Best Practice im Europäischen Netzwerk „Enterprise for Health (EfH)"[15]. Solche Auszeichnungen und Dokumentationen sind mit einem Imagegewinn für die Unternehmen verbunden, der sich sowohl nach innen auf die Mitarbeiter und das Management als auch nach außen in der Öffentlichkeit positiv auswirkt.

5. Kosten-Nutzen-Analysen

Die Unternehmensberatung Kienbaum hat errechnet, dass es für jeden in die betriebliche Gesundheitsförderung investierten Euro drei zurückgibt. Andere Studien gehen von einem Return-on-Invest von 1 : 6,3[16] aus.

---

[13] BKK (1999).

[14] Drupp/Osterholz (2001).

[15] Bertelsmann Stiftung/BKK Bundesverband (2006).

[16] Chapman (2005) in: Ulich/Wülser (2008).

Allerdings stoßen Kosten-Nutzen-Analysen schnell an Grenzen: Gesundheit wird durch viele Faktoren beeinflusst und die Effekte von Gesundheitsförderung sind oft erst über Jahre hinweg beobachtbar.

Dennoch kann als sicher gelten, dass ein qualifiziertes betriebliches Präventionsmanagement neben der Verbesserung der Gesundheitslage auch zu einer Erhöhung betriebswirtschaftlicher Kennzahlen wie Gewinn, Umsatz oder Eigenkapitalrentabilität führen kann. Das sind wichtige Argumente für Unternehmen, in die Gesundheit ihrer Mitarbeiter zu investieren.

2. Präventionsmanagement in der betrieblichen Praxis

Es gibt wohl kaum ein Unternehmen, das daran zweifelt, dass sich die Herausforderungen der Arbeitswelt im 21. Jahrhundert nur von gut qualifizierten, motivierten und gesunden Mitarbeitern bewältigen lassen. Der Präventionsgedanke und das Konzept eines systematischen Gesundheitsmanagements scheinen allerdings noch längst nicht in allen deutschen Unternehmen angekommen zu sein.

Einerseits haben viele fortschrittliche Unternehmen seit Jahren durch umfassende Anstrengungen gute Ergebnisse in der betrieblichen Gesundheitsförderung erzielt.[17] Andererseits gilt dies keineswegs für die breite Mehrheit der Betriebe. Zwar sanken nach den aktuellen Statistiken des Bundesgesundheitsministeriums die krankheitsbedingten Fehlzeiten in den Betrieben in Deutschland 2006 im siebten Jahr in Folge und erreichten ein neues Rekordtief seit der Wiedervereinigung. Die Gründe für diesen Rückgang werden jedoch kontrovers diskutiert. Sie scheinen zumindest teilweise in der Verjüngung der Belegschaften und in einer verbreiteten Angst vor Arbeitsplatzverlust zu liegen.[18]

Gute Fortschritte zeigen sich hingegen bei den Ausfallzeiten durch Verletzungen: Sie sinken seit Jahren kontinuierlich.[19] Zwei Ursachen sind dafür auszumachen: Zum einen gibt es deutlich weniger Arbeitsplätze in den besonders unfallträchtigen Bereichen von Produktion und Bau. Zum anderen haben die Betriebe enorme Anstrengungen unternommen, das Bewusstsein der Beschäftigten für Unfallrisiken zu schärfen sowie geeignete Schutzmaßnahmen zu treffen.

Gleichzeitig zeigen sich kaum Verbesserungen im Hinblick auf arbeitsbedingte Erkrankungen.[20] Vor allem der seit Jahren zu beobachtende

---

[17] Vgl. z. B. Bertelsmann Stiftung/BKK Bundesverband (2006).
[18] Badura/Schellschmidt/Vetter (2007).
[19] Ebenda.
[20] Ulich/Wülser (2004).

kontinuierliche Anstieg der Ausfallzeiten aufgrund psychischer Erkrankungen (sie haben sich seit Beginn der 90er Jahre mehr als verdoppelt[21]) muss nachdenklich stimmen.

Die Arbeitsunfähigkeit in Deutschland bewirkt nach Schätzungen der Bundesanstalt für Arbeitsschutz und Arbeitsmedizin einen volkswirtschaftlichen Produktionsausfall in Höhe von 40 Milliarden Euro. Der Ausfall an Bruttowertschöpfung wird auf 70 Milliarden Euro beziffert. Das entspricht einem Anteil von 3,1 Prozent des Bruttonationaleinkommens.[22]

Insgesamt lassen diese Zahlen vermuten, dass die bisherigen Anstrengungen in der betrieblichen Gesundheitsförderung noch keine breite Wirkung erzielen konnten.

Die Gründe dafür liegen möglicherweise darin, dass die Maßnahmen zum Arbeitsschutz und zur Gesundheitsförderung häufig aus einzelnen Aktivitäten bestehen, die ganzheitliche Betrachtungs- und Vorgehensweise jedoch fehlt. Gesundheitsförderung wird oft isoliert von anderen Unternehmenszielen betrachtet und ist zu wenig in die vorhandenen Managementsysteme und Unternehmensstrukturen integriert. Viele Projekte sind zeitlich befristet, es fehlt ein nachhaltiges Präventionsmanagement, das seine Aufgabe als kontinuierlichen Verbesserungsprozess begreift. Maßnahmen der betrieblichen Gesundheitsförderung werden häufig ohne vorausgehende gründliche Erfassung und Analyse der Gesundheitsdaten der Beschäftigten umgesetzt. Vorgehen und Ergebnisse werden nicht ausreichend evaluiert.

Zudem werden Maßnahmen der betrieblichen Gesundheitsförderung häufig nur im Bereich der physischen Gesundheit angesiedelt, zum Beispiel in Form einer Rückenschule oder eines Fitnessraumes. Allenfalls ein Anti-Stress-Seminar findet sich noch in der Angebotspalette. Die „Mensch-Mensch-Schnittstelle" jedoch wird bislang weitgehend vernachlässigt. Dabei muss eine ganzheitliche Gesundheitsförderung auch die soziale Gesundheit in den Blick nehmen. Kommunikationsprobleme, Intransparenz, Führungsmängel, überflüssige Hierarchien, nicht vorhandenes Wir-Gefühl und eine verbreitete Kultur des Misstrauens unter den Beschäftigten können sonst zu innerer Kündigung, Mobbing und Burnout führen. Diese „Organisationspathologien"[23] beeinträchtigen die Identifikation mit der Arbeit und dem Unternehmen, die sozialen Beziehungen zu Kollegen und Vorgesetzten und wirken sich negativ auf Gesundheit und Betriebsergebnis aus.[24]

---

[21] BKK (2006).

[22] BAuA (2006).

[23] Badura/Schellschmidt/Vetter (2007).

[24] Badura/Schellschmidt/Vetter (2007).

3. Prinzipien eines ganzheitlichen Präventionsmanagements

Einzelmaßnahmen und Projekte zur betrieblichen Gesundheitsförderung wie die schon erwähnte Rückenschule oder etwa die ergonomische Begutachtung der Arbeitsplätze können zwar kurzfristig oder auf einen bestimmten Bereich begrenzt positive Effekte erzielen, führen aber als isolierte Aktionen nicht zu nachhaltigen Ergebnissen. Ein dauerhafter Erfolg stellt sich nur ein, wenn die Gesundheit der Mitarbeiter als gleichrangiges Unternehmensziel in den Leitlinien der Organisation verankert und in bestehende Steuerungssysteme integriert wird. Beispiele hierfür sind Zielvereinbarungen für Führungskräfte oder das Betriebliche Verbesserungswesen für Mitarbeiter. Ziel ist eine gesundheitsförderliche Unternehmenskultur, in der das Ziel „gesunde Mitarbeiter in gesunden Unternehmen" selbstverständlicher Bestandteil des Denkens und Handelns aller Organisationsmitglieder ist.

3.1 Integration in die Unternehmensstrukturen

Die Entwicklung und Implementierung eines integrierten Präventionsmanagements haben Zimolong et al.[25] modellhaft beschrieben (siehe Abbildung 1).

Abbildung 1:
Prozessmodell
(Quelle: Zimolong/Elke/
Trimpop (2006), S. 638)

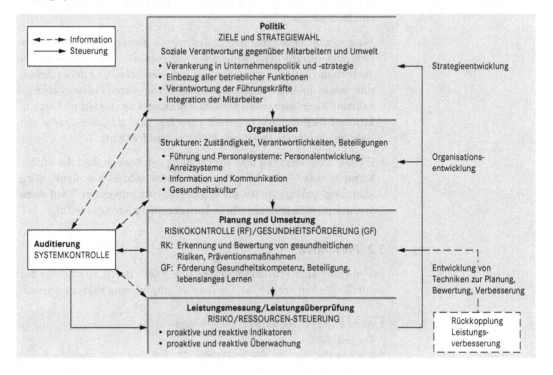

---

[25] Zimolong/Elke/Trimpop (2006).

Das Prozessmodell basiert auf den Empfehlungen eines britischen Leit-fadens[26] zur Prävention von Gesundheitsrisiken. Es wurde erweitert um die Ergebnisse einer umfassenden Feldstudie zu den erfolgreichen Strategien und Praktiken des betrieblichen Gesundheitsmanagements in deutschen Unternehmen.[27] Die Teilsysteme, Strukturen und Prozesse der Integration sehen wie folgt aus:

▮ *Politik, Ziele und Strategiewahl:* Unerlässlich ist die grundsätzliche Ent-scheidung der Unternehmensleitung, Gesundheit und Wohlbefinden der Mitarbeiter als ein wesentliches strategisches Ziel in der Unter-nehmenspolitik zu benennen und alle betrieblichen Funktionen auf dieses Ziel hin auszurichten. Die Unternehmensführung überträgt ei-nerseits dem Management auf allen Führungsebenen Verantwortung für das Erreichen der Gesundheitsziele. Andererseits verdeutlicht sie auch den Mitarbeitern, dass deren Partizipation für das Gelingen un-erlässlich ist.

▮ *Organisation:* Innerhalb der betrieblichen Arbeitsorganisation wer-den geeignete Strukturen entwickelt und Zuständigkeiten festgelegt, so dass die Strategie erfolgreich umgesetzt werden kann. Die Struk-turen und Prozesse können „unterteilt werden in Personal-, Informa-tions- und Kommunikationssysteme (IuK) und in Maßnahmen und Programme zur Stärkung der Integration und der Selbstverantwortung der Beschäftigten. ... Das Ziel ist die Entwicklung einer positiven Ge-sundheitskultur ...“[28]

▮ *Planung und Umsetzung der Risikokontrolle und der Gesundheitsförde-rung* sind operativ beim Management angesiedelt. Zu dessen Aufgaben gehören die Identifizierung von Gesundheitsrisiken und deren Bewer-tung sowie die Kontrolle dieser Gefährdungen durch Präventionsmaß-nahmen. Allerdings sollen personale Ressourcen gefördert und organi-sationale Bedingungen so gestaltet werden, dass die Gesundheits- und Handlungskompetenz der Beschäftigten gestärkt wird.

▮ Die Leistungsmessung und -überprüfung der Wirksamkeit der Risiko-kontrolle und Gesundheitsförderung findet anhand von Kennzahlen statt. Regelmäßige Audits überprüfen das Gesamtsystem.[29] Auf diese Weise wird eine kontinuierliche Leistungsoptimierung erreicht.

3.2 Prävention

Der Entwurf zum Präventionsgesetz von 2005[30] nennt vier Stufen der gesundheitlichen Prävention. Die *Gesundheitsförderung* zielt auf den Auf-

---

[26] Health & Safety Executive (1997).

[27] Zimolong (2001).

[28] Zimolong/Eke/Trimpop (2006), S. 637 und S. 639.

[29] Zimolong/Elke/Trimpop (2006), S. 639.

[30] Vgl. Bundestags-Drucksache 15/4833.

bau individueller Fähigkeiten sowie gesundheitsförderlicher Strukturen, um das Maß an Selbstbestimmung über die Gesundheit zu erhöhen. Die *primäre Prävention* beinhaltet vorbeugende Maßnahmen, die das erstmalige Auftreten von Krankheiten verhindern. Die *sekundäre Prävention* fokussiert auf die Früherkennung von Krankheitsvor- und -frühstadien, die noch nicht mit ausgeprägten Symptomen verbunden sind. Maßnahmen zur Verhütung der Verschlimmerung von Erkrankungen sowie zur Vorbeugung von Folgeerkrankungen gehören zur *tertiären Prävention*.

Betriebliche Gesundheitsförderung muss alle vier Präventionsstufen berücksichtigen. Ein erfolgreiches Präventionsmanagement setzt dabei insbesondere auf eine frühzeitige Intervention mit proaktiven Strategien. Deren Kosten sind niedrig im Vergleich zu den anderen Präventionsstufen, die bereits korrektiven (sekundäre Prävention) oder rehabilitativen (tertiäre Prävention) Charakter haben.[31]

Ein Beispiel hierfür ist eine *vorausschauende Arbeitsgestaltung*, die bereits bei der Planung oder Neustrukturierung von Aufgaben persönlichkeits- und gesundheitsförderliche Aspekte berücksichtigt. Solche Gestaltungsmerkmale sind die Anforderungsvielfalt, der Handlungsspielraum, die Aufgabenvollständigkeit oder die Bedeutsamkeit der Aufgabe. Ihre positive Wirkung auf Wohlbefinden, Motivation und Leistungsfähigkeit wurde in einer Fülle empirischer Studien nachgewiesen.[32] Die positiven Aspekte stellen sich allerdings nur ein, wenn die Qualifikation der Beschäftigten der Arbeits- und Aufgabengestaltung entspricht. Übersteigen etwa die Vielfalt der Anforderungen oder die gewährten Freiräume bei der Arbeitsausführung die Fähigkeiten der Mitarbeiter, kommt es eher zu nachteiligen Effekten.

Ein präventiv ausgerichtetes Gesundheitsmanagement beachtet auch die *Frühindikatoren*, die auf mögliche Risiken für Gesundheit und Wohlbefinden hinweisen, sich aber noch nicht als Beschwerden oder Erkrankungen manifestieren. Beispiele für Frühindikatoren sind die subjektiven Einschätzungen der Beschäftigten zum Betriebsklima, die Arbeitszufriedenheit oder die Weiterbildungsbereitschaft. Eine Organisationsanalyse sollte entsprechende Beanspruchungsvariabeln erfassen, damit durch frühzeitige Interventionen Erkrankungen vermieden werden können.

Zur Früherkennung von *Krankheitsvor- und -frühstadien* eignet sich die Erfassung von subjektiv empfundenen kleineren Beschwerden wie zum Beispiel Befindlichkeitsstörungen, Nervosität, Nicht-Abschaltenkönnen oder anhaltende Müdigkeit und Zerschlagenheit. Weil diese Beschwerden nicht mit dem „Makel" einer ernsthaften Erkrankung verbunden sind, sind die Mitarbeiter in Befragungen meist bereit, sie offen anzugeben.[33]

---

[31] Vgl. Richter (2002).

[32] Näheres z. B. bei Ulich (2005).

[33] Vgl. Mohr/Rigotti/Müller (2005).

Als kurz- bis mittelfristige Stressfolge beeinträchtigen sie auf Dauer die Erholungsfähigkeit. Längsschnittstudien zeigen, dass die zunächst noch kleineren Störungen schwerwiegenderen Beeinträchtigungen wie depressiven Symptomen[34] oder dem chronischen Erschöpfungssyndrom[35] vorgelagert sein können. Ein präventives Gesundheitsmanagement nimmt die Warnfunktion der Beschwerden ernst und nutzt die Erkenntnisse für die Planung hilfreicher Maßnahmen.

3.3 Unternehmensspezifische Betrachtung

Die Effizienz von Gesundheitsmaßnahmen ist davon abhängig, inwieweit es gelingt, die spezifischen Risiken der jeweiligen Organisation zu identifizieren und daraus adäquate zielgerichtete Maßnahmen abzuleiten. In der Stahlindustrie sind andere Gefährdungen zu erwarten, als in einem Dienstleistungsunternehmen oder in psychosozialen Arbeitsfeldern. In größeren Betrieben sollte die Gefährdungsermittlung abteilungs- oder bereichsbezogen erfolgen. Während in der Produktion die Beschäftigten möglicherweise durch Lärm, Staub oder Hitze gefährdet sind, liegen im Verwaltungsbereich die Risiken vielleicht eher in Bewegungsmangel oder unzureichender Softwaregestaltung. Für Unternehmensbereiche mit vielen Kundenkontakten oder den Dienstleistungssektor ergeben sich besondere soziale und emotionale Anforderungen, die zu spezifischen Gesundheitsrisiken wie Depersonalisation oder emotionaler Erschöpfung führen können.[36]

3.4 Ganzheitlichkeit

Die Gesundheit der Beschäftigten wird von einer Vielzahl materielltechnischer, sozialer und personaler Faktoren[37] beeinflusst. Sie wirken entweder gesundheitsschädlich als Stress und Beanspruchung oder als gesundheitsschützende Ressourcen. Beispiele für Beanspruchungen sind Risiken durch Bildschirmarbeit oder Zwangshaltung, Konflikte mit Kollegen oder Vorgesetzten oder individuelle gesundheitsgefährdende Einstellungen und Verhaltensweisen. Beispiele für Ressourcen sind individuelle Stressbewältigungstechniken, soziale Unterstützung durch Kollegen und Vorgesetzte oder eine persönlichkeitsförderliche Aufgabengestaltung.

Ein ganzheitliches Präventionsmanagement zielt sowohl auf die Optimierung der Belastungen als auch auf die Förderung der Ressourcen und kombiniert *personale, soziale und organisationale Maßnahmen* zur Verbesserung der Gesundheitslage.

---

[34] Dormann/Zapf (2002).

[35] Gabb/Ehlert (2005).

[36] Zapf (2002).

[37] McGrath (1981).

Eine weitere Begründung für eine ganzheitliche Vorgehensweise liefert die Beobachtung, dass viele arbeitsbedingte Beschwerden und Erkrankungen multifaktoriell verursacht sind. So sind Muskel-Skelett-Erkrankungen wie z. B. Rückenbeschwerden häufig auf eine Kombination von physischen Belastungen (z. B. ungünstige Körperhaltungen), psychosozialen Faktoren (z. B. fehlende soziale Unterstützung), organisatorischen Bedingungen (z. B. monotone Arbeitsbedingungen) oder individuellen Merkmalen (z. B. Krankengeschichte) zurückzuführen.[38] Für Herz-Kreislauf-Erkrankungen wurde mehrfach nachgewiesen, dass bei einem Zusammentreffen von hoher Arbeitsintensität, geringem Handlungsspielraum und mangelnder sozialer Unterstützung das Risiko für eine solche Erkrankung ab dem 50. Lebensjahr deutlich ansteigt.[39] Aus diesen Erkenntnissen lässt sich ableiten, dass auch die erforderlichen Maßnahmen zur Vorbeugung oder Linderung in verschiedenen Bereichen ansetzen müssen.

Schließlich ist eine ganzheitliche Sicht- und Herangehensweise auch angesichts der Tatsache gefordert, dass viele Beschwerden und Erkrankungen ihre Ursache nur zum Teil in der Arbeitswelt haben. Private Bereiche wie Familie oder Freizeitaktivitäten können sich sowohl positiv als auch negativ auf die Arbeit auswirken und umgekehrt.[40] Deshalb berücksichtigt ein ganzheitliches Präventionsmanagement das Bedürfnis vieler Beschäftigter nach einem ausgewogenen Verhältnis der verschiedenen Lebensbereiche (Work-Life-Balance) beispielsweise durch flexible Arbeitszeitregelungen und sorgt durch angemessene Arbeitsanforderungen für einen ausgewogenen Belastungs-Erholungs-Zyklus. Darüber hinaus können die Mitarbeiter Erfahrungen aus Personalentwicklungsmaßnahmen (z. B. ein Stressbewältigungs- oder Kommunikationstraining) in positiver Weise auf den privaten Bereich übertragen.

3.5 Aktualität

Ein erfolgreiches Präventionsmanagement bezieht den aktuellen Forschungsstand der Arbeits- und Gesundheitswissenschaften sowohl bei der Erfassung der Gesundheitssituation im Unternehmen als auch bei der Planung und Durchführung von Maßnahmen ein. Die empirische Forschung liefert beständig neue fundierte Erkenntnisse über die Zusammenhänge im Belastungs- und Beanspruchungsgeschehen und die Rolle der Ressourcen. Damit können notwendige Interventionen noch optimaler geplant und umgesetzt werden.

Wie wichtig die Einbeziehung aktueller Forschungsergebnisse ist, zeigt sich beispielsweise beim Belastungswandel in den letzten zehn Jahren.

---

[38] Burdorf/Sorock (1997); Hartvigsen/Lings/Leboeuf-Yde/Bakketeig (2004).
[39] Vgl. z. B. Karasek (1979).
[40] Zapf/Semmer (2004); Ulich/Wülser (2004).

Die regelmäßig im Fünf-Jahres-Abstand durchgeführten Emnid-Befragungen der Arbeitsschutzverwaltung in Nordrhein-Westfalen zeigen unter anderem, dass sich Gesundheitsrisiken durch die klimatischen Bedingungen oder Lärm am Arbeitsplatz zwischen 1994 und 2004 reduziert haben. Dagegen sind im gleichen Zeitraum die Belastungen aufgrund von Zeitdruck, hoher Verantwortung und Überforderung durch die Arbeitsmenge kontinuierlich angestiegen.[41]

Ein weiteres Beispiel für die Bedeutung neuer Forschungsergebnisse für das Präventionsmanagement ist das Burnout-Syndrom. Diese Form der arbeitsbedingten Erschöpfung galt lange Zeit als typische Beanspruchungsfolge in psychosozialen Berufen. Mittlerweile zeigen Studien aber auch Burnout-Risiken für andere Berufsgruppen wie z. B. Manager, EDV-Spezialisten (vor allem in Start-up-Unternehmen), Architekten oder Polizisten.[42]

Schließlich identifiziert die Forschung vor dem Hintergrund tief greifender, weltweiter Veränderungen in der Arbeitswelt fortlaufend auch Risiken, die wenige Jahre zuvor noch nicht wahrgenommen wurden. So rücken beispielsweise erst in den letzten Jahren die Auswirkungen von Personalabbau oder von prekären Beschäftigungsverhältnissen in den Blickpunkt der Forschung. Es zeigt sich, dass nicht nur entlassene Beschäftigte unter gesundheitlichen Folgen leiden, sondern genauso auch die im Unternehmen verbleibenden Mitarbeiter. Sie reagieren verstärkt mit Befindlichkeitsstörungen, Stresssymptomen und psychovegetativen Beschwerden[43] oder zeigen in einer finnischen Langzeitstudie eine verdoppelte Sterblichkeitsrate aufgrund koronarer Herzerkrankungen.[44] Hinzu kommen eine tief greifende Verunsicherung und motivationale Verluste, die sich negativ auf Engagement und Verbundenheit mit dem Unternehmen auswirken. Ein systematisches Gesundheitsmanagement kann hier mit proaktiven Maßnahmen Abhilfe schaffen.

3.6 Kontinuierlicher Verbesserungsprozess

Einmalige oder zeitlich begrenzte Maßnahmen für Sicherheit und Gesundheit im Betrieb erzielen keinen dauerhaften Zustand von Wohlbefinden und Gesundheit für die Beschäftigten. Ein erfolgreiches Präventionsmanagement muss die Gesundheitsförderung als einen kontinuierlichen Prozess der Verbesserung im Betrieb verankern.

Viele Unternehmen setzen die Grundzüge des kontinuierlichen Verbesserungsprozesses seit Jahren im Rahmen des Qualitätsmanagements ein, um ihre Unternehmensziele zu erreichen (siehe Abbildung 2). Dabei ori-

---

[41] Landesanstalt für Arbeitsschutz des Landes NRW (2005).

[42] Kaluza (2004).

[43] Zok (2006).

[44] Vahtera/Kivimäki/Pentti/Linna/Virtanen/Virtanen/Ferrie (2004).

entieren sie sich an dem Zyklus der Abfolge „Plan – Do – Check – Act".
Das Ende eines Veränderungszyklus leitet gleichzeitig den Beginn einer
neuen Verbesserungsschleife ein. Diese strukturierte Methode der Pro-
zessgestaltung eignet sich auch für die nachhaltige Verbesserung der
Gesundheitssituation im Unternehmen.

Abbildung 2:
Der kontinuierliche
Verbesserungsprozess

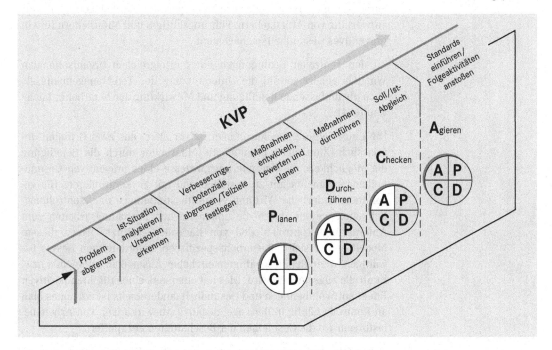

Durch die kontinuierliche Abfolge der beschriebenen Prozessschritte
wird eine dauerhaft verankerte Gesundheitskultur geschaffen, die das
eigenverantwortliche Handeln der Organisationsmitglieder fördert.[45]

Im Hinblick auf Kosten-Nutzen-Rechnungen sollte berücksichtigt werden, dass zu Beginn von Veränderungsprozessen oft erhöhte Kosten stehen, die sich aber bei langfristig angelegten Programmen über die Zeit
rechnen.[46] Die Effektivität langfristig angelegter Gesundheitsprogramme, die die Aufrechterhaltung und Verbesserung eingeleiteter Veränderungen anstreben, wurden von Pelletier[47] in umfangreichen Analysen
nachgewiesen.

3.7 Beteiligungsorientiertheit

Nachhaltige Fortschritte auf dem Weg zum gesunderhaltenden Betrieb
können nur erzielt werden, wenn es gelingt, alle Organisationsmitglieder

---

[45] Zimolong/Elke/Trimpop (2006).

[46] Semmer/Zapf (2004).

[47] Pelletier (2001).

zur aktiven Mitarbeit und zur Übernahme von Verantwortung zu motivieren. Das Arbeitsschutzgesetz betont nicht nur die Verpflichtung des Arbeitgebers, die erforderlichen Maßnahmen zum Schutz der Gesundheit zu treffen, sondern fordert auch von den Beschäftigten, im Rahmen ihrer Möglichkeiten für ihre Sicherheit und Gesundheit bei der Arbeit Sorge zu tragen. Daraus ergibt sich eine partnerschaftlich getragene Verantwortung von Arbeitgebern, Führungskräften und Mitarbeitern für ein präventives Gesundheitsmanagement.

Zu den zentralen Bedingungen eines erfolgreichen organisationalen Wandels gehört sowohl die Unterstützung des Top-Managements als auch die umfassende Beteiligung und Mitwirkung der Mitarbeiter (siehe Kapitel 4).

Die Einbeziehung der Betroffenen ist vor allem aus zwei Gründen unerlässlich: Zum einen erhalten die Mitarbeiter durch die Beteiligung die Möglichkeit, die Veränderungsprozesse eines präventiven Gesundheitsmanagements mit zu gestalten und mit zu kontrollieren. Die gesundheitsförderliche Wirkung von Mitbestimmungs- und Kontrollmöglichkeiten werden durch die umfangreichen Forschungsarbeiten zum Anforderungs-Kontroll-Modell von Karasek[48] gestützt.[49] Nach diesem Modell lassen sich hohe arbeitsspezifische Anforderungen besser bewältigen, wenn den Beschäftigten ein hohes Ausmaß an Autonomie bzw. Kontrolle zugestanden wird. Dies hat einerseits einen direkten positiven Effekt auf Wohlbefinden und Gesundheit, andererseits ist ein hohes Maß an Kontrolle häufig in der Lage, negative Auswirkungen von Arbeitsbelastungen auf die Gesundheit der Beschäftigten abzupuffern.[50]

Der Erfolg von Veränderungsprozessen ist zudem von einem partizipativen Gestaltungsansatz abhängig. Die Mitarbeiter sind die eigentlichen Experten für die gesundheitlichen Risiken ihres Arbeitsumfeldes. Sie wissen durch ihre Erfahrungen vor Ort am besten, welche Verbesserungsmaßnahmen notwendig sind und wie diese umgesetzt werden können. Beteiligungsmöglichkeiten für Mitarbeiter liegen beispielsweise in Gesundheitsbefragungen, in der Mitarbeit in Projektgruppen und Gesundheitszirkeln oder in der Tätigkeit als Ergonomie- oder Sicherheitsfachkraft.

Für eine qualifizierte Partizipation sind Information und Kommunikation unerlässlich. Die Betroffenen müssen frühzeitig über Gesundheitsrisiken und gesundheitserhaltende Ressourcen informiert und über die Zusammenhänge mit Beschwerden und Erkrankungen aufgeklärt werden, damit sie sich gesundheitsgereicht verhalten können. Geeignete Maßnahmen zur Gewährleistung von Information und Kommunikation sind z. B. Mitarbeiter- und Rückkehrgespräche, Arbeitskreise und die Aufklärung

---

[48] Karasek (1979).
[49] Van der Doef/Maes (1999).
[50] Van der Doef/Maes (1999).

und Beratung aller Organisationsmitglieder durch Medien wie Mitarbeiterzeitschrift oder Intranet.[51]

Die Bedeutung der Mitarbeiterbeteiligung für das Erreichen der Unternehmensziele wird durch die Ergebnisse der arbeitspsychologischen Forschung gestützt.[52] Eine Vielzahl von Studien bestätigt, dass ein partizipativer Gestaltungsansatz auch im Hinblick auf Sicherheits- und Gesundheitsleistungen zu Verbesserungen führt. Partizipation scheint vor allem Unsicherheiten und Widerstände bei Veränderungsprozessen zu reduzieren und die Verbundenheit der Organisationsmitglieder mit den angestrebten Zielen zu erhöhen.[53] Die Beteiligung und Einbindung der Mitarbeiter erwies sich auch in der Feldstudie zum Management des Arbeits- und Gesundheitsschutzes in deutschen Unternehmen als eine der erfolgreichen Strategien. Betriebe mit überdurchschnittlichen Sicherheits- und Gesundheitsleistungen legten besonderen Wert auf die Information ihrer Mitarbeiter und behandelten sie als Partner im Prozess der angestrebten Verbesserungen. Sie schätzten das Expertenwissen der Betroffenen und berücksichtigten deren Vorstellungen bei der Einführung und Gestaltung gesundheitsförderlicher Maßnahmen.[54]

3.8 Ergebnisorientiertheit

Die bisherigen Ausführungen haben verdeutlicht, dass ein umfassendes Präventionsmanagement mit erheblichen Investitionen an Zeit und Geld verbunden ist. Es wird in der Regel nur dann die dauerhafte Unterstützung der Unternehmensleitung finden, wenn es nachweisen kann, dass die angestrebten Ziele erreicht werden. Deshalb ist eine systematische Evaluation notwendig. Sie überprüft die einzelne Maßnahmen und Programme der Gesundheitsförderung, die dabei eingesetzten Managementsysteme[55] sowie die Effektivität der Prozessabläufe (Prozessevaluation) und die erzielten Effekte in ihrer Gesamtheit (Ergebnisevaluation).

Voraussetzung der *Ergebnisevaluation* ist, dass vor Beginn der Maßnahme eindeutig festgelegt wird, welche Ziele mit der betrieblichen Gesundheitsförderung erreicht werden sollen. Gesundheit und Wohlbefinden können dabei als eigenständige Ziele definiert werden, denen sich die Unternehmensleitung aufgrund ihrer sozialen Verantwortung oder ethischer Prinzipien verpflichtet fühlt.

Häufig wird mit der betrieblichen Gesundheitsförderung auch die Erwartung verknüpft, dass die Gesundheit der Beschäftigten indirekt auf die Verbesserung der Leistungsmotivation oder das Betriebsklima einwirkt.

---

[51] Zimolong/Elke/Trimpop (2006).

[52] Antoni (1999).

[53] Überblick bei Zimolong/Elke/Trimpop (2006).

[54] Beckmann/Zimolong/Stapp/Elke (2001).

[55] Nähere Einzelheiten z. B. bei Ulich/Wülser (2004).

Nicht zuletzt spielen betriebswirtschaftliche Überlegungen eine Rolle, die als Ziel die Verringerung von Fluktuation und Fehlzeiten oder die Verbesserung von Qualität und Kundenservice definieren.

Welche Ziele auch immer in den Vordergrund gerückt werden, in jedem Fall ist festzulegen, durch welche Kriterien die Zielvariablen operationalisiert werden sollen. Während die Verringerung von Arbeitsunfällen oder Fehlzeiten relativ einfach durch objektive Daten erfasst werden kann, werden Variablen wie Gesundheit oder Zufriedenheit in der Regel durch die subjektive Einschätzung der Beschäftigten erhoben.

Neben der Ergebnisevaluation spielt für ein erfolgreiches Präventionsmanagement die *Prozessevaluation* eine wichtige Rolle. Diese ermöglicht die Überprüfung einzelner Projektphasen mit dem Ziel, die Prozessabläufe zu optimieren. Insbesondere bei größeren Projekten, wie z. B. die Einführung eines umfassenden Präventionsmanagements, ist es wichtig, dass Fehlentwicklungen möglichst schon in der Vorbereitungs- oder Planungsphase erkannt werden. Je weiter der Prozess fortschreitet, umso geringer wird der Einfluss auf die Kosten. Die Prozessevaluation ermöglicht frühzeitige Korrekturmaßnahmen zur Feinsteuerung der Prozesse.

Weitere Faktoren, die mit der Überprüfung der Ergebnisse zusammenhängen, beziehen sich auf die Frage, ob mit den Maßnahmen die entsprechende Zielgruppe tatsächlich erreicht wurde. Darüber hinaus ist es interessant zu prüfen, ob die erzielten Effekte nur kurzfristig auftreten oder ob sie auch langfristig gesichert werden können.

Schließlich bezieht sich Evaluation nicht nur auf die Effektivität, sondern auch auf die Effizienz von Maßnahmen und prüft in diesem Zusammenhang, ob die angestrebten Ziele möglichst kostengünstig erreicht wurden.

Obwohl von Seiten der Forschung und vieler betrieblicher Akteure der Gesundheitsförderung weitgehend Einigkeit über die Vorteile einer systematischen Evaluation besteht, ist sie in der Praxis eher die Ausnahme.[56] Betriebliche Gesundheitsförderung wird nur dann auf breiter Basis und auf Dauer in den Betrieben verankert werden, wenn mit dem Nachweis von Effektivität und Effizienz der Einsatz der entsprechenden Ressourcen zu rechtfertigen ist.

---

[56] Vgl. Semmer/Zapf (2004).

Kapitel 3

Ganzheitlichkeit

Jürgen Dzudzek

1. Was die Gesundheit im Betrieb beeinflusst

Der Erfolg eines Unternehmens hängt in erheblichem Maße von der Leistungsfähigkeit seiner Mitarbeiter ab. Je größer die Anzahl der leistungsfähigen Mitarbeiter im Unternehmen, desto größer sind deshalb auch seine Erfolgsmöglichkeiten.

Die Leistungsfähigkeit wird nicht nur durch geistige und körperliche Faktoren beeinflusst, sondern vor allem durch soziale Faktoren wie Zusammenarbeit und gegenseitige Unterstützung. Ob diese entstehen können, wird einerseits durch die Betriebsorganisation und andererseits durch die Arbeitsorganisation bestimmt. Insofern kommt beiden Bereichen eine Schlüsselfunktion im Hinblick auf den Unternehmenserfolg zu. Es ist entscheidend, ob ein Betrieb „Leistungsmöglichkeiten" ermöglicht oder verhindert.[57]

Deshalb kommt es darauf an, Betriebs- und Arbeitsorganisation gesundheitsgerecht zu gestalten. Mehr noch, Ziel muss ihre kontinuierliche Verbesserung sein, damit auch die Leistungsfähigkeit der Mitarbeiter erhalten und verbessert werden kann. Ein solches „Wertmanagement" der Arbeitskraft versteht die Arbeitsfähigkeit als wichtigen Wert, der erhalten und gesteigert werden muss. Ein unnötiger Gesundheitsverschleiß, wie zum Beispiel eine unzureichende Ergonomie oder zu hohe arbeitszeitliche Belastungen, ist dagegen Wertvernichtung, die das Unternehmen hindert, alle Leistungspotenziale auszunutzen.

1.1 Betriebsorganisation

Ein gesundheitliches Wertmanagement der Arbeitskraft muss deshalb integrierter Bestandteil der Betriebsorganisation sein. Ist dies nicht der Fall, sinken die Chancen, dass Gesundheit zum individuellen wie betrieblichen Erfolgsfaktor wird.

Eine Integration in die Betriebsorganisation kann auf vielen Ebenen erfolgen. Wichtig ist, dass der Erhalt und die Förderung der Arbeitskraft selbstverständlicher Teil der Unternehmenskultur werden. Dies geschieht durch eine Aufbauorganisation, die den Beschäftigten Partizipationsmöglichkeiten bietet und ihren Arbeitsbeitrag wertschätzt. Regelmäßige Information und Kommunikation sichern Transparenz und Beteiligung. Eine Verankerung entsprechender Grundsätze im Unternehmensleitbild und in Führungsgrundsätzen schafft Verbindlichkeit, die das gelebte Führungsverhalten im betrieblichen Alltag unterstützt.

---

[57] Sprenger (1994).

1.2 Arbeitsorganisation

Die Organisation der Arbeitsaufgaben und -inhalte stellt ebenfalls einen wichtigen Einflussfaktor der betrieblichen Gesundheit dar. Das Ausmaß der persönlichen Handlungsmöglichkeiten, flexible Arbeitszeiten, ein angemessenes Entgelt, Einzelarbeit oder Gruppenarbeit, das Verhalten der Vorgesetzten – dies bestimmt die tägliche Arbeitssituation und stellt unterschiedliche Anforderungen, die bewältigt werden müssen.

Gesundheitsförderlich gestaltete Arbeit berücksichtigt nicht nur die physischen Bedingungen, sondern auch die psychischen Bedürfnisse der Menschen. Sie vermeidet sowohl Unterforderungen als auch Überforderungen. Diese arbeitswissenschaftlichen Erkenntnisse haben inzwischen auch Eingang in Normen (DIN EN ISO 9241-2 und DIN EN ISO 10075-2) gehalten, die Anforderungen an menschengerecht gestaltete Arbeitsbedingungen beschreiben. Nach dem Arbeitsschutzgesetz sind sie als gesicherte Erkenntnisse anzuwenden.

Die Kriterien gesundheitsförderlicher Arbeit sehen im Einzelnen so aus:[58]

▌ *Ganzheitlichkeit:* Die Aufgaben enthalten planende, kontrollierende und ausführende Anteile.

▌ *Anforderungsvielfalt:* Die Aufgaben enthalten Anforderungen an Körper und Psyche, Problemlöseaufgaben wechseln sich mit Routineaufgaben ab.

▌ *Möglichkeiten zur sozialen Interaktion:* Die Aufgaben ermöglichen Kooperation und Kommunikation.

▌ *Autonomie:* Handlungs- und Entscheidungsspielräume sind vorhanden, Arbeitsschritte werden zu einem Teil selbst kontrolliert. Damit ist Selbstverantwortung gegeben.

▌ *Lern- und Entwicklungsmöglichkeiten:* Die Aufgaben beinhalten „herausfordernde" Anteile. Dadurch werden Qualifikationen erweitert oder neu angeeignet.

Vollständige Tätigkeiten enthalten planende, steuernde, ausführende und kontrollierende Elemente. Sie entsprechen dem Merkmal Ganzheitlichkeit. Eine hochgradig zerstückelte Arbeitsteilung, wie z. B. am Fließband, wirkt als Belastung und führt zu Unzufriedenheit, Demotivation und Leistungsrückgang.

Aufgrund permanenter Innovationen und Rationalisierungen unterliegen Arbeitstätigkeiten und Arbeitsanforderungen einem immer schnelleren Wandel.[59] Auch durch den größeren Anteil älterer Arbeitnehmer muss die Arbeit zukünftig altersgerechter ausgerichtet werden. Dazu gehört

---

[58] BAuA (2006).
[59] Morschhäuser (2000).

eine Arbeitsgestaltung, die die Aufgaben von Älteren entsprechend dem Kompetenzmodell[60] ausrichtet. Dazu gehören gesundheits- und lernfördernde Elemente, eine flexible Arbeitszeitgestaltung und die Möglichkeit zu Tätigkeitswechseln.

1.3 Außerbetriebliche Einflüsse

Die Gesundheit der Mitarbeiter ist auch von außerbetrieblichen Einflussfaktoren abhängig. Ernährung, Bewegung, Schlaf, Freizeitverhalten, Familie und sonstige persönliche Beziehungen prägen im Laufe des Lebens die Gesundheit des Einzelnen deutlich mit und zählen deshalb wie die Arbeits- und Betriebsorganisation zu den wesentlichen Bedingungen für die Gesundheit der Beschäftigten. In diesem Zusammenhang ist es sinnvoll, sie bei der Planung von betrieblichen Gesundheitsmaßnahmen mit zu bedenken, indem zum Beispiel Gesundheitsangebote für Familienangehörige geöffnet werden. Auf der anderen Seite unterliegen außerbetriebliche Faktoren nicht dem betrieblichen Einfluss.

Ein Gesundheitsmanagement, das die Ressourcen, die Selbstverantwortung und die persönliche Kompetenz stärkt, greift aus Prinzip nicht in die außerbetrieblichen Einflussfaktoren ein, organisiert aber Hilfe, Beratung und Betreuung (siehe Kapitel 17). Ob diese Angebote angenommen werden, zeigt auch, ob im Betrieb eher eine Misstrauenskultur oder eine Vertrauenskultur vorherrscht.

2. Ziele des Gesundheitsmanagements

Eine klare Zielsetzung gehört unausweichlich zu einem systematischen betrieblichen Gesundheitsmanagement. Nur wer sich zu Beginn seines Vorhabens Ziele setzt, kann auch kontrollieren, ob die Ziele erreicht wurden und welche Maßnahmen erfolgreich waren. Deshalb wurden auch zu Beginn des Modellprojekts „Der gesunderhaltende Betrieb" auf der Grundlage der beschriebenen Leitgedanken Ziele vereinbart, die in der Gesundheitsbefragung evaluiert wurden (siehe Kapitel 7 und 24).

Bei den Zielen des betrieblichen Gesundheitsmanagements kann differenziert werden zwischen organisationsbezogenen und mitarbeiterbezogenen sowie korrektiven und präventiven Zielen. „Verhältnis-" und „Verhaltensprävention" sollten in einer ausgewogenen Balance stattfinden, damit das Gesundheitsmanagement erfolgreich ist. Einzelmaßnahmen sind dabei nicht ausreichend, um die Gesundheit der Mitarbeiter dauerhaft zu beeinflussen. Der „Bielefelder Ansatz" von Prof. Dr. Badura sieht die Aufgabe des betrieblichen Gesundheitsmanagements vor allem in

---

[60] Marquard (2003).

der Entwicklung betrieblicher Strukturen und Prozesse zur gesundheitsförderlichen Gestaltung von Arbeit, Organisation (inklusive Führung), Verhalten und Befinden.

2.1 Die betriebliche Belastungssituation optimieren

Auf der Seite der Verhältnisprävention geht es zum einen um die Verringerung von Belastungen. Beispiele hierfür sind eine ergonomische Arbeitsplatzgestaltung, geeignete Arbeitsmittel und -hilfen, verbesserte Arbeitsmethoden oder auch Beratungsangebote, beispielsweise bei Sucht oder Konflikten. Den Führungskräften kommt hier eine besondere Rolle zu, denn sie gestalten die Arbeitsbedingungen ihrer Mitarbeiter unmittelbar.

Die Bereitschaft, Arbeitnehmern Selbstverantwortung zu gewähren[61], ist der Schlüssel zum Abbau von gesundheitsgefährdenden betrieblichen Belastungen. Das „Prinzip Selbstverantwortung" ist deshalb ein wichtiger Bestandteil der Unternehmenskultur und ein wichtiges Leitprinzip der Arbeitsorganisation.

Gleichzeitig spielt der Aufbau von organisationalen Ressourcen („Salutogenese") eine entscheidende Rolle, weil sie Belastungen abfedern und ausgleichen können. Hierzu zählen die Erhöhung des Handlungs- und Kontrollspielraums, eine gelingende Kommunikation, Lob und Wertschätzung durch die Führungskräfte und soziale Unterstützung unter Kollegen.

2.2 Die gesunderhaltenden Ressourcen des Einzelnen stärken

Die individuelle Gesundheit wird bestimmt durch das physische, psychische und soziale Wohlbefinden. Das physische Wohlbefinden ist abhängig von der körperlichen Verfassung, der Fitness und der Möglichkeit, Risikofaktoren managen zu können. Für das psychische Wohlbefinden sind die aktive Bewältigung von Stress und anderen Belastungsfaktoren sowie ein schlüssiges Konzept zur Bewältigung der eigenen Lebenssituation und der persönlichen wie beruflichen Herausforderungen entscheidend. Das soziale Wohlbefinden schließlich wird bestimmt vom Grad der sozialen Aktivierung des Individuums, seiner sozialen Kompetenz und seiner sozialen Integration.

---

[61] Sprenger (1995).

▌ Prävention

Der Präventionsbegriff umfasst alle Felder, die schädigende Einflüsse vermeiden und gesunderhaltende Ressourcen fördern. Dazu gehören die umfassende Optimierung des physischen, psychischen und sozialen Wohlbefindens, das Management stressauslösender Bedingungen, zum Beispiel durch unterstützendes Führungsverhalten, die Steigerung der Leistungsfähigkeit und -möglichkeiten, etwa durch Sportangebote oder funktionale Entspannung, die Verbesserung der Ergonomie und Arbeitssicherheit sowie eine erhöhte Gesundheitskompetenz der Beschäftigen. Die bei Rasselstein entwickelten Maßnahmen zur Umsetzung der Ziele finden sich in Kapitel 9 bis 14.

▌ Betreuung und Integration

Bei der Betreuung und Integration geht es um das Management von Fehlzeiten, das den Ursachen von Fehlzeiten systematisch auf den Grund geht und der betrieblichen Fürsorge gerecht wird. Die Wiedereingliederung gesundheitlich eingeschränkter Mitarbeiter, die Unterstützung berufs- oder erwerbsunfähiger Mitarbeiter und ein ganzheitlich ausgerichtetes Angebot zur Lebensberatung, zum Beispiel bei familiären Problemen sichern die Unterstützung im Krankheitsfall und bei Problemen. Auch ein Konzept für einen verbesserten Umgang mit einer alternden Belegschaft zählt dazu. Diese Punkte finden sich in den Kapiteln 15 bis 18.

Kapitel 4

Gesundheit als Führungsaufgabe

Dieter Kroll

1. Führungskräfte haben Hebelwirkung

Auf alle bundesdeutschen Unternehmen, gleich welcher Branche, kommen erhebliche Veränderungen zu. Die demografische Entwicklung erreicht die Betriebe, ob sie es wollen oder nicht. In Zukunft wird es weniger Menschen in Deutschland geben, die zugleich immer älter sind. Der Fachkräftemangel ist absehbar.

Wer ökonomisch weiterhin erfolgreich sein will, der muss deshalb neben der technologischen Entwicklung und unternehmerischen Konsolidierungsprozessen vor allem auf seine Mitarbeiter setzen. Sie schaffen die Qualität und Produktivität, die im Wettbewerb bestehen kann. Das bedeutet zum einen, in ihre Ausbildung und Qualifikation zu investieren. Es bedeutet zum anderen aber auch, für ihre Gesundheit und ihr Wohlbefinden zu sorgen, damit sie lange motiviert und leistungsfähig arbeiten können.

Der Weg zu einem im doppelten Sinne gesunden Unternehmen führt über eine gesunde Unternehmenskultur. Eine gesunde Unternehmenskultur setzt auf Mitwirkung und Ideenreichtum der Beschäftigten, schafft soziale Kooperation und Unterstützung sowie Handlungs- und Entscheidungsspielraum.

Hier haben die Führungskräfte eine besondere Stellung, weil sie die größtmögliche „Hebelwirkung" für die gewünschten Veränderungsprozesse haben. Sie gestalten die Arbeits- und Organisationsbedingungen und sind für den Personaleinsatz und die persönliche Kommunikation mit ihren Mitarbeitern verantwortlich. Führungsentscheidungen und das persönliche Führungsverhalten können Mitarbeiter krank machen oder ihre Gesundheit und ihr Wohlbefinden fördern. Studien zeigen, dass das Führungsverhalten eines Vorgesetzten in einem statistisch signifikanten Zusammenhang mit der Krankheitshäufigkeit steht.[62] Wechselt eine Führungskraft aus einem Bereich mit hohen Fehlzeiten in einen Bereich mit niedrigen Fehlzeiten, steigt in Folge häufig auch dort die Fehlzeitenquote.

Führungskräfte haben auch Einfluss auf das Unfallgeschehen, das zeigen die betrieblichen Erfahrungen. Nicht nur, weil sie dafür sorgen müssen, dass die Arbeitssicherheitsvorschriften eingehalten werden oder weil sie ihrer Vorbildfunktion gerecht werden sollten. Ein wesentlicher Erfolgsfaktor für die Gesundheit der Mitarbeiter ist der Führungsstil. Ein dialogorientierter Führungsstil bietet die besten Voraussetzungen, um Belastungen zu reduzieren und die Gesundheit der Mitarbeiter zu erhalten. Die Voraussetzung hierfür ist eine Unternehmenskultur, die die Mitarbeiterorientierung als Schlüssel zum Erfolg erkannt hat.

Darüber hinaus kann ein ganzheitliches betriebliches Gesundheitsmanagement ohne Unterstützung der Führungskräfte erst gar nicht umge-

---

[62] Buttler/Burkert (2001).

setzt werden. Wenn das Top-Management auch die Ressourcen bereitstellt und das Thema betriebliche Gesundheit zum Unternehmensziel macht, so muss auch jede Führungskraft bis hin zum Schichtkoordinator die Leitgedanken stützen und im Alltag umsetzen. Schließlich kann auch nur derjenige für die Gesundheit seiner Mitarbeiter sorgen, der sich um seine eigene Gesundheit kümmert.

Im betrieblichen Alltag ist das nicht immer einfach. Im Zuge der Globalisierung und des weltweit verschärften Wettbewerbs ringen die Unternehmen um Produktivität und Marktanteile. Das hat in den letzten Jahren zu einer enormen Intensivierung der Arbeit geführt. Die Führungskräfte sitzen häufig zwischen „Baum und Borke": Einerseits stehen sie in der Verantwortung, die Termin-, Kosten- und Qualitätsziele des Unternehmens effektiv umzusetzen. Andererseits sollen sie für Gesundheit und Wohlbefinden der Beschäftigten sorgen.

Das Projekt „Der gesunderhaltende Betrieb" der Rasselstein GmbH zeigt, dass sich dieses Dilemma lösen lässt. Unternehmens- und Mitarbeiterführung stehen im betrieblichen Gesundheitsmanagement in keinem Spannungsfeld. Im Gegenteil: Wer sich um seine Mitarbeiter kümmert, für Handlungs- und Gestaltungsspielraum sorgt, ausreichend informiert und kommuniziert und die Mitarbeiter beteiligt, der führt nicht nur gesundheitsgerecht, sondern er führt „gut", weil er nicht nur die Gesundheit der Beschäftigten pflegt, sondern auch für ihre Motivation und Leistungsfähigkeit sorgt. Es geht also nicht nur um die Fürsorgepflicht für die Beschäftigten, sondern es ist die ausdrückliche Aufgabe der Führungskraft, die Verantwortung zu übernehmen und auch mit diesem Beitrag für positive Unternehmensergebnisse zu sorgen.

2. Wettbewerbsvorteil Gesundheit

Der Leitsatz „Die Mitarbeiter sind unsere wichtigste Ressource" gilt in allen Unternehmen des ThyssenKrupp Konzerns. Weil technische Hochqualität zunehmend weltweit zugänglich ist, werden gesunde, motivierte und qualifizierte Mitarbeiter zum entscheidenden Wettbewerbsfaktor. Sie sorgen für den notwendigen Vorsprung in Qualität und Produktivität.

Nicht nur Wissen, Fähigkeiten und Berufserfahrungen der Beschäftigten – das so genannte Humankapital – haben dabei maßgeblichen Einfluss, sondern auch das „Sozialkapital"[63], also die gemeinsamen gelebten Werte und Überzeugungen, die sozialen Beziehungen, die Arbeitsbedingungen und in besonderem Maße das Führungsverhalten.[64]

---

[63] Badura (2008).

[64] Projekt „ProSoB" (2007) der Universität Bielefeld unter Leitung von Prof. em. B. Badura/ Prof. W. Greiner.

Der Zusammenhang zwischen dem Human- und Sozialkapital und dem Erfolg eines Unternehmens zeigt sich nicht nur immer wieder in der betrieblichen Praxis, sondern ist inzwischen auch wissenschaftlich nachgewiesen. So hat zum Beispiel der Bertelsmann Konzern in einer weltweiten empirischen Studie in seinen Töchterunternehmen gezeigt, dass eine mitarbeiterorientierte Unternehmens- und Führungskultur in einem unmittelbaren Zusammenhang mit dem Betriebsergebnis steht. Auch das Projekt ProSoB[65] der Universität Bielefeld unter Leitung von Prof. em. Dr. Bernhard Badura und Prof. Dr. Wolfgang Greiner weist den Zusammenhang von Unternehmenskultur und Produktivität nach.

Wer dagegen nur unzureichend für eine gesundheitsförderliche Unternehmenskultur sorgt, gefährdet nach Meinung des Europäischen Netzwerkes „Enterprice for Health (EfH)" sogar die Innovationsfähigkeit des gesamten Unternehmens. Die Beschäftigten finden unter hohem Arbeitsdruck immer weniger Zeit zum Lernen und zur persönlichen Weiterentwicklung. Dies beeinträchtigt die Kreativität zur Ideenfindung und die Fähigkeit zur Anpassung an Veränderungen. In diesem Zusammenhang bezeichnet das EfH die psychosoziale Gesundheit als „Achillesferse einer wissensbasierten Wirtschaft".

Deshalb gilt es, vorausschauend und strategisch zu denken und das Human- und Sozialkapital des Unternehmens gezielt zu beeinflussen. Hier setzt ein ganzheitlich ausgerichtetes betriebliches Gesundheitsmanagement wie im Projekt „Der gesunderhaltende Betrieb" an. Mithilfe von Mitarbeiterumfragen, Gesundheitsaudits (siehe Kapitel 19) und weiterer betrieblicher Kennzahlen diagnostiziert es frühzeitig Belastungen und entwickelt bedarfsgerechte Maßnahmen. Es achtet auf „Frühindikatoren", wie zum Beispiel eine rückläufige Quote von Verbesserungsvorschlägen oder andere zurückgehende Werte in der Mitarbeiterumfrage. Wenn es beispielsweise Hinweise auf Konflikte mit dem Vorgesetzten oder im Team gibt, können frühzeitige Maßnahmen verhindern, dass Fehlzeiten entstehen.

Denn Fehlzeitenkosten sind hoch: Der BKK Bundesverband veranschlagte die Kosten arbeitsbedingter Erkrankungen mit mindestens 28 Milliarden Euro pro Jahr[66]. Nicht eingerechnet sind die Kosten, die aufgrund von Motivationsverlust und innerer Kündigung entstehen.

„Die Gesundheit erhalten" – das Ziel des Projekts „Der gesunderhaltende Betrieb – ist deshalb auch ein ökonomisch sinnvolles Ziel.

---

[65] Badura (2004).
[66] BKK Bundesverband (1999).

3. Gesundheitsgerechte Mitarbeiterführung

3.1 Gesundheitsförderliche Arbeitsgestaltung als Führungsaufgabe

Führungskräfte gestalten die Arbeitsaufgaben der einzelnen Mitarbeiter. Sie schaffen damit Rahmenbedingungen und Strukturen, die die Gesundheit, Motivation und Leistungsfähigkeit der Beschäftigten verbessern können oder auch behindern. Die betriebliche Erfahrung bestätigt die Wirksamkeit der folgenden Kriterien[67] gesundheitsförderlicher Aufgabengestaltung, auch wenn sich immer wieder zeigt, dass sie in industriellen Großbetrieben nicht eins zu eins umsetzen sind.

▌ Vollständige oder ganzheitliche Aufgaben

Sie sind dadurch gekennzeichnet, dass die Mitarbeiter von der Planung und Arbeitsvorbereitung über die Durchführung bis zur Fertigstellung und Kontrolle ihre Aufgabe überschauen und bearbeiten können. Die Mitarbeiter an der Zerteilanlage in der Adjustage bei der Rasselstein GmbH wissen zum Beispiel, wie sie die Informationen der vorgelagerten Veredlungsanlage für ihre konkrete Arbeit einbauen müssen. Für das nachgelagerte Fertiglager wiederum werden die notwendigen Informationen ebenfalls weiter gegeben. Produktionsziele und Anforderungen an die Qualitätskontrollen sind allen bekannt. Die Mitarbeiter wissen, welchen Anteil sie am Gesamtprozess haben.

Das zeigt Effekte: Beim Gesundheitsaudit (siehe Kapitel 19) beschreiben die Mitarbeiter, dass sie ihre Aufgabe als vollständig empfinden und auch überzeugt sind, dass ihre Arbeit zum Erfolg des Gesamtunternehmens beiträgt. Natürlich sind der ganzheitlichen Aufgabengestaltung bei der Fließbandarbeit Grenzen gesetzt. Hier muss ein Ausgleich durch andere gesundheitsförderliche Maßnahmen stattfinden.

Prinzipiell ist jedoch darauf zu achten, dass die Aufgaben so ganzheitlich wie möglich vergeben werden. Der Vorteil ganzheitlicher Aufgaben besteht darin, dass die Beschäftigten am Arbeitsergebnis die Qualität ihrer Arbeit selbst und ohne das Feedback der Vorgesetzten einschätzen können. Das erhöht die Eigenverantwortung.

▌ Autonomie

In enger Verbindung mit der Vollständigkeit steht die Autonomie. Sie bezieht sich auf die Frage, inwieweit die Beschäftigten auf die Inhalte ihrer Arbeit und die zeitliche Gestaltung Einfluss nehmen können. Im Idealfall können sie ihre Arbeit selbstständig planen und frei bestimmen, in welcher Reihenfolge und mit welchen Methoden und Techniken sie ihre Arbeit am besten erledigen. Fehlender Handlungsspielraum engt die

---

[67] Ulich (2005).

Verhaltensmöglichkeiten der Mitarbeiter ein und ist häufig mit dem Gefühl von Kontrollverlust verbunden. Kontrolle über die Arbeit stärkt dagegen das Selbstwertgefühl und erhöht die Bereitschaft, Verantwortung zu übernehmen. Sie vermittelt den Beschäftigten das Bewusstsein, dass sie das Heft des Handelns selbst in der Hand haben und etwas bewirken können.

Auch hier setzt ein arbeitsteiliger Produktionsprozess der Autonomie des Einzelnen zwangsläufig Grenzen. Dennoch bieten Arbeitsformen wie Team- und Gruppenarbeit Möglichkeiten der Mitgestaltung und des Handlungsspielraumes. Bei der Rasselstein GmbH und im Gesamtunternehmen ThyssenKrupp Steel wird deshalb sowohl im Produktionsbereich als auch zunehmend im Verwaltungsbereich Teamarbeit eingesetzt. Teamarbeit verlangt von den Führungskräften die Bereitschaft zur vertrauensvollen Delegation von Aufgaben. Dies ist eine wichtige Voraussetzung für eine gesundheitsgerechte Führung.

▌ Aufgabenvielfalt

Aufgabenvielfalt und häufig wechselnde unterschiedliche Tätigkeiten wirken laut Arbeits- und Organisationspsychologie einseitigen Beanspruchungen entgegen. Eine optimale Aufgabengestaltung gewährleistet im Idealfall, dass die Mitarbeiter vielseitige Kenntnisse, Fähigkeiten und Fertigkeiten einsetzen können.

In arbeitsteiligen Produktionsprozessen kann die Aufgabenvielfalt am besten dadurch gewährleistet werden, dass eine Rotation stattfindet. Jeder Mitarbeiter bei der Rasselstein GmbH beherrscht beispielsweise mindestens zwei Arbeitsplätze. Das wird durch Punkte im Entgeltsystem belohnt. Bei Umfragen geben die Mitarbeiter an, dass sie das rotierende System nicht als Belastung, sondern als Entlastung von der Routine empfinden.

▌ Lern- und Entwicklungsmöglichkeiten

Vielfältige Aufgaben mit einem großen Handlungsspielraum setzen Lern- und Entwicklungsmöglichkeiten voraus. Mangelnde Anforderungen führen zu Unterforderung und Langeweile und lassen auf Dauer die kreativen Potenziale der Mitarbeiter verkümmern. Wer dagegen wie beschrieben selbstverständlich zwei Arbeitsplätze beherrschen muss, muss dafür auch qualifiziert sein. Von diesem Kompetenzzuwachs profitieren die einzelnen Mitarbeiter und das gesamte Unternehmen.

▌ Möglichkeiten zur sozialen Interaktion

Ein weiteres Kriterium einer gesundheitsförderlichen Aufgabengestaltung ist gegeben, wenn die Arbeit Möglichkeiten zur sozialen Interaktion gewährleistet. Dadurch wird die Grundlage für eine der wichtigsten gesunderhaltenden Ressourcen im Unternehmen geschaffen: die soziale Unterstützung durch Vorgesetzte und Kollegen. Die gegenseitige Hilfe in Stresssituationen, die Unterstützung bei auftretenden Fragen und Schwierigkeiten und die gemeinsame Bewältigung von Hindernissen können die Auswirkungen von Belastungen abfedern.

Bei der Rasselstein GmbH, das zeigen auch die Ergebnisse der Mitarbeiterumfragen (siehe Kapitel 24), war die soziale Unterstützung schon vor Projektbeginn hoch. Dazu trägt unter anderem bei, dass die Fluktuation im Unternehmen gering ist und soziale Beziehungen über Jahre hinweg wachsen können. Das Zusammengehörigkeitsgefühl ist groß: Man ist nicht einfach Mitarbeiter von Rasselstein, sondern ein „Rasselsteiner" mit Leib und Seele. Ein weiterer Faktor ist die persönliche Kommunikation, auf die trotz aller medialen Möglichkeiten viel Wert gelegt wird. Darüber hinaus spielen die Gruppenarbeit und das direkte Führungsverhalten eine große Rolle. Wo Transparenz im Vorgehen herrscht, Beteiligung an Entscheidungen möglich ist und Regeln eingehalten werden, kann Vertrauen entstehen. Vertrauen wiederum ist die Voraussetzung für soziale Unterstützung im Team.

▌ Sinnhaftigkeit der Arbeitsaufgabe

Die Sinnhaftigkeit der Arbeitsaufgabe wird sichergestellt, indem der Nutzen der Arbeit vermittelt wird. Auch das ist eine Aufgabe der Führungskraft. Was wird aus dem Teil, das ich gerade bearbeite? Welcher Kunde fängt etwas damit an? Die Mitarbeiter brauchen das Gefühl, dass sie einen sinnvollen Beitrag für Kunden und Verbraucher leisten. Hier spielt die Mitarbeiterkommunikation eine wichtige Rolle. So erscheinen beispielsweise in der Mitarbeiterzeitschrift „Rasselstein Info" regelmäßig Kundenportraits, damit der Mitarbeiter erfährt, welches Produkt aus seiner Arbeit entsteht und wie es weiter für den Markt verarbeitet wird.

▌ Personalentwicklung

Einige der hier skizzierten Kriterien stehen in enger Beziehung zur Ausbildung und Qualifikation der Mitarbeiter und schlagen somit die Brücke zur Personalentwicklung. Wie wichtig dieser Bereich auch im Projekt „Der gesunderhaltende Betrieb" war, beschreibt das Kapitel 13 „Weiterbildung". Die Beschäftigten müssen nicht nur ihre Arbeitsaufgabe bewältigen können, sondern sie müssen auch mit der Freiheit umgehen können, die ein hoher Handlungsspielraum mit sich bringt. Fehlen die dazu notwendigen Fähigkeiten und Fertigkeiten, führen anspruchsvolle Aufgaben eher zu Stress und Überforderung und wirken sich dann sogar nachteilig auf Gesundheit und Leistungsvermögen aus.

In der betrieblichen Praxis kommt es nicht zuletzt darauf an, bei den beschriebenen Gestaltungsmerkmalen das rechte Maß zu finden. So reagieren manche Mitarbeiter auf große Handlungsspielräume mit Verunsicherung. Bei anderen wird die individuelle Leistungsfähigkeit durch zu viele unterschiedliche oder komplexe Anforderungen überschritten. In solchen Fällen schlägt die beabsichtigte Wirkung ins Gegenteil um.

Ferner ist bei der Aufgabengestaltung daran zu denken, dass nicht alle Mitarbeiter ein gleich starkes Interesse und Bedürfnis nach anspruchsvollen Tätigkeiten haben.

Insgesamt steht die gesundheitsförderliche Aufgabengestaltung in den nächsten Jahren vor neuen Herausforderungen. Vor dem Hintergrund des demografischen Wandels und des sich abzeichnenden späteren Eintritts in den Ruhestand ist auch zu überlegen, wie eine altersgerechte Aufgabengestaltung aussehen kann. Hier weisen verschiedene arbeits- und gesundheitswissenschaftliche Ansätze wie etwa Tätigkeitswechsel, die alternsgerechte Ausgestaltung der Arbeitsplätze oder altersgemischte Teams die Richtung (siehe Kapitel 18). Mit rotierenden Arbeitssystemen wie bei der Rasselstein GmbH werden Belastungen durch Monotonie von vornherein vermieden.

3.2 Gesundheitsgerechtes Führungsverhalten

Die Erfahrungen im Projekt „Der gesunderhaltende Betrieb" bestätigen, was auch die Forschung, zum Beispiel der finnische Wissenschaftler Juri Ilmarinen[68], herausgefunden hat: Das Verhalten einer Führungskraft wirkt unmittelbar auf Gesundheit und Wohlbefinden und damit auf Motivation und Leistungsbereitschaft des Mitarbeiters. Dabei spielen nicht nur die offiziellen Führungsinstrumente wie die Vereinbarung oder das Setzen von Zielen und Teilzielen, die Überprüfung ihrer Umsetzung und die Rückmeldung der Ergebnisse in Verbindung mit Lob und Anerkennung oder auch Kritik eine Rolle, sondern das Gesamtverhalten des Vorgesetzten.

▌ Empathie

Nicht nur das konkrete Verhalten, sondern auch die emotionale Verfassung der Führungskraft wirkt sich auf die Stimmung und damit auch auf die Leistung der Mitarbeiter aus.[69] Das unterstreichen die Ergebnisse der Neurophysiologie. Führungskräfte steuern ihre eigene Stimmung positiv, indem sie auch die Stimmung und die Motivation der Beschäftigten steuern. Sie schaffen im Idealfall ein Klima, in dem Ideen entstehen können, fördern den Teamgeist und gehen empathisch auf ihre Mitarbeiter ein. Sie handeln emotional „intelligent".

▌ Vorbildfunktion

Führungskräfte wirken darüber hinaus als Vorbilder, weil sie durch ihr Rollenverhalten und ihren Umgangsstil vermitteln, welche Werte und Normen in der Organisation entscheidend sind. Sie prägen damit das Betriebsklima entscheidend mit.

---

[68] Ilmarinen (1999).

[69] Goleman/Boyatzis/McKee (2003).

Dies gilt natürlich auch im Hinblick auf Fragen der Sicherheit und Gesundheit in der Organisation. Das sichtbare Führungsverhalten muss im betrieblichen Alltag glaubwürdig den hohen Stellenwert des gesundheitsgerechten Verhaltens unterstreichen. Dazu müssen die Vorgesetzten beispielsweise beim Tragen der persönlichen Schutzausrüstung, bei der Einhaltung ergonomischer Richtlinien oder durch faires Verhalten in Konfliktsituationen mit gutem Beispiel vorangehen.

▌ Konsequenz

Zur Vorbildfunktion einer Führungskraft gehört auch, dass klare Regeln vereinbart und kommuniziert werden und deren Nichteinhaltung Konsequenzen hat. Wenn Mitarbeiter gegen ihnen bekannte Regeln, etwa im Arbeitsschutz, verstoßen und ihre eigene Gesundheit oder die anderer gefährden, sollte die Führungskraft sofort reagieren und gezielt Rückmeldung geben. Bei grob fahrlässigem oder wiederholtem Fehlverhalten müssen auch härtere Maßnahmen wie schriftliche Verweise, Ermahnungen oder Abmahnungen erfolgen. Eine klare Linie von Anfang an ist wichtig.

▌ Partizipation

Führungskräfte fördern die Entwicklung einer Gesundheitskultur, indem sie im Umgang mit ihren Mitarbeitern deutlich machen, dass sie deren Erfahrungen und Expertenwissen wertschätzen. Sie fordern sie auf zur Mitarbeit und Mitgestaltung nicht nur in Bezug auf die Verbesserung der Gesundheitssituation, sondern in Bezug auf die gesamte Arbeit. Partizipation schafft die Möglichkeit der Einflussnahme auf anstehende Veränderungen. Das hat eine direkte positive Wirkung auf Gesundheit und Wohlbefinden. Sind zum Beispiel Verbesserungen bei der Schichtübergabe notwendig, bekommen die Gruppen die Aufgabe gestellt, Vorschläge zur Optimierung zu entwickeln.

Im Bereich des Arbeits- und Gesundheitsschutzes ist die Mitwirkung und gleichzeitig auch Verantwortung der Beschäftigten durch das Arbeitsschutzgesetz von 1996 gesetzlich vorgeschrieben. Die Beschäftigten müssen im Rahmen ihrer Möglichkeiten für Sicherheit und Gesundheit bei der Arbeit sorgen. So sind sie beispielsweise verpflichtet, Maschinen und Arbeitsmittel ordnungsgemäß zu bedienen und die Schutzausrüstungen zuverlässig zu tragen. Darüber hinaus sollen sie den Arbeitgeber beim Arbeits- und Gesundheitsschutz unterstützen, indem sie festgestellte Gefahren dem Arbeitgeber oder dem Sicherheitsbeauftragten unverzüglich melden. Außerdem sind sie berechtigt, Vorschläge zu Fragen der Sicherheit und des Gesundheitsschutzes einzubringen.

▌ Dialogorientierte Kommunikation

Mitwirken kann nur, wer Bescheid weiß. Partizipation erfordert deshalb grundsätzlich eine angemessene Information und Kommunikation. Dazu werden nicht nur die innerbetrieblichen Kommunikationsmedien wie das

Intranet, die Aushänge an den Infotafeln oder die Mitarbeiterzeitschrift genutzt. Der persönliche Dialog von Führungskräften und Beschäftigten in regelmäßigen Sitzungen ist durch nichts zu ersetzen.

▌ Konfliktmanagement und soziale Unterstützung

Treten Schwierigkeiten auf, unterstützen die Führungskräfte ihre Mitarbeiter aktiv und halten auch das Team dazu an, sich gegenseitig zu helfen. Eine Führungskraft muss deshalb auch die Grundlagen des Konfliktmanagements beherrschen. Eskalieren Konflikte, kann externe Unterstützung, etwa durch einen Psychologen, in Anspruch genommen werden. Im Projekt „Der gesunderhaltende Betrieb" stand zum Beispiel ein externer Psychologe zur Verfügung, der bei Problemen professionell unterstützte (siehe Kapitel 14).

Führungskräfte haben auch die Aufgabe, Wertschätzung und Vertrauen zu vermitteln. Am Handeln der Führungskräfte können Mitarbeiter ablesen, ob die veröffentlichten Leitlinien und Grundsätze zur Gesundheitsförderung nur in den Hochglanzbroschüren des Unternehmens stehen oder ob sie in der Organisation gelebt werden.

▌ Work-Life-Balance

Gute Führungskräfte achten das Bedürfnis ihrer Mitarbeiter nach einer ausgewogenen Balance zwischen Arbeit und privaten Lebensbereichen. Voraussetzung dafür ist ein gesundheitsförderliches Selbstmanagement, das eigenen Belastungen im Betriebsalltag einen entsprechenden Ausgleich entgegensetzt. Wer ständig unter Strom steht und schlechte Laune hat, ist ein schlechtes Vorbild für seine Mitarbeiter. Gesund mit sich selbst umzugehen, bedeutet ein vernünftiges Stressmanagement und den Aufbau unterstützender Ressourcen, zum Beispiel durch soziale Kontakte, ausreichend Bewegung und Entspannung in der Freizeit.

Im Projekt „Der gesunderhaltende Betrieb" hat sich der „Vitalitätsmessplatz" (siehe Kapitel 18) als gut geeignetes Instrument erwiesen, Führungskräften eigene gesundheitliche Risiken und Ressourcen vor Augen zu halten.

Bei der Umsetzung der beschriebenen Kriterien gesundheitsgerechter Führung spielt auch die Bereitschaft des Top-Managements eine Rolle, für die nachhaltige Umsetzung bis in die betriebliche Ebene hinein zu sorgen. Wenn sich zum Beispiel bei Mitarbeiterbefragungen oder bei den Gesundheitsaudits herausstellt, dass eine Führungskraft durch ihr unangemessenes Führungsverhalten dazu beiträgt, dass Mitarbeiter belastet und schließlich krank werden, müssen Konsequenzen gezogen werden. Es ist Aufgabe der Führungskräfte aller Ebenen, ein Klima zu schaffen, in dem die Mitarbeiter ihr Bestes geben können. Ist das nicht der Fall, leiden nicht nur die Mitarbeiter, sondern auch die Geschäftsergebnisse.

4. Perspektive „gesunde Unternehmenskultur"

Wenn die betriebliche Gesundheit kein Lippenbekenntnis bleiben soll, muss das Ziel sein, insgesamt eine gesundheitsförderliche Unternehmenskultur zu schaffen. Das setzt voraus, dass nicht nur die Führungsgrundsätze, sondern auch das Leitbild und die Personalsysteme sowie die Spielregeln im Miteinander auf das gemeinsame Ziel hin ausgerichtet sind. Das „ökologische System" Unternehmenskultur verändert sich nur dann nachhaltig und wird zur „gesunden" Kultur, wenn an allen Prozessen angesetzt wird. Das geht nicht von heute auf morgen. Veränderungsprozesse, die nicht auf oberflächliche Effekte setzen, brauchen eine Vision und geeignete Strategien zur Umsetzung. Führungskräften kommt bei diesen Veränderungsprozessen eine besondere Bedeutung zu, denn die Unternehmenskultur „kristallisiert" sich in ihnen.[70] Führungsverhalten und Unternehmenskultur beeinflussen sich wechselseitig.

▌ Gelebtes Leitbild

Durch entsprechende Leitlinien wird die Entwicklung einer gesunden Unternehmenskultur zur Chefsache erklärt. Das Top-Management unterstützt darüber hinaus die Entwicklung, indem es bei den Veranstaltungen zur Gesundheitsförderung Interesse und Präsenz zeigt. Die Führungskräfte haben die Aufgabe, die veröffentlichten Grundsätze durch ihr Handeln und Vorbildverhalten mit Leben zu füllen. Ziel ist, dass es keine Diskrepanz zwischen postulierten und gelebten Werten gibt. Gemeinsam mit dem Betriebsrat und den Experten aus der Belegschaft werden die Führungskräfte zu Wegbereitern und Gestaltungskräften für eine Gesundheitskultur, die ebenso wirksam wie das direkte Führungsverhalten den Wandlungsprozess zum gesunderhaltenden Unternehmen fördert.

Der ThyssenKrupp Konzern bekennt sich in seinem Leitbild eindeutig zu seiner sozialen Verantwortung gegenüber den Mitarbeitern. Diese Verantwortung zeigt sich auch darin, dass es in der gesamten Firmengeschichte nur sozial verträgliche Kündigungen gegeben hat.

Das Leitbild betont weiterhin die Verantwortung des Konzerns als Arbeitgeber für die Gesundheit und das Wohlergehen der Mitarbeiter. Ein besonders wichtiges Unternehmensziel ist deshalb die ständige Verbesserung der Arbeitssicherheit. Aktive Gesundheitsförderung wird als Führungsaufgabe festgelegt. Im Rahmen des betrieblichen Vorschlagswesens werden die Mitarbeiter besonders motiviert, Ideen zum Arbeits- und Gesundheitsschutz zu entwickeln.

Diese Zielvorgabe spiegelt sich auch in der im Januar 2007 unterzeichneten Vereinbarung „Grundsätze sozialer Verantwortung in den Arbeits-

---

[70] Sackmann (2004).

beziehungen im ThyssenKrupp Konzern" wider. Hier werden eine präventive Gesundheitspolitik sowie die Verbesserung der Sicherheit am Arbeitsplatz und der Arbeitsbedingungen ausdrücklich als maßgeblicher Bestandteil der Managementaufgabe definiert. Diese Grundsätze schaffen eine wesentliche Voraussetzung für die Entwicklung des Unternehmens zum gesunderhaltenden Betrieb.

▌ Gemeinsame Werte und Regeln

Im betrieblichen Alltag ist das Ziel, eine Vertrauenskultur zu schaffen, in der Feedback sach- und nicht personenbezogen erfolgt. Die Partizipation der Beschäftigten innerhalb der Team- und Gruppenorganisation sowie eine konstruktive Konfliktkultur schaffen gemeinsame Werte und Regeln. Es ist kein Gegeneinander, sondern ein Miteinander. Das fördert die sozialen Beziehungen. Nicht nur bei der Rasselstein GmbH, sondern auch bei ThyssenKrupp Steel werden diese Inhalte in Seminaren für Führungskräfte aller Ebenen bis hin zum betrieblichen Schichtkoordinator vermittelt. Ziel ist, gemeinsame Werte zu schaffen und damit das Sozialkapital im Unternehmen zu verbessern.

▌ Gesundheitsförderliche Personalsysteme

Auch die im Betrieb etablierten Personalsysteme können für die Förderung gesundheitsgerechten Verhaltens genutzt werden. Für die Gesundheitsförderung müssen diese Systeme nicht erst erfunden und in der Regel auch nicht neu eingeführt werden. Ziel ist, Gesundheitsziele mittelfristig bei der Personalbeschaffung und -auswahl, Personalbeurteilung und -entwicklung sowie bei den Anreizsystemen konsequent einzubeziehen.

▌ Personalbeschaffung und -auswahl

Ziel der Personalbeschaffung und -auswahl ist der optimale Einsatz von Mitarbeitern. Den richtigen Mitarbeiter an der richtigen Stelle zu platzieren, bedeutet nicht nur, für effektive Arbeitsabläufe zu sorgen. Es bedeutet auch, eine optimale Balance zwischen den individuellen Leistungsvoraussetzungen und den Arbeitsanforderungen zu finden und sowohl Unterforderung als auch Überforderung zu vermeiden. Wenn Mitarbeiterqualifikation und Arbeitsplatzanforderungen zusammenpassen, werden Belastungen und daraus entstehende gesundheitliche Beeinträchtigungen vermieden. Bei der Auswahl und Einstellung von Mitarbeitern, zum Beispiel in Assessment-Centern oder bei Umsetzungen, sollte deshalb auf den optimalen „Fit" geachtet werden. Ein für Personalverantwortliche hilfreiches Instrument kann auch die Personalbestandsanalyse sein, die die fachlichen und überfachlichen Qualifikationen der Mitarbeiter erfasst und sie mit den Arbeitsplatzanforderungen in Beziehung

setzt. Daraus lassen sich Personalbedarf und Maßnahmen der Personalentwicklung ableiten.

▌ Personalentwicklung

Der Personalentwicklung kommt wie beschrieben die Aufgabe zu, dafür
zu sorgen, dass die Mitarbeiter über die erforderlichen Kompetenzen
verfügen, um den qualitativen Arbeitsanforderungen in einer sich tech-
nologisch schnell verändernden betrieblichen Welt zu entsprechen. Die
Einführung von Gruppenarbeit, die Anschaffung neuer Maschinen oder
einer neuen Software konfrontieren die Beschäftigten mit neuen komple-
xen Herausforderungen. Eine gesundheitsförderliche Personalentwicklung stellt sicher, dass die Mitarbeiter die erforderlichen Qualifikationen
entwickeln können, um psychische Belastungen, Stress und in der Folge
ernsthafte Beschwerden und Erkrankungen zu vermeiden.

Gefragt ist nicht nur die Vermittlung fachlicher Qualifikationen, sondern
auch von Schlüsselqualifikationen wie Kommunikations-, Konflikt- und
Kooperationsfähigkeit. Diese sozialen Kernkompetenzen gewinnen gerade bei anspruchsvollen Aufgaben, die nur im Team gemeistert werden
können, immer mehr an Bedeutung. Mangelnde soziale Kompetenzen
führen nicht nur zu Reibungsverlusten und verminderter Qualität. Unge-
löste Konflikte und fehlende Wertschätzung verschlechtern das Betriebsklima und verhindern damit die Entstehung einer gesunden Unternehmenskultur.

Eine weitere Aufgabe ist wie schon beschrieben die Vermittlung von
Wissen um gesundheitsgerechtes Verhalten und gesundheitsförderliche
Arbeitsbedingungen (siehe Kapitel 13). Die Verantwortung für den Ar-
beits- und Gesundheitsschutz ist nicht auf einzelne betriebliche Funk-
tionsträger beschränkt, sondern bezieht alle Beschäftigten ein. Dazu ist
die Vermittlung von Kenntnissen über richtige Ernährung, ausreichend
Bewegung oder Fähigkeiten zur Stressbewältigung ebenso wichtig wie
das Wissen über besondere Risiken und gesundheitsschützende Faktoren im Arbeitsfeld. Hier ist es die Aufgabe der Personalentwicklung, zielgruppenspezifische Angebote zu entwickeln, die von den Beschäftigten
angenommen werden.

Schließlich sorgt die Personalentwicklung dafür, dass ausgewählte Mitarbeiter Qualifikationen erwerben, die für Sonderaufgaben im Arbeits- und
Gesundheitsschutz notwendig sind. Beispielsweise bildet ThyssenKrupp
Steel in jedem Team Ergonomie- und Sicherheitsbeauftragte aus, die sich
um die Umsetzung der Arbeits- und Gesundheitsschutzregeln kümmern.
Fachkenntnisse über die Zusammenhänge von Belastungen, Ressourcen
und Gesundheit schaffen darüber hinaus die Grundlage für eine effektive
Mitarbeit in Gesundheitszirkeln und Steuerungsgruppen zur betrieblichen Gesundheitsförderung.

❚ Personalbeurteilung

Für das Ziel der Verankerung des Gesundheitsgedankens in den betrieblichen Strukturen ist auch das Beurteilungssystem für Führungskräfte und Mitarbeiter hilfreich. Leistet der Mitarbeiter den vereinbarten Beitrag zur Erreichung der Gesundheitsziele? Hat er zum Beispiel ausreichend Seminare besucht oder genügend Verbesserungsvorschläge zum Arbeits- und Gesundheitsschutz gemacht? Regelmäßige Rückmeldungen können in die Mitarbeitergespräche integriert werden. Bei der Rasselstein GmbH ist zum Beispiel das Thema Gesundheitsförderung seit dem „gesunderhaltenden Betrieb" Teil der jährlich stattfindenden Mitarbeitergespräche.

Auch Führungsinstrumente wie das 360-Grad-Feedback (siehe Kapitel 18) bieten die Möglichkeit, das Thema gesundheitsgerechte Führung in den betrieblichen Strukturen zu verankern und eine gesunde Unternehmenskultur zu schaffen.

5. Fazit und Ausblick

Ein modernes betriebliches Gesundheitsmanagement setzt heute nicht mehr nur auf Rückenschulen und Entspannungskurse, sondern baut auf eine insgesamt gesundheitsförderliche Unternehmenskultur. Diese trägt dazu bei, dass die Mitarbeiter gesund und leistungsfähig in die Rente gehen, und schafft zudem ein Klima von Arbeitszufriedenheit und Verbundenheit mit dem Unternehmen. Psychische und physische Belastungen werden durch den Aufbau sozialer und persönlicher Ressourcen abgefedert.

Der Weg dorthin ist ein nicht immer einfacher Veränderungsprozess, bei dem die Führungskräfte wichtige Katalysatoren sind. Gute Chefs sorgen nicht nur für die Gesundheit ihrer Mitarbeiter. Sie stehen in der Verantwortung, durch ihr gesundheitsgerechtes Führungsverhalten auch die Leistungsbereitschaft und -fähigkeit der Beschäftigten – und damit auch den Unternehmenserfolg zu beeinflussen. Das ist kein „Nice-to-have"-Verhalten, sondern wird von Unternehmensseite erwartet.

Gesundheitsgerechte Mitarbeiterführung bedeutet einerseits die gesundheitsförderliche Gestaltung der Arbeitsplätze und andererseits einen Führungsstil, der dialogorientiert, partizipativ, transparent und wertschätzend ist. Dies sind Anforderungen, die nicht jedem in die Wiege gelegt sind. Aber sie sind erlernbar. Führungskräfte brauchen dafür Unterstützung. Hier ist der Personalbereich gefragt. Auch bei den Personalverantwortlichen ist ein Umdenken notwendig, um den notwendigen Support für die betrieblichen Führungskräfte zu leisten. Gesundheitsgerechtes Führungsverhalten im Hinblick auf Mitarbeiterführung und im

Hinblick auf das eigene Verhalten sollte fester Bestandteil jeder Führungskräfteschulung werden.

Das ganzheitliche betriebliche Gesundheitsmanagement wie im „gesunderhaltenden Betrieb" liefert darüber hinaus die effizienten Instrumente zur frühzeitigen Diagnose von Belastungsschwerpunkten. Es sorgt dafür, dass die erforderlichen Maßnahmen an der richtigen Stelle erfolgen und eine ausgewogene Balance von Verhältnis- und Verhaltensprävention gewährleistet ist. Wie heute Qualitäts- und Umweltmanagement in den meisten Unternehmen selbstverständlich sind, so sollte auch das Gesundheitsmanagement selbstverständlicher Bestandteil der betrieblichen Strukturen und Managementsysteme werden.

Eine Investition, die sich lohnt: Wer in eine gesundheitsgerechte Unternehmens- und Führungskultur investiert, sichert die Wertschöpfung und Wettbewerbsfähigkeit des Unternehmens auch in Zeiten des demografischen Wandels. Wenn in Zukunft Arbeitskräfte, insbesondere Fachkräfte, knapp werden, löst sich der vermeintliche Gegensatz zwischen Rationalisierung und Mitarbeiterorientierung zwangsläufig auf.

Kapitel 5

Sicherheit und Gesundheit:
Ein Präventionsziel

Wolfgang Marschner

1. Grundlagen eines ganzheitlichen Präventionsmanagements: Gesetzliche Vorgaben und unternehmerischer Erfolg

Die Prävention von Arbeitsunfällen und Berufskrankheiten ist seit jeher gesetzlicher Auftrag der Berufsgenossenschaften. Mit der Reform des Arbeitsschutzgesetzes[71] 1996 ist die Prävention arbeitsbedingter Gesundheitsgefahren als wichtige Aufgabe hinzugekommen.

Damit hat sich das zugrunde liegende klassische Arbeitsschutzverständnis, bei dem es vor allem um die Verhütung von Unfällen und Krankheiten geht, erweitert. Die Unfallversicherungträger müssen nicht nur mit allen geeigneten Mitteln für die Verhütung von Arbeitsunfällen, Berufskrankheiten und arbeitsbedingten Gesundheitsgefahren und für eine wirksame Erste Hilfe sorgen, sondern auch den Ursachen von arbeitsbedingten Gefahren für Leben und Gesundheit nachgehen. Arbeitsbedingte Gesundheitsgefahren sind „Zustände, Ereignisse und Einwirkungen bei der Arbeit und/oder in der Arbeitsumwelt, die Gesundheitsstörungen nachvollziehbar verursachen, begünstigen oder die Gesundheit in sonstiger Weise nachteilig beeinflussen können." Der arbeitsschutzrechtliche Präventionsbegriff ist ganzheitlich ausgerichtet und umfasst alle potenziell gesundheitsschädlichen Belastungen durch die Arbeit.

Die gesetzlichen Vorgaben verpflichten auch den Arbeitgeber, alle notwendigen Maßnahmen zu treffen, die für die Sicherheit und den Gesundheitsschutz der Mitarbeiter erforderlich sind. Er muss dabei alle Aspekte berücksichtigen, die die Arbeit betreffen. Auch hier wird deutlich: Das moderne Arbeitsschutzgesetz liefert die rechtlichen Grundlagen für eine ganzheitliche Prävention.

Gleichzeitig trägt es zum unternehmerischen Erfolg bei, denn es stellt die Beschäftigten in den Mittelpunkt des betrieblichen Handelns. Der Arbeitnehmer hat ein Recht auf Sicherheit und Gesundheitsschutz, muss aber auch für die eigene Sicherheit und Gesundheit sowie die seiner Kollegen Sorge tragen. Diese ganzheitliche Sicht trägt dazu bei, die Gesundheit der Mitarbeiter zu stärken, seine Leistungsbereitschaft und -fähigkeit dauerhaft zu erhalten und damit auch den wirtschaftlichen Erfolg des Unternehmens zu sichern.

Erfolge im Arbeits- und Gesundheitsschutz sind allerdings nicht mit Einzelmaßnahmen der Gesundheitsförderung zu erreichen. Sie hängen von guten Managementsystemen ab, die sowohl die Finanzsteuerung, den Umweltschutz, die Qualitätssicherung, aber auch den Gesundheitsschutz mit dem Schwerpunkt der Mitarbeiterbeteiligung umfassen. Warum zum Beispiel ereignen sich in den Industriebetrieben der Vereinigten Staa-

---

[71] Das Arbeitsschutzgesetz von 1996 übersetzt die EU-Arbeitsschutz-Rahmenrichtlinie 89/391/EWG „Durchführung von Maßnahmen zur Verbesserung der Sicherheit und des Gesundheitsschutzes der Arbeitnehmer bei der Arbeit" in deutsches Recht.

ten von Amerika wesentlich weniger Arbeitsunfälle als in Europa? Diese Tatsache kann schon lange nicht mehr mit einer abweichenden statistischen Erfassungsmethode und einem anderen System der sozialen Sicherung erklärt werden. Es ist vielmehr anzuerkennen, dass Arbeitsschutz (Safety) dort nicht eine sozialpolitische Vergünstigung ist, sondern ein Bestandteil der Managementaufgabe. Dort gilt ein Unfall nicht primär als ein trauriges Ereignis für einen Arbeiter, sondern als eine Verschwendung von Zeit und menschlichen Ressourcen.

Während in Deutschland im Mittelpunkt des Arbeitsschutzes immer noch stark die rechtlichen Anforderungen stehen (z. B. „ArbSchG", „BetrSichVO", BG-Vorschriften), bestimmt im internationalen Raum eher die ganzheitliche Anwendung von Managementsystemen den unternehmerischen Erfolg.

2. BG-Projekte haben Tradition

Die Zusammenarbeit mit den Krankenkassen vor allem auf dem Gebiet der Verhütung arbeitsbedingter Erkrankungen im Betrieb hat sich als wichtiges Instrument des Gesundheitsschutzes etabliert. In verschiedenen Projekten konnten die Vorteile solcher Kooperationen deutlich und überzeugend demonstriert werden.

Die Förderung von und die Beteiligung an Projekten hat bei der VMBG (früher „ARGE Metall") schon Tradition. Bereits Anfang der 90er Jahre wurde mit dem Kooperationsprojekt „Neue Wege der Prävention arbeitsbedingter Erkrankungen" geprüft, wie Daten von Kranken- und Unfallversicherung zusammengeführt werden können, um frühzeitig arbeitsbedingten Erkrankungen vorzubeugen. Grundlage für dieses Projekt bildete das Gesundheitsreformgesetz (GRG) von 1989, in dem der Gesetzgeber durch das Sozialgesetzbuch SGB V den Krankenkassen die Möglichkeit gab, in Zusammenarbeit mit den Unfallversicherungträgern an der Verhütung arbeitsbedingter Gesundheitsgefahren mitzuwirken.

Das Kooperationsprogramm Arbeit und Gesundheit (KOPAG) war ein Modellvorhaben von BKK Bundesverband und Hauptverband der gewerblichen Berufsgenossenschaften (HVBG), bei dem die Beteiligung der Verwaltungsgemeinschaft der Maschinenbau- und Metall-Berufsgenossenschaft und Hütten- und Walzwerks-Berufsgenossenschaft eine wesentliche Rolle spielte. Es führte die Zusammenarbeit der genannten Akteure auf Verbandsebene konsequent fort.

Im Rahmen des Integrationsprogramms Arbeit und Gesundheit von Unfallversicherung und Krankenkassen (IPAG) wurden Konzepte und Instrumente entwickelt, die der Erkennung und Verhütung arbeitsbedingter Gesundheitsgefahren dienen und die die Kooperation von Unfallversicherungsträgern, Krankenkassen und Betrieben fördern. Ein Schwerpunkt war der Aufbau lokaler Präventionsstrukturen (verschiedene Institutionen kooperieren bei der Beratung und Unterstützung der Betriebe), der durch die Maschinenbau- und Metall-Berufsgenossenschaft in Kooperation mit der Innungskrankenkasse und der zuständigen Innung im Kfz-Handwerk realisiert wurde.

Die genannten Projekte dienten vor allem dazu, Analysen durchzuführen, Strategien zu entwickeln und übergreifende Präventionskonzepte darzustellen. Eine wesentliche Basis dafür bildeten die Arbeitsunfähigkeitsdaten der Krankenkassen und die Unfalldaten der Berufsgenossenschaften.

Seit Inkrafttreten des Gesundheitsreformgesetzes 2000 werden vor allem Pilotprojekte in einzelnen Betrieben gefördert. Voraussetzung ist, dass eine Übertragbarkeit auf andere Unternehmen möglich ist. Der Vorteil dieser Projekte ist ein stärkerer betrieblicher Bezug der Maßnahmen.

3. Forschung für Prävention: Modellprojekt „Der gesunderhaltende Betrieb"

Der Paragraph 14 SGB VII liefert die Grundlage für die Berufsgenossenschaften, Modellprojekte wie den „gesunderhaltenden Betrieb" zu fördern. Forschungsergebnisse müssen dazu dienen, die Erkenntnisse für die Prävention zu erweitern und den Mitarbeitern der Präventionsabteilungen neue oder verbesserte Beratungsinstrumente an die Hand zu geben. Hierbei kommt es wesentlich darauf an, dass die Instrumente in allen Betrieben der VMBG zur Anwendung kommen können.

Ziel ist dabei, allgemeingültige Präventionsstrategien zu entwickeln, die in den Mitgliedsbetrieben der VMBG anwendbar sind und die die Möglichkeit beinhalten, einen individuellen betriebsbezogenen Gestaltungsfreiraum zu nutzen.

Die circa 140.000 Mitgliedsbetriebe der VMBG mit ihren ungefähr 3,7 Millionen Versicherten (2006) sind unterschiedlich groß: Sie umfassen zum einen einige wenige sehr große Unternehmen mit mehreren Zehntausend Beschäftigten und zum anderen sehr viele Kleinunternehmen mit weniger als 50 Beschäftigten. Eins ist allen gemeinsam: Der Fokus der Unternehmen liegt auf dem wirtschaftlichen Erfolg durch leistungsfähige und leistungsbereite Mitarbeiter. Deshalb ist auch das Interesse an wirksamen Strategien des Arbeits- und Gesundheitsschutzes groß.

Die oben beschriebenen Pilotprojekte behandelten immer nur Teilaspekte der Sicherheit und Gesundheit von Menschen bei der Arbeit. Der Definition der arbeitsbedingten Gesundheitsgefahren der VMBG liegt aber wie beschrieben ein umfassender Gesundheitsbegriff zugrunde, der es notwendig macht, in der Forschung allen Aspekten von Gesundheit im Betrieb nachzugehen. Im Mittelpunkt steht dabei die Übertragbarkeit und Nachhaltigkeit der Projektergebnisse.

Vor allem die Übertragbarkeit auf die Belange der Kleinbetriebe muss in Forschungsvorhaben einen wesentlichen Anteil haben. Das Projekt „Der gesunderhaltende Betrieb" wurde von Seiten der VMBG intensiv unterstützt, weil die Aspekte Übertragbarkeit und Nachhaltigkeit einen zentralen Punkt des Vorhabens bildeten.

Neue Wege der Kommunikation mit anderen Unternehmen wurden beschritten und stießen bei vielen Betrieben der VMBG auf Interesse. Hierbei spielte vor allem der modulare Aufbau des Projekts eine entscheidende Rolle, weil er die Umsetzung von Maßnahmen in anderen Betrieben unter Berücksichtigung von deren Belangen ermöglicht. Es wurde aber auch deutlich, dass die Umsetzung in Kleinbetrieben seine Grenzen hat, da dort häufig die Strukturen und Ressourcen der Großbetriebe fehlen. In der Regel werden alle Abläufe im Betrieb vom Unternehmer selbst gesteuert. Der damit verbundene Zeitaufwand führt oft zu einer gewissen Ablehnung von „zusätzlichen" Aufgaben. Der Nutzen erschließt sich manchmal erst auf den zweiten Blick. Dennoch sind Anregungen aus dem Projekt von Kleinunternehmen im Rahmen des Wissenstransfers aufgegriffen worden und stießen auf positive Resonanz.

Die zukünftige Entwicklung von Gesundheitsmanagement sollte die Belange von Kleinbetrieben noch intensiver berücksichtigen und die Vorteile auch für Kleinunternehmen darstellen.

Kapitel 6

Wissenstransfer

Konrad Einig

1. Zielsetzung

Unter der Überschrift „Wissenstransfer" wurden im Rahmen des „gesunderhaltenden Betriebs" verschiedene Aktivitäten gebündelt, die zum Inhalt hatten, Projektwissen systematisch zu vermitteln. Ziel war es, die Ergebnisse des Projektes auf andere Unternehmen sowohl im Thyssen-Krupp Konzern als auch auf weitere Firmen zu übertragen und für deren eigenes Gesundheitsmanagement konkret nutzbar zu machen. Der modulare Aufbau des Gesamtmodells erlaubte, einzelne Teilprojekte bzw. Handlungsfelder zu übernehmen. Darüber hinaus sollte der Erfahrungsaustausch hinsichtlich der Umsetzung von betrieblichem Gesundheitsmanagement angeregt werden.

„Wissen vermitteln – Wissen teilen – Wissen nutzen", so lauteten die Prinzipien. Die Weitergabe der gewonnenen Erkenntnisse an andere Unternehmen diente der Nachhaltigkeit. Das erworbene Wissen über die praktische Anwendbarkeit der Leitgedanken „Ganzheitlichkeit", „Vernetzung" und „Salutogenese" verschwand nicht in den Schubladen, sondern wurde veröffentlicht und damit für andere Unternehmen nutzbar gemacht.

Anders als in anderen Projekten wurden dabei die Ergebnisse nicht erst nach Abschluss des Projektes vermittelt, sondern zeitlich parallel zur akuten Projektphase. Damit war gewährleistet, dass die kooperierenden Unternehmen rechtzeitig Feedback geben konnten und ein kontinuierlicher Verbesserungsprozess initiiert wurde. Davon profitierten einerseits die Unternehmen, für die bei Problemen zum Beispiel Beratung und Unterstützung organisiert werden konnte. Andererseits profitierte der „gesunderhaltende Betrieb", da aufgrund der Rückmeldung entsprechende Steuerungsprozesse innerhalb des Projektes ausgelöst werden konnten. So wurden alle beteiligten Unternehmen zu lernenden Unternehmen auf dem Gebiet des Gesundheitsmanagements.

Ein weiteres Ziel des Wissenstransfers war die Bildung unternehmensübergreifender themenbezogener Wissensnetzwerke, die auch über die Projektlaufzeit hinweg Bestand haben sollten. Die Implementierung eines umfassenden betrieblichen Gesundheitsmanagements ist nicht kurzfristig zu erreichen. Wenn Gesundheit ein Teil der Unternehmenskultur werden soll, ist die Integration in betriebliche Abläufe, zum Beispiel in vorhandene Managementansätze und Führungsinstrumente, sinnvoll. Dieser „lebendige" Prozess braucht nicht nur seine Zeit, sondern gelingt besser in der Auseinandersetzung mit anderen Unternehmen.

Darüber hinaus waren viele der im Projekt „Der gesunderhaltende Betrieb" entwickelten Konzepte neu und noch wenig in der Praxis erprobt. Es ist sicher ein Unterschied, ob zum Beispiel Gesundheitsaudits (siehe Kapitel 19 „Betriebsräte als Gesundheitsauditoren") in einem Betrieb mit 100 oder mit 10.000 Beschäftigten durchgeführt werden; ob Maßnahmen für die Zielgruppe Verwaltungsangestellte oder für Produktionsmitarbeiter entwickelt werden usw. Deshalb war ein gegenseitiger Erfahrungsaustausch wichtig, der Hinweise darauf geben sollte, wie man mit unterschiedlichen betrieblichen Voraussetzungen arbeitet, welche Rahmenbedingungen jeweils geschaffen werden mussten und wie sich Klippen bei der Implementierung eines Präventionsmanagementsystems im Unternehmen umschiffen ließen.

2. Transferunternehmen

Die an einem Wissenstransfer interessierten Unternehmen wurden zunächst in drei Gruppen eingeteilt:

(1) Die A-Unternehmen, die das Projekt eng begleiteten, an seinem Entwicklungsprozess teilhatten und auch im Projektbeirat vertreten waren. Dies waren:

- Beckmann GmbH & Co. KG, Bad Salzuflen
- Grillo Werke AG, Duisburg
- Daimler Chrysler AG, Stuttgart
- ArcelorMittal, Duisburg
- ThyssenKrupp Nirosta AG, Krefeld
- ThyssenKrupp Steel AG, Duisburg

Diese Unternehmen hatten unmittelbaren Zugriff auf alle Konzepte der Organisation und Steuerung, der Handlungsfelder und Maßnahmen. Transferworkshops zur Gesamtkonzeption und zu einzelnen Modulen fanden regelmäßig statt. Im Rahmen des Projekts entwickelte Tools und Instrumente wie z.B. Formulare für die Scorecards, halfen bei der Umsetzung des Gesundheitsmanagements im Betrieb. In einem geschlossenen Bereich des Internetangebots www.dergesunderhaltendebetrieb.de, den die A-Unternehmen mit einem Passwort betreten konnten, wurden alle wichtigen Informationen zur Verfügung gestellt.

(2) B-Unternehmen, die an einzelnen Teilmodulen oder speziellen Fragestellungen interessiert waren, erhielten je nach Themenschwerpunkt Informationsmaterial. Themenbezogene Gespräche fanden entweder bei der Rasselstein GmbH oder im Unternehmen selbst statt. Im Rahmen einer Partnerschaft sollten die interessierten B-Unternehmen darüber hinaus von der regional zuständigen Berufsgenossenschaft begleitet werden.

(3) C-Unternehmen waren allgemein interessierte Unternehmen, die über die Presse und Medien vom Projekt „Der gesunderhaltende Betrieb" erfahren hatten und sich mit Fragen an die Berufsgenossenschaft oder die Rasselstein GmbH gewandt hatten. Oft reichten ihnen grundsätzliche schriftliche oder mündliche kurze Informationen aus.

3. Organisation des Transferprozesses

Im Rahmen des Transfermanagements wurden verschiedene Instrumente sinnvoll miteinander kombiniert:

▮ Transferworkshops
▮ Internet
▮ Infoveranstaltungen
▮ Unternehmensübergreifendes Netzwerk
▮ Toolbox „Gesundheitsmanagement"

3.1 Workshops

Die Systematik und die Leitgedanken des „gesunderhaltenden Betriebes" sind nur schwer in drei Sätzen zu vermitteln. Was liegt einem salutogenen" Ansatz an wissenschaftlichen Erkenntnissen zu Grunde? Warum ist Gesundheit ganzheitlich, nämlich biologisch, psychisch und sozial zu verstehen? Und warum wirkt ein integriertes Präventionsmanagementsystem nachhaltiger als einzelne Gesundheitsmaßnahmen? Diese grundlegenden Fragen standen im Mittelpunkt eines ausführlichen Einführungsworkshops zu Beginn der Seminarreihe.

Daneben wurden als weitere Workshopmodule die Basisthemen „Projektorganisation und -steuerung" und das Konzept der Projektevaluation behandelt. Daran schlossen sich Workshops zu den einzelnen Teilprojekten und Handlungsfeldern an, die die Interessen der kooperierenden Unternehmen berücksichtigten. Dies waren beispielsweise: der Belastungsatlas, physische Gesundheit, psychische Gesundheit, Fitness und Bewegung, Gesundheitsaudits, altersgerechte Qualifizierung, Licht und Farbe, ganzheitliche Lebensberatung und das Projektmarketing.

Die Workshops richteten sich an operativ Verantwortliche aus den Unternehmen. Sie wurden eingeleitet mit der ausführlichen Vorstellung von Konzeption und Umsetzung der jeweiligen Handlungsfelder durch den Teilprojektverantwortlichen. Im Anschluss konnten konkrete Transferfragen der Teilnehmenden geklärt werden. Beispiele: Aus welchen Funktionsträgern sollte sich die Steuergruppe Gesundheit in unserem Unternehmen zusammensetzen? Wie können wir unsere Führungskräfte motivieren, das Projekt zu unterstützen?

Insgesamt wurden vier ganztägige Transferworkshops für die A-Unternehmen durchgeführt.

3.2 Website „www.dergesunderhaltendebetrieb.de"

Die öffentliche Internetseite www.dergesunderhaltendebetrieb.de enthielt einen passwortgeschützten Bereich, den nur die A-Unternehmen betreten konnten. Dort waren aktuelle und grundlegende Informationen zugänglich, zum Beispiel die Protokolle der Projektbeiratssitzungen, die Konzeptionen der Teilprojekte, verschiedene Tools wie die Scorecards und Reporting Sheets, ein Fragebogen für Sportanfänger, eine Betriebsvereinbarung zum Nichtraucherschutz usw. Im Bereich „Kommunikation" waren Broschüren, Plakate und Flyer abgelegt. Der Bereich „Dokumentation" enthielt Zwischenberichte.

3.3 Infoveranstaltungen

Bei den allgemeinen Informationsveranstaltungen wurden die Leitgedanken des Projektes vermittelt sowie auf Wunsch Antworten auf spezielle Fragestellungen der Unternehmen gegeben.

Beispiel
In einem Unternehmen ließ das Interesse der Beschäftigten an den Gesundheitsmaßnahmen zu wünschen übrig. Zwei mit der Durchführung der Maßnahmen beauftragte Unternehmensvertreter besuchten die Rasselstein GmbH und schauten sich vor Ort an, welche Marketingmaßnahmen im Rahmen des Projekts umgesetzt wurden. In einem anschließenden Gespräch wurden Erfahrungen ausgetauscht und gemeinsam Lösungsmöglichkeiten überlegt.

3.4 Unternehmensübergreifendes Netzwerk

Transferworkshops und Projektbeiratsitzungen boten während der Projektlaufzeit die Möglichkeit, persönlich Kontakt zu anderen Unternehmen aufzunehmen und ein Netzwerk der betrieblichen Gesundheitsförderung aufzubauen. Darüber hinaus eignete sich das Internet, um Informationen auszutauschen und über bestimmte Fragestellungen zu kommunizieren.

4. Fazit

Insgesamt fanden vier Transferworkshops im Projektzeitraum statt. Es meldeten sich zwar regelmäßig rund 20 Verantwortliche aus den Unternehmen an, das Interesse an einem weitergehenden Austausch und an der intendierten Netzwerkbildung blieb jedoch relativ gering.

Die auch aus anderen Wissensmanagementprozessen bekannten Erfahrungen sind hier möglicherweise übertragbar: Nur im Zusammenspiel aller Beteiligten kann ein Wissenstransfer gelingen. Der Prozess des Gebens und Nehmens muss symmetrisch verlaufen und von gegenseitigem Vertrauen geprägt sein. Andernfalls besteht die Gefahr, dass der Transfer im Sande verläuft.

Wer ein betriebliches Gesundheitsmanagement aufbaut, stößt unweigerlich auf innerbetriebliche Grenzen und Stolpersteine. Dies offenzulegen und gemeinsam aus Fehlern zu lernen, ist nicht immer einfach, manchmal scheinbar unmöglich. Es braucht hier einen externen Moderator, der die Kommunikationsprozesse aktiv steuert und damit eine Annäherung ermöglicht.

Teil II

Auf dem Weg zur gesunden Organisation

Kapitel 7

Projektorganisation, Steuerung und Evaluation

Rudolf Carl Meiler

1. Einleitung

Die Entwicklung und Umsetzung des Präventionsmanagementsystems bei der Rasselstein GmbH umfasste mehr als nur die punktuelle Gesundheitsförderung der Beschäftigten mit einzelnen Maßnahmen. Ziel war es, die Themen Gesundheit und Sicherheit in alle unternehmensinternen Abläufe und Verfahren zu integrieren, damit eine umfassende Präventionskultur im Betrieb entstehen kann.

Diese Präventionskultur spiegelt sich in der ganzheitlichen und systematischen Förderung des physischen, psychischen und sozialen Wohlbefindens der Beschäftigten wider. Sie wurde im Rahmen eines strategisch angelegten „Präventionsmanagements" mit adäquaten Instrumenten der Organisation, Steuerung und Evaluation umgesetzt und wird im Rahmen eines kontinuierlichen Verbesserungsprozesses ständig weiterentwickelt. Unter dem Dach des Präventionsmanagements soll durch die interdisziplinäre Zusammenarbeit der betrieblichen Experten Schritt für Schritt ein Gesamtsystem mit durchlässigen Schnittstellen entstehen, das neue organisatorische und inhaltliche Synergien schafft.

Durch den vor über zehn Jahren angestoßenen kontinuierlichen Verbesserungsprozess der „Neuen Wege der Organisation" lagen bei der Rasselstein GmbH bereits zu Projektbeginn gute strukturelle Voraussetzungen vor. Beispiele hierfür sind die seit den 90er Jahren im Unternehmen konsequent umgesetzte Team- und Gruppenarbeit, die bereichsübergreifende Zusammenarbeit, die präventiven Verfahren des betrieblichen Arbeitsschutzes und des betriebsmedizinischen Dienstes sowie das differenzierte ergebnisorientierte Kennzahlensystem.

Die Entwicklung des ganzheitlichen Präventionsmanagementsystems im Rahmen des „gesunderhaltenden Betriebs" konnte an diese Voraussetzungen anknüpfen und sie mit der Entwicklung neuer Instrumente und Verfahren verbinden.

2. Die Organisation

Der „gesunderhaltende Betrieb" hatte im September 2003 als dreijähriges Projekt begonnen. Bei der Projektorganisation waren die bewährten Verfahren des professionellen Projektmanagements (klare Zielsetzung und Ablauflogik, klar definierte personelle, zeitliche und finanzielle Ressourcen, Meilensteinplanung usw.) durch neue Konzepte und Methoden, wie beispielsweise die Projektscorecards oder den Belastungsatlas ergänzt worden.

Handlungsleitend war der Gedanke, dass man gesundheitsförderliche Strukturen und Prozesse nicht mit „pathogenen" Mitteln erreichen kann.[72] Das betriebliche Gesundheitsmanagement muss schon in seinem Vorgehen gesundheitsförderlich sein, um das Ziel einer „gesunden Organisation" zu erreichen. Gesundheitsförderlich ist zum Beispiel die Partizipation der Projektpartner und der Rasselsteiner Belegschaft in allen Gremien und ihre Beteiligung bei der Optimierung gesundheitsförderlicher Prozesse und Strukturen.

2.1 Projektbeirat, Steuerkreis, Kernteam

Ein Projekt braucht Steuergremien, in denen alle relevanten Bezugsgruppen und Experten in regelmäßigen Sitzungen über den Stand der Aktivitäten informiert werden und in denen alle wichtigen Informationen zusammenlaufen. Inhaltliche und organisatorische Aufgabe dieser Gremien ist es, die Einzelmaßnahmen des Arbeits- und Gesundheitsschutzes zu vernetzen und den Aufbau des integrierten Präventionsmanagements zu gewährleisten.

Den „gesunderhaltenden Betrieb" begleiteten drei Steuerungsgremien: der externe Projektbeirat, der interne Steuerkreis Gesundheit und das interne Kernteam. Eine wichtige Aufgabe kam dabei der Projektleitung und -koordination zu, die das Gesamtprojekt verantwortlich organisierte und die Optimierung gesundheitsförderlicher Prozesse und Strukturen im Rahmen eines kontinuierlichen Verbesserungsprozesses steuerte (siehe Kapitel 2). Eine weitere Kernaufgabe bestand darin, die Beteiligung aller relevanten Bezugsgruppen in den Gremien zu organisieren. Kooperationspartner, Führungskräfte, fachliche Experten, Betriebsräte und Beschäftigte sollten als Multiplikatoren und Gesundheitsexperten für ihre jeweiligen Bereiche von Anbeginn in die Projektarchitektur eingebunden werden.

Der Projektbeirat

Das zentral steuernde Gremium war der Projektbeirat, der zweimal im Jahr tagte. Er bestand aus Vertretern der Berufsgenossenschaften, der Krankenkassen, der Transferunternehmen (siehe Kapitel 6) und der Rasselstein GmbH. Auf den ganztägigen von der Projektleitung moderierten Projektbeiratsitzungen wurden Zielerreichung und Wirkung der durchgeführten Gesundheitsmaßnahmen anhand von Statusberichten und Kennzahlen überprüft. Durch die Besetzung des Gremiums mit führenden Fachleuten der Berufsgenossenschaften, der Krankenkassen und mit betrieblichen Experten der Transferunternehmen konnte gewährleistet werden, dass jeweils aktuelle Erkenntnisse der Arbeits- und Gesundheitswissenschaften Eingang in die Projektsteuerung fanden.

---

[72] Badura (2007).

Der Steuerkreis Gesundheit

Die überbetriebliche Gestaltung und Steuerung des Gesundheitsmanagements innerhalb der Rasselstein GmbH übernahm der Steuerkreis Gesundheit unter dem Vorsitz des betrieblichen Projektkoordinators. Seine Aufgabe war es, Planung, Überwachung und Bewertung von Gesundheitsmaßnahmen (siehe Kapitel 2) innerbetrieblich zu steuern und die Ergebnisse an Geschäftsleitung und Führungskräfte rückzukoppeln. Zusammengesetzt aus Führungskräften der Ressorts Produktion, Vertrieb, Personal und Finanzen sowie des Betriebsrates der Rasselstein GmbH gewährleistete der Steuerkreis auch die strukturelle Verbindung zwischen den Ressorts. Durch die Formulierung klarer Zielvorgaben und Umsetzungsstrategien wurden Anforderungen definiert und gleichzeitig transparent gemacht. Der Steuerkreis tagte zweimal jährlich.

Das Kernteam

„Motor" auf der betrieblichen Ebene war das so genannte „Kernteam", das mit Führungskräften und betrieblichen Akteuren des Arbeits- und Gesundheitsschutzes und weiterer wichtiger Arbeitsfelder ebenfalls interdisziplinär besetzt war. Neben der Projektkoordination waren dies die Arbeitssicherheit, der betriebsmedizinische Dienst, der Personalservice, die Personalentwicklung, die Kommunikation und die Werksküche. Von Anfang an waren die Arbeitnehmervertreter mit dabei. Weitere relevante Experten wurden bei Bedarf hinzugezogen.

Gemäß ihrer jeweiligen Arbeitsgebiete und Qualifikationen leiteten die Mitglieder des Kernteams die Teilprojekte der verschiedenen Handlungsfelder und waren für die Entwicklung und Umsetzung der Konzepte verantwortlich. Das Kernteam traf sich wöchentlich zum Austausch. Anhand von zeitnahen Berichten zum jeweiligen Stand der Umsetzung wurde gemeinsam über Zielerreichung und notwendige Steuerungsmaßnahmen entschieden. Aktuelle Entwicklungen und Erkenntnisse des Arbeits- und Gesundheitsschutzes fanden auch hier durch die Beteiligung der verschiedenen Fachgebiete unmittelbaren Eingang.

Das Kernteam gewährleistete auch die interne und externe Information und Kommunikation der Aktivitäten an den überbetrieblichen Steuerkreis und den externen Projektbeirat.

2.2 Der kontinuierliche Verbesserungsprozess

Ziel des ganzheitlichen Präventionsmanagements ist die fortlaufende Verbesserung der Gesundheitssituation im Unternehmen. Dies gelingt am besten im Rahmen dynamischer Prozesse, die die ständige Weiterentwicklung garantieren. Innerhalb einer zyklischen Folge von Planung, Handeln, Kontrolle und Verbesserungsmaßnahmen (Plan – Do – Check-

Act) wird der kontinuierliche Verbesserungsprozesses initiiert (siehe Kapitel 2).

Das prozesshafte Vorgehen orientiert sich an der Methodik des Qualitätsmanagements und der lernenden Organisation. Stärker als ein statisch festgeschriebenes Vorgehen erlaubt es, Wechselwirkungen zwischen verschiedenen Gesundheitsfaktoren im Betrieb zu erkennen.[73] Beispielsweise sind Fehlzeiten selten monokausal verursacht, sondern können ganz verschiedene Ursachen haben, die durch ein statisches Vorgehen nicht erfasst würden.

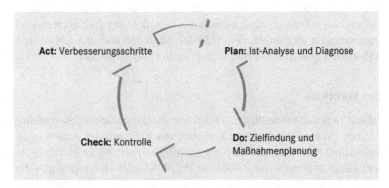

Abbildung 3:
Ablauf des kontinuierlichen
Verbesserungsprozesses

▌ „Plan": Ist-Analyse und Diagnose

Zu Beginn des „gesunderhaltenden Betriebs" erfolgte im Frühjahr 2004 die Ist-Analyse der betrieblichen Gesundheitssituation mithilfe einer Gesundheitsumfrage unter den Beschäftigten der Rasselstein GmbH. Gesundheitszirkel und -audits sowie betriebliche Kennzahlen und der Gesundheitsbericht der Krankenkasse lieferten weitere Daten in Bezug auf die unternehmensspezifische Ausgangssituation. Die Analyseergebnisse wurden vom Institut Arbeit und Technik Gelsenkirchen in Zusammenarbeit mit den betrieblichen Fach- und Führungskräften ausgewertet.

▌ „Do": Zielfindung und Maßnahmenplanung

Die Ergebnisse der Diagnose lieferten die Ausgangsbasis für die Planung der einzelnen Gesundheitsmaßnahmen (siehe Kapitel 24). Die Ergebnisse wurden mithilfe des Belastungsatlas visualisiert (siehe Kapitel 21). So konnten belastete Bereiche im Betrieb sofort erkannt werden und Prioritäten in Bezug auf die Dringlichkeit der Maßnahmen festgelegt werden. Die Teilprojektleiter bestimmten Ziele für ihre jeweiligen Handlungsfelder und entwickelten Konzepte zur Umsetzung. Die Durchführung erfolgte mit Unterstützung ihrer jeweiligen Arbeitsbereiche.

---

[73] Badura (2006).

▌ „Check": Kontrolle

In der nächsten Phase erfolgte der Soll-Ist-Abgleich. Das kontinuierliche Feedback der Akteure, der Einsatz geeigneter Controllinginstrumente wie zum Beispiel Projektscorecards oder Reporting Sheets gewährleistete die kontinuierliche Kontrolle. Die Überprüfung der Wirkung der durchgeführten Gesundheitsinterventionen erfolgte im Rahmen der Projektevaluation zum Ende des Projektes (siehe Kapitel 24).

▌ „Act": Verbesserungsschritte

Der Soll-Ist-Abgleich und die Einleitung von weiteren Verbesserungsschritten machten nicht nur die zeitnahe inhaltliche Steuerung des Projektes möglich, sondern auch den bedarfsgerechten, wirksamen und wirtschaftlichen Einsatz von Mitteln und Ressourcen. Das Unternehmen wird zur „lernenden Organisation".[74] Laut Prof. Badura[75] ist die „adäquate Verknüpfung der vier Kernprozesse ein ganz wesentliches Qualitätsmerkmal im betrieblichen Gesundheitsmanagement".

2.3 Die Handlungsfelder

Ein ganzheitlich und präventiv ausgerichteter Arbeits- und Gesundheitsschutz berücksichtigt sowohl physische als auch psychische und soziale Aspekte der Gesundheit, ist vorausschauend und proaktiv angelegt und integriert verhältnis- und verhaltenspräventive Maßnahmen (siehe Kapitel 2).

Neben der klassischen Prävention von Arbeitsunfällen und Berufskrankheiten ist sein besonderes Kennzeichen die Fokussierung auf Ressourcenpotenziale in der Arbeit sowie auf individuelle Gesundheitsressourcen der Mitarbeiter. Ressourcen dienen der Beanspruchungsoptimierung, weil sie es ermöglichen, Situationen zu beeinflussen und negative Beanspruchungsfolgen zu verhindern. Gesundheitsförderliche organisationale Ressourcen zeichnen sich durch Anforderungsvielfalt der Tätigkeit, Handlungs- und Entscheidungsspielraum und Partizipationsmöglichkeiten aus. Soziale Ressourcen beziehen sich auf die soziale Unterstützung durch Vorgesetzte und Kollegen. Personale Ressourcen erweitern die Kompetenzen, stärken das Selbstkonzept, vermitteln Gesundheitswissen und erhöhen die Selbstwirksamkeit, also den Glauben, eine Situation beeinflussen zu können.

Neben der allgemeinen Verbesserung von Gesundheit und Wohlbefinden der Beschäftigten und dem Abbau von Belastungsfaktoren des Arbeitsumfeldes sollte im Projekt „Der gesunderhaltende Betrieb" besonders der Aufbau dieser Ressourcenpotenziale verwirklicht werden.

---

[74] Senge (2001).
[75] Badura (2006).

Für die Erreichung der Ziele waren vier Dimensionen maßgeblich, die als Wirkfaktoren auf die Gesundheit der Beschäftigten einwirken:

(1) die Betriebsorganisation (z. B. das Führungsverhalten)

(2) die Arbeitsorganisation (z. B. Handlungsspielraum)

(3) das Arbeitsverhalten (z. B. Qualifikation)

(4) außerbetriebliche Einflussfaktoren (z. B. familiäre Beziehungen).

Aus den vier Dimensionen leiteten sich folgerichtig auch die Handlungsfelder/Teilprojekte des „gesunderhaltenden Betriebs" mit den entsprechenden Maßnahmen ab:

(1) Betriebsorganisation

Projektorganisation:	– Konzeption/Projektdesign
	– Koordination
	– Kontinuierliches Monitoring
Projektsteuerung:	– Entwicklung/Controlling Scorecards
Projektevaluation:	– Entwicklung von Instrumenten und Größen
	– Vorher-/Nachherbefragung
Qualifizierung:	– Ausbildung zu Gesundheitsauditoren
	– Gesundheitsaudits
	– Gesundheitscoaching für Führungskräfte
Arbeitssicherheit:	– Arbeitssicherheit als kontinuierlicher Verbesserungsprozess
	– Prävention von Wegeunfällen
	– Fahrsicherheitstraining
Unterstützung und Betreuung:	– Integration gesundheitlich eingeschränkter Mitarbeiter
	– Unterstützung Berufs-/Erwerbsunfähiger
Ernährung:	– Gesundes Betriebsessen
	– Verpflegungsautomaten
Ernährungsberatung:	– Informationsveranstaltungen
	– Einzelgespräche
Alternsgerechtes Arbeiten:	– Langzeitkonten
	– Altersgerechte Trainingsmethoden
Optimierung der Infrastruktur:	– Optimierung der Kantine
	– Einrichtung eines Trainingszentrums

(2) Arbeitsorganisation

Projekttransfer:	– Einbindung von Transferunternehmen
	– Transfer-Workshops
Gesundheitszirkel:	– Konzeption – Durchführung – Evaluation

Ergonomie:	— Anpassung der Arbeitsplätze
	— Ergonomische Schulungen
	— Zielgruppentraining
Psychische Gesundheit:	— Stressbewältigung
	— Funktionale Entspannung
	— Soziale Unterstützung
Licht und Farbe:	— Arbeitsförderliche Farblandschaften

(3) Arbeitsverhalten

Projektmarketing:	— Interne/Externe Kommunikation
	— Mitarbeiterinformation
	— Internetpräsenz

(4) Außerbetriebliche Einflussfaktoren

Fitness/Bewegung:	— Sporttreffs
	— Gesundheitstag
Physische Gesundheit:	— Vorsorgeuntersuchungen
	— Raucherentwöhnung
Ganzheitliche Lebensberatung:	— Netzwerkbildung „Soziale Betreuung"
	— Qualifizierung der Ansprechpartner

3. Die Steuerungsinstrumente

In der Unternehmensführung ist das betriebswirtschaftliche Controlling ein wesentliches Steuerungsinstrument. Schon die Auswahl geeigneter Kennzahlen stellt eine wichtige strategische Entscheidung dar. Kennzahlen als Träger verdichteter Informationen liefern wichtige Anhaltspunkte, um den Erfolg der eingesetzten Mittel anhand des Ergebnisses zu überprüfen und gegebenenfalls Maßnahmen einzuleiten.

Auch im Rahmen des betrieblichen Gesundheitsmanagements stellt das Controlling eine wichtige Vorraussetzung für den Erfolg dar. Dabei geht es nicht nur um den ökonomisch effizienten Einsatz von Finanzen und Personal, sondern auch um den Nachweis, dass sich die gesundheitlichen Interventionen für das Unternehmen rechnen. Kein Unternehmen wird auf Dauer investieren, wenn sich nicht klare Erfolge zeigen. Gerade für die Skeptiker, die das betriebliche Gesundheitsmanagement eher als „nette, aber unnötige Folkloreveranstaltung" bewerten, ist es wichtig, den Gegenbeweis anzutreten. Jedoch sind so genannte „intangible", das heißt „weiche" Humanressourcenpotenziale wie soziale Unterstützung oder Gesundheitskompetenz in ökonomischen Größen schwer messbar. Einfache Kosten-Nutzen-Relationen helfen da nicht weiter.

Daher war das Projekt „Der gesunderhaltende Betrieb" von Beginn an mit einem differenzierten Projektcontrolling unterlegt worden. Es sollte gegenüber allen Projektpartnern zu jedem Zeitpunkt Transparenz über Fortschritt und Zielerreichung herstellen. Angesichts der Vielfalt an Zielen und Maßnahmen hatten die verschiedenen Controllinginstrumente darüber hinaus auch eine wichtige Steuerungsfunktion für die Projektleitung. Weil die Teilprojektleiter ihre Handlungsfelder weitgehend mit einem autonomen Budget gestalteten, war eine kontinuierliche Rückmeldung über den Status und die Zielerreichung der einzelnen Teilprojekte unabdingbar für die erfolgreiche Projektsteuerung. Ein differenziertes Projektcontrolling steuerte außerdem den bedarfsgerechten Einsatz der gesundheitlichen Interventionen.

3.1 Projektsteckbriefe

Der Projektsteckbrief beschreibt die wichtigsten Rahmendaten eines Teilprojekts auf einen Blick. Die einzelnen Positionen wurden mit dem Projektleiter im Vorfeld vereinbart. Auf diese Weise wurde ein grundlegendes Commitment über die Vorgehensweise geschaffen. Es erlaubte den Teilprojektleitern die autonome Umsetzung ihres Handlungsfeldes und gewährleistete die Supervision und Steuerung durch den Projektleiter (siehe Anhang).

Beispiel: Projektsteckbrief Ernährungsberatung

▌ *Die Ziele*
„Ziel ist die gezielte Aufklärung der gesamtem Belegschaft, um durch eine verbesserte Ernährung zu Hause und am Arbeitsplatz zu mehr Wohlbefinden und Gesundheit beizutragen, die berufliche Belastbarkeit zu stärken und Fehlzeiten zu verringern.“

▌ *Die Wertschöpfung*
Beispiele: Mitarbeiterzufriedenheit, Ressourcen, gesellschaftliche Verantwortung (orientiert an EFQM).

▌ *Projektbeginn und -ende*

▌ *Verantwortlicher Teilprojektleiter*

▌ *Die Marketingaktivitäten*
Beispiel Mitarbeiterzeitschrift, Aushänge, Intranet, Information über Führungskräfte.

▌ *Projektevaluation*
Zum Beispiel durch Gesundheitsbefragung.

▌ *Das Reporting*
Zum Beispiel „Scorecardbasiertes Reporting“.

▌ *Das Budget gesamt und im Detail, nach Sachleistungen und Manntagen.*

3.2 Die Projektscorecards

Kernstück des Controllings war die Scorecard, die zusammen mit den Reporting Sheets quantitative und qualitative Bewertungselemente enthält. Die Scorecard setzt Strategien in konkret nachvollziehbare und messbare Ziele, Maßnahmen und Kennzahlen um.

Quantitativ wird der Aufwand für Maßnahmen innerhalb der Teilprojekte erfasst, zum Beispiel in Form von Manntagen, Anzahl von durchgeführten Vorsorgeuntersuchungen usw. Jeweils für ein Jahr – und im Falle eines Projektes für die Projektlaufzeit – werden Sollgrößen festgelegt, die mit dem Ist-Zustand abgeglichen werden.

Die Qualität und damit der Erfolg der Maßnahmen im Sinne eines gesundheitlichen Effektes wird durch den Abgleich von Ist-Soll-Werten im Bereich der inhaltlichen Zielgrößen aufgezeigt. Diese wurden innerhalb der Gesundheitsbefragung zu Beginn und zu Ende des Projektes gemessen. Zu Beginn wurden Zielwerte vereinbart, die auf einem Benchmark mit vergleichbaren Unternehmen beruhten. Im Anhang ist eine Scorecard Ernährungsberatung abgebildet.

3.3 Reporting Sheets

Die Reporting Sheets (siehe Anhang) sorgten für das detaillierte Monitoring der Kosten in den jeweiligen Teilprojekten. Hier wurden die Plan-Zahlen für das Budget mit den Ist-Zahlen verglichen. Die Reporting Sheets lieferten auch einen genauen Überblick über die einzelnen Kostenpositionen und über die aufgelaufenen Gesamtwerte, sodass der Projektleiter sowohl einen Gesamtüberblick hatte, als auch bei einzelnen geplanten Maßnahmen gegensteuern konnte, wenn diese aus dem Ruder liefen. Die Reporting Sheets wurden von den Teilprojektleitern gepflegt und jeweils quartalsweise vom Projektleiter überprüft. In der Gesamtschau lieferten die Reporting Sheets der einzelnen Teilprojekte einen aktuellen Überblick über das Gesamtbudget des Projekts.

3.4 Belastungsatlas

Ziel des Belastungsatlasses war die plakative Darstellung von besonders belasteten Bereichen im Betrieb. Anhand verschiedener Datenquellen aus der Gesundheitsumfrage, den Gesundheitsaudits und -zirkeln, Experteninterviews und betrieblichen Kennzahlen wurden bereichsfokussierte Analysen durchgeführt. Die zentrale Fragestellung dabei lautete: Wo sind Mitarbeiter physisch (z. B. durch Lärm oder langes Stehen/ Sitzen) oder psychisch (z B. durch monotone Arbeitsabläufe) besonders beeinträchtigt?

Anhand eines übersichtlichen Ampelsystems erfolgte dann die Darstellung der Problemschwerpunkte und die Ableitung von bereichsspezifischen Maßnahmen. Die ausführliche Darstellung des Belastungsatlasses findet sich in Kapitel 21.

3.5 Betriebliche Kennzahlen

Betriebliche Kennzahlen spielen bei der Rasselstein GmbH traditionell eine wichtige Rolle. Nur so wird das weitgehend autonome Arbeiten in den Teams möglich. Die betrieblichen Kennzahlen sind aufgeteilt in drei Bereiche:

(1) Kosten

(2) Qualität

(3) Mitarbeiter.

Für das Gesundheitsprojekt waren drei Arten von Kennzahlen relevant, die aus allen drei Bereichen kommen können:

▍ Diejenigen, die als „Frühindikatoren"[76] auf eine möglicherweise belastende Gesundheitssituation hinweisen wie zum Beispiel Kennzahlen aus dem betrieblichen Verbesserungswesen, geringe Weiterbildungsbereitschaft usw.

▍ Die „Spätindikatoren" wie Unfallzahlen oder Fehlzeitenquote, freiwillige Fluktuation.

▍ Kennzahlen, die letztlich das Ergebnis eines „gesunden Unternehmens" zeigen wie Produktivitätskennzahlen, Kundenzufriedenheit usw.

Die *Frühindikatoren* liefern wichtige „Warnhinweise" in Bezug auf den Stand der Zielerreichung. Mit steuernden Maßnahmen kann rechtzeitig eingegriffen werden. Hier ist es wichtig, nicht einzelne, isolierte Kennzahlen zu betrachten, sondern verschiedene Kennzahlen in Kombination. Wenn etwa der Rückgang der eingereichten Verbesserungsvorschläge und eine gleichzeitige Verschlechterung beim Item „Mitarbeitermotivation" in der Gesundheitsumfrage in einem Bereich auffällig werden, ist Vorsicht geboten. Eine Detailbetrachtung und Ursachenforschung sowie der gezielte Einsatz von Maßnahmen verhindern Krankheit und sorgen für den Erfolg der Gesundheitsmaßnahmen.

Die *Spätindikatoren* wie Fehlzeiten, Unfälle, Fluktuation dienen ebenfalls der Steuerung des Gesundheitsmanagements. Sie weisen darauf hin, dass nach den Ursachen für ihre Entstehung geforscht werden muss. In die Überlegungen sollte immer einbezogen werden, dass selten eine einzelne Ursache Grund für ihre Entstehung ist. Hier ist eine genaue Diagnose notwendig. Fehlzeiten beispielsweise können schnell auch durch externe Faktoren wie etwa eine Grippewelle beeinflusst werden. In einem Unternehmen wie der Rasselstein GmbH, das mit 3,2 Prozent schon

---

[76] Badura (2006).

zu Projektbeginn eine besonders niedrige Fehlzeitenquote hatte, ist die weitere Senkung innerhalb eines kurzen Zeitraums ein wenig tauglicher Indikator, um den Erfolg des Projektes zu bewerten.

4. Die Projektevaluation

Im Rahmen des Controllings spielen die Mitarbeiterbefragung und die daraus gewonnenen Kennzahlen eine besondere Rolle. Die Gesundheitsumfrage hat zwei Funktionen: Zum einen ist sie ein Diagnoseinstrument, das den aktuellen Gesundheitszustand der Mitarbeitenden erhebt, um daraus im Rahmen des kontinuierlichen Verbesserungsprozesses bedarfsgerechte Maßnahmen ableiten zu können. Zum anderen ist sie Teil einer „summativen" Evaluation[77], die überprüft, ob die beabsichtigen Ziele des Gesundheitsprojektes erreicht wurden.

Während des Projektes „Der gesunderhaltende Betrieb" war die Mitarbeiterbefragung im Rahmen einer Längsschnittevaluation zu Beginn 2003 und zum Ende 2006 eingesetzt worden, um einerseits zu Projektbeginn Anhaltspunkte für gesundheitliche Interventionen zu erhalten und andererseits die Entwicklung der Gesundheitssituation bei der Rasselstein GmbH aufzeigen zu können.

Die Mitarbeiterumfrage bezog die Beschäftigten als Experten ihres Erfahrungsbereichs ein und war damit Teil eines „salutogenen" Ansatzes von Gesundheitsförderung. Sie lieferte Daten, die die Wahrnehmungen, Einstellungen und Bewertungen der Mitarbeiter hinsichtlich des eigenen Gesundheitsverhaltens, der Arbeit und der Organisation erfassten. Mithilfe eines standardisierten Fragebogens, der auf validen Methoden der empirischen Sozialforschung beruhte, entstanden so genannte „weiche" Kennzahlen[78], die im Unterschied zu „harten" Kennzahlen nicht-finanzielle Sachverhalte wiedergeben.

Die Evaluation des Gesundheitsprojekts bei der Rasselstein GmbH war in Zusammenarbeit mit dem Institut für Arbeit und Technik Gelsenkirchen entwickelt und durchgeführt worden.

4.1 Wirkmodell

Der Gesundheitsumfrage als Evaluationsinstrument lag ein Modell zugrunde, das die Entstehung von Belastungsfolgen folgendermaßen erklärt[79]:

---

[77] Pfaff (2006).

[78] Ebenda.

[79] Gerlmaier (2006).

Ob aus einer Belastung (zum Beispiel Lärm, monotone Arbeitsabläufe) Beanspruchungsfolgen wie etwa ein erhöhtes Risiko für arbeitsbedingte Erkrankungen entstehen, hängt davon ab, in welchem Ausmaß einerseits organisationale Ressourcen wie ein positives Betriebsklima oder soziale Unterstützung und andererseits individuelle Ressourcen wie persönliche Bewältigungsstrategien, Kenntnisse, gesundheitliche Verfassung usw. für einen Ausgleich der Belastungen sorgen können.

Wenn beispielsweise ein Mitarbeiter einen Arbeitsauftrag bewältigen soll, aber sein Handlungsspielraum (organisationale Ressource) durch seinen Vorgesetzten so eingeschränkt ist, dass er die Aufgabe nicht oder nur mit hohem Zusatzaufwand erfüllen kann, können als Bewältigungsfolgen beispielsweise chronische Erschöpfung oder ein reduziertes Selbstwertgefühl auftreten.

Kann der Mitarbeiter den Auftrag jedoch gut bewältigen, weil er sowohl die persönlichen als auch die übertragenen Kompetenzen inklusive Handlungsspielraum zur Verfügung hat, entsteht ein Kompetenzzugewinn und Wohlbefinden als Voraussetzung für Gesundheit.

Im Wirkmodell der Anforderungsbewältigung, das dem Evaluationsvorhaben des „gesunderhaltenden Betriebs" zugrunde lag, werden Outputkriterien sowie personen- und bedingungsbezogene Inputkriterien überprüft.

Als „Auslöser" oder Bedingungsfaktoren von Gesundheit und Wohlbefinden werden als Inputfaktoren einerseits Belastungen wie zum Beispiel Umgebungsbelastungen oder Arbeitsplatzunsicherheit als Aspekte der erlebten Arbeitssituation erfasst. Andererseits werden organisationale Ressourcen wie Führung, soziale Unterstützung und soziales Klima, Zeit- und Handlungsautonomie sowie Aspekte der individuellen Gesundheitskompetenz wie das Gesundheitswissen oder die Veränderungsmotivation ermittelt.

Bei den Outputkriterien handelt es sich entsprechend eines erweiterten Gesundheitsverständnisses um verschiedene Aspekte des subjektiven Wohlbefindens, der psycho-mentalen Beanspruchung sowie des Gesundheitsverhaltens. Haben die Maßnahmen Erfolg gehabt, so müsste es nach der Durchführung der Gesundheitsmaßnahmen zu einer Erhöhung des Wohlbefindens, der Motivation und der Verbesserung des Gesundheitsverhaltens sowie zu einer Reduzierung von psychosomatischen Beschwerden und Stressreaktionen kommen. Neben diesen Faktoren sollte der Bekanntheitsgrad und die Bewertung der Maßnahmen zum Arbeits- und Gesundheitsschutz ermittelt werden.

4.2 Zielsetzung

Die Projektevaluation überprüfte die Zielerreichung des „gesunderhaltenden Betriebs" in folgenden Bereichen:

(1) Verbesserung des Wohlbefindens der Beschäftigten:

▮ Verminderung der körperlichen Beschwerden
▮ Reduzierung von Stress
▮ Erhöhung der Arbeitsmotivation
▮ Verbesserung des individuellen Gesundheitsverhaltens
▮ Erhöhung des Nutzungs- und Bekanntheitsgrades der betrieblichen Arbeits- und Gesundheitsschutzmaßnahmen

(2) Reduzierung von Belastungen:

▮ Reduzierung der Umgebungsbelastungen

(3) Aufbau von individuellen, sozialen und organisationalen Ressourcen:

▮ Erhöhung der individuellen Gesundheitskompetenz
▮ Optimierung von arbeitsbezogenen Ressourcen (soziale Unterstützung, Erhöhung der Entscheidungsmöglichkeiten).

4.3 Vorgehen

Fragebogen

Mit Unterstützung des Instituts Arbeit und Technik (IAT) wurde zunächst ein Fragebogen mit insgesamt 78 Fragen entwickelt und mit den Steuerungsgremien des Projekts abgestimmt. Die Fragen umfassten die Bereiche (Fragebogen „Mitarbeiterbefragung zur Gesundheitssituation bei Rasselstein" siehe Anhang):

▮ Betriebliche Maßnahmen zum Arbeits- und Gesundheitsschutz
▮ Gesundheitsverhalten und Wohlbefinden
▮ Persönliche Einstellung zur Gesundheit
▮ Auswirkungen der Arbeit
▮ Persönliche Arbeitssituation

Die anzukreuzenden Skalen hatten jeweils fünf Stufen, die von „Trifft gar nicht zu" bis „Trifft völlig zu" reichten. Darüber hinaus wurden die Mitarbeiter/innen gebeten, Fragen zur Person zu beantworten, etwa zum Geschlecht, Alter, zur Schulbildung, Position im Unternehmen und zur Arbeitsform und -zeit. Besonders wichtig war, darauf hinzuwirken, dass die Beschäftigten ihr Team und ihren Bereich angaben, damit sich die Ergebnisse der Umfrage nicht auf zu große und damit nicht aussagekräftige Bereiche beziehen.

Bei der Formulierung der Fragen waren die Kriterien Kürze und Verständlichkeit zu beachten. Ein Zuviel an Fragen wirkt abschreckend. Hilfreich war ein Testlauf mit einer betrieblichen Kontrollgruppe. Anonymität und Datenschutz mussten unter allen Umständen gewahrt bleiben, um die Bereitschaft der Beschäftigten zu offenen Antworten zu erhöhen.

Im Hinblick auf die Frage nach der Wirksamkeit der Maßnahmen war grundsätzlich zu berücksichtigen, dass eine eindeutige Wirkungsmessung schwierig ist, weil sich aufgrund der multifaktoriellen Verursachung schlecht beweisen lässt, ob Maßnahme x wirklich zu Ergebnis y geführt hat.[80]

Umsetzung

Aus betrieblichen Gründen sind bei der Rasselstein GmbH bei der Vorher/Nachher-Erhebung zwei von jeweils fünf Schichten in der Produktion befragt worden. Im Verwaltungsbereich erfolgte eine Vollerhebung. Die Befragung wurde im Rahmen des Projektmarketings per Newsletter und persönlicher Information an die Führungskräfte und anschließend per Mitarbeiterzeitschrift „Rasselstein Info", Intranet und Aushängen an die Beschäftigten kommuniziert. Wichtig dabei ist, immer wieder darauf hinzuweisen, dass die Umfrage eine Chance zur konkreten Mitgestaltung verbesserter Arbeitsbedingungen bietet. Die Mitarbeiter/innen sollen darauf vertrauen können, dass entsprechende Maßnahmen auch tatsächlich umgesetzt werden.

Die Ergebnisse der Projektevaluation können Sie in Kapitel 24 nachlesen.

5. Fazit

Das Projekt „Der gesunderhaltende Betrieb" war als ein „Work in Progress" mit dem erklärten Ziel angelegt, neue Wege zu gehen, um angestrebte Ergebnisse anders als auf alt bekannten Pfaden zu erreichen. Innovation und Weiterentwicklung konnten dabei nur entstehen, weil man sich erlaubte, neue Denkansätze und Methoden auszuprobieren.

Damit das Projekt dennoch möglichst effizient verlief und die Ergebnisse optimal nutzbar waren, waren eine effektive Organisation, Steuerung und Evaluation gleichermaßen wichtig. Auch hier wurden neue Methoden mit bewährten und bekannten Verfahren verbunden. Das erforderte auf der einen Seite eine hohe Bereitschaft der Beteiligten, sich auf gemeinsame Projektstandards einzulassen. Auf der anderen Seite gewährte das gewählte Vorgehen den beteiligten Projektmitgliedern ein hohes Maß an inhaltlicher Selbstständigkeit und Gestaltungsfreiheit. Organisation und Methodik waren so transparent angelegt, dass auch die supervidierenden Gremien wie Projektbeirat und Steuerkreis kontinuierlich den Projektfortschritt verfolgen konnten.

---

[80] Gerlmaier (2007).

Erfolgsfaktoren

✔ Professionelles Projektmanagement

✔ Salutogene Vorgehensweise: Ganzheitlichkeit, Beteiligungs-
   orientiertheit

✔ Überbetriebliche, interdisziplinäre Zusammenarbeit in
   Steuer- und Arbeitskreis

✔ Klare Zielsetzung

✔ Entwicklung und Einsatz bedarfsgerechter
   Controllinginstrumente

✔ Kontinuierlicher Verbesserungsprozess mit den Kernprozessen
   Diagnose, Planung, Durchführung und Evaluation

Kapitel 8

Gesundheitskommunikation und Projektmarketing

Christina Budde

1. Kommunikation ist der Schlüssel zur Gesundheit

Über den Erfolg von betrieblichen Gesundheitsmaßnahmen entscheidet das Projekt- und Gesundheitsmarketing maßgeblich mit. Jedes noch so gut gemeinte Engagement ist zum Scheitern verurteilt, wenn die relevanten Zielgruppen im Betrieb, das heißt die Beschäftigten, Führungskräfte und Betriebsräte, nicht „mitziehen".

Gesundheit ist allerdings ein schwieriger Gegenstand für die Kommunikation: Sie betrifft einen sehr persönlichen Teil des Lebens, in den sich viele Menschen nicht hineinreden lassen wollen. Untersuchungen zeigen zum Beispiel, dass sich bei der Einführung von betrieblichen Gesundheitsmaßnahmen meist nur die ohnehin schon Gesundheitsbewussten angesprochen fühlen. Und das sind, so zeigen die Studien, oft nicht mehr als zehn Prozent der Belegschaft. Die anderen, die „Gesundheitsfernen", sind viel schwerer und manchmal auch gar nicht erreichbar.

Für den Erfolg des Gesundheitsmanagements im Hinblick auf die langfristige Gesunderhaltung der Beschäftigten und damit auch auf verbesserte Kennzahlen ist es jedoch wichtig, möglichst viele Mitarbeiter zu erreichen. Mit reiner „Werbung" für die Teilnahme an Gesundheitsmaßnahmen und einer „schönen" Außendarstellung ist es nicht getan: Gesundheitsmarketing ist zielgruppenspezifische Aufklärungs- und Überzeugungsarbeit, die das Ziel verfolgt, dass sowohl der einzelne Mitarbeiter als auch die Organisation die eigenen gesunderhaltenden Ressourcen entdecken und pflegen können. Eine „Gesundheitskultur" entsteht im Betrieb jedoch nur, wenn das Gesundheitsmarketing eingebettet ist in ein integriertes Gesundheitsmanagement, in dem die Experten des Arbeits- und Gesundheitsschutzes, der Personalentwicklung usw. eng zusammenarbeiten. Grundlage für ihr Tun ist ein Gesundheitsverständnis, das die Entstehung von Gesundheit ganzheitlich erklärt. Wenn soziale, kognitive, psychische sowie ökologische Faktoren auf die Gesundheit einwirken, dann müssen auch auf diesen Feldern Gesundheitsmaßnahmen angesiedelt sein. Es geht nicht nur darum, den einzelnen Menschen verändern zu wollen. Auch die „Organisation ist der Patient".[81]

Zunehmend stellt sich die betriebliche Gesundheitsförderung auch als „Imagefaktor" für ein Unternehmen dar. Im Personalmarketing beispielsweise sind gesundheitsförderliche Arbeitsbedingungen und Angebote ein wichtiges Argument. Auch bei der Außendarstellung, der „externen Kommunikation", spielt die Überzeugungsarbeit eine wichtige Rolle: Wer beispielsweise Redaktionen von Zeitungen um Veröffentlichung eines betrieblichen Gesundheitsthemas bittet, muss gute Argumente haben, warum dies für den Leser interessant ist.

Kommunikation ist deshalb unerlässlich und der „Schlüssel zur Gesundheit".

---

[81] Badura (2006).

2. Gesundheit mit System: Ein integriertes Konzept für die Kommunikation

Weder eine betriebliche Gesundheitskultur noch eine positive Außendarstellung entstehen durch Zufall. Sie sind das Ergebnis eines systematisch geplanten und strategischen Vorgehens und einer kontinuierlich angelegten integrierten Kommunikation. Schon vor Projektbeginn wird ein Kommunikationskonzept erarbeitet. Es ist eine Art „Masterplan" für die Kommunikation und umfasst zwei Facetten:

(1) Das interne Marketing soll die verschiedenen Zielgruppen für das Thema Gesundheit und die Teilnahme an den Gesundheitsmaßnahmen gewinnen.

(2) Das externe Marketing zielt darauf ab, das Projekt in der Öffentlichkeit, beim Fachpublikum und bei interessierten Betrieben bekannt zu machen.

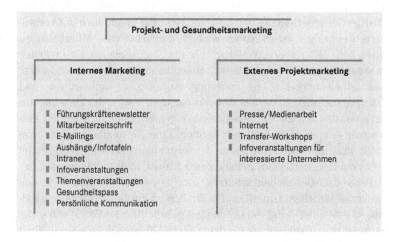

Abbildung 4:
Projekt- und
Gesundheitsmarketing

2.1 Internes Gesundheitsmarketing

Ziel des internen Marketing ist es, die betrieblichen Zielgruppen von der Wichtigkeit der Themen Gesundheit und betriebliches Gesundheitsmanagement zu überzeugen: Zum einen sollen die Führungskräfte und Betriebsräte als Promotoren des Themas Gesundheit im Betrieb gewonnen und zum anderen die Beschäftigten zu einem gesundheitsförderlichen Verhalten und der Teilnahme an den Gesundheitsmaßnahmen bewegt werden. Weitere Ziele sind der Aufbau von Gesundheitskompetenz und -wissen, die eine wichtige persönliche „Ressource" für die Gesundheit darstellen.

Ein wichtiger Baustein der Marketingstrategie ist die Vermittlung des Nutzens für die jeweilige Zielgruppe: Was bringt es der Führungskraft, dem Betriebsrat, dem Mitarbeiter, sich am Gesundheitsmanagement zu beteiligen? Ein weiterer wichtiger Baustein ist der Aufbau von Gesundheitsmotivation. Aus der Gesundheitspsychologie weiß man, dass es fünf unterschiedliche Stufen von Gesundheitsmotivation gibt (siehe Abbildung 5).

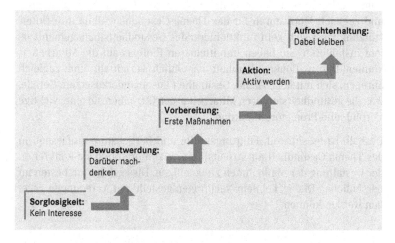

Abbildung 5:
Die fünf Stufen der Gesundheitsmotivation nach James O. Prochaska

Die unterschiedlichen Stufen erfordern eine entsprechende inhaltliche Planung der Gesundheitsmaßnahmen sowie eine zielgruppengerechte Ansprache in den unterschiedlichen Kommunikationsinstrumenten.

Corporate Design

Ein eigenes Gesundheitslogo und Corporate Design sichern die schnelle Wiedererkennbarkeit aller Gesundheitsmaßnahmen im Betrieb. Zu Beginn des „gesunderhaltenden Betriebs" wurde deshalb das „Fit-mit-Rasselstein"-Logo sowie ein einheitliches Gestaltungskonzept für alle Print- und Onlinemedien entwickelt.

Das Logo wurde nicht nur konsequent auf allen Printmedien verwandt, sondern auch deutlich sichtbar im gesamten Betrieb angebracht: auf den Infowänden, den Verpflegungsautomaten, dem Verpflegungsfahrzeug, auf T-Shirts, Kappen oder dem Gesundheitspass.

Abbildung 6:
Das „Fit-mit-Rasselstein"-Logo

Zielgruppe Führungskräfte und Betriebsräte

■ *Infoveranstaltungen für Führungskräfte und Betriebsräte als Multiplikatoren*

Führungskräfte und Betriebsräte sind die wichtigsten Multiplikatoren und zugleich Motivatoren für das Thema Gesundheit. Ohne ihre Unterstützung lässt sich kein funktionierendes Gesundheitsmanagementsystem installieren. Sie haben unmittelbaren Einfluss auf die Mitarbeiter, können Informationen glaubhaft persönlich vermitteln und zugleich anregen, sich mit dem Thema Gesundheit auseinanderzusetzen. Gerade, was die gesundheitsferneren Mitarbeiter betrifft, haben sie eine wichtige Vorbild- und Promotorenfunktion.

Deshalb ist es sinnvoll, Führungskräfte und Betriebsräte umfassend in das Thema Gesundheit am Arbeitsplatz einzuführen und sie konkret an der Gestaltung der Maßnahmen zu beteiligen. Dies gelingt am besten im persönlichen Dialog, bei dem Nachfragen gestellt und Anregungen gegeben werden können.

Beispiel
Bei Rasselstein gibt es eine ausgeprägte Dialogkultur, weil man schon früh erkannt hat, dass persönliche Gespräche Vertrauen schaffen und die Zusammenarbeit fördern. Die Gespräche finden im Rahmen verschiedener, teilweise übergreifender Bereichs- und Teamsitzungen statt. Ob der morgendliche „Steh-C" in der Produktion, das „informelle Mittagessen" der Technik, die Vertriebs- oder Personalgespräche und die Teamleitertage, an allen wichtigen Veranstaltungen nehmen auch die Betriebsräte teil. Darüber hinaus gibt es noch eigene Betriebsratsitzungen, einen „Gesundheits- und Ergonomieausschuss" des Betriebsrates und etliches mehr. Alle diese Möglichkeiten des aktiven Dialogs werden immer wieder genutzt, um für das Thema Gesundheit zu werben und die Projektfortschritte darzustellen.

■ *Mitarbeitergespräche*

Mitarbeitergespräche werden bei Rasselstein schon seit vielen Jahren sowohl mit Tarifangestellten als auch mit Lohnempfängern geführt. Einmal jährlich legen Mitarbeiter und Führungskraft im gemeinsamen Gespräch die Ziele für das nächste Jahr fest. Der Mitarbeiter erhält ein regelmäßiges Feedback zu seinen Leistungen, es wird über Weiterbildungsnotwendigkeiten und -wünsche gesprochen und darüber, wie die Zusammenarbeit verbessert werden kann.

All dies wird schriftlich in einem Formular festgehalten, das eine größere Verbindlichkeit schafft als rein mündliche Absprachen. In dieses

Formular ist im Projektverlauf auch die Rubrik „Gesundheitsförderung" aufgenommen worden. Sie ist nun fester Bestandteil jedes Mitarbeitergesprächs und bietet dem Mitarbeiter die Möglichkeit, seine Ideen und Verbesserungswünsche einzubringen.

Rasselstein	Mitarbeitergespräch		Name: ____________ Pers.-Nr. ____________
Stärken und Potenziale des Mitarbeiters			
Personal-entwicklungs-maßnahmen zur Zielerreichung/ Behebung der Schwächen/Erhaltung bzw. Steigerung der Leistungsfähigkeit	Maßnahme	Verantwortlich	Termin
Qualifizierungs- und Entwicklungs-perspektiven aus Sicht des Mitarbeiters			
aus Sicht des Vorgesetzten			
Anregungen/ Bemerkungen Verbesserung des Arbeitsklimas, der Gesundheits-förderung, etc.			
Andernach/Neuwied, ____________	____________ Beurteiler	____________ Mitarbeiter	

Abbildung 7:
Formular für Mitarbeitergespräche mit einer Rubrik „Gesundheitsförderung"

▌*Führungskräfte-Newsletter*

Neben der persönlichen Information und Kommunikation leistet ein regelmäßiger Führungskräfte-Newsletter gute Dienste. Der per E-Mail versandte Newsletter informiert nicht nur alle Führungskräfte vom Top-Management bis hin zu den betrieblichen Schichtkoordinatoren laufend über den Stand und den Erfolg des Gesundheitsprojektes und wirbt um Unterstützung bei der Werbung für die Gesundheitsangebote. Im Newsletter wird den Führungskräften auch das Thema „Gesundheitsgerechte Mitarbeiterführung" nahegebracht. Gemeinsame Werte und Regeln zum Aufbau des „Sozialkapitals", die Vermittlung von „Sinn" nach dem Salutogenesekonzept von Antonovsky, Handlungsspielraum, Zeitautonomie, soziale Unterstützung etc.: Wie kann man dies als Führungskraft im Alltag umsetzen?

Zielgruppe Mitarbeiter

▌ *Mitarbeiterzeitschrift „Rasselstein Info"*

Die Mitarbeiterzeitschrift „Rasselstein Info" erscheint seit vielen Jahren mit vier Ausgaben jährlich in einer Auflage von jeweils 5.500 Exemplaren. Sie ist ein wichtiges Sprachrohr sowohl der Unternehmensleitung als auch der Belegschaft und wird auch von Familienangehörigen und ehemaligen Rasselsteinern gern gelesen.

Mit Beginn des Projektes wurde eine feste Rubrik „Gesundheit" eingerichtet. Themen sind zum Beispiel die Ergebnisse der Gesundheitsumfrage, Berichte aus verschiedenen Teilprojekten, interessante Service-Informationen rund um das Thema Gesundheit oder Ankündigungen für die Gesundheitsmaßnahmen. Verschiedene journalistische Darstellungsformen von der Nachricht bis zum Interview kommen zum Einsatz. Das „Fit-mit-Rasselstein-Logo" und weitere optische Elemente wie Grafiken und Fotos lockern die Darstellung auf.

▌ *Intranet/Mailings*

Gesundheitsinformationen und Veranstaltungsankündigungen sind den Mitarbeitern über das firmeneigene Intranet schnell und einfach über den Rechner am Arbeitsplatz zugänglich. Sie reduzieren die Informationsflut von öffentlichen Internetportalen zum Thema Gesundheit auf das Wesentliche und stellen die Gesundheitsangebote auf einen Blick dar. Darüber hinaus erlauben sie einen Austausch der Mitarbeiter mit den Ansprechpartnern für Gesundheit und auch untereinander. Sie liefern damit einen wichtigen Beitrag zum Thema Mitarbeiterpartizipation. Allerdings müssen die Seiten gepflegt und die gebotenen Informationen aktuell gehalten werden. Ohne neue Anreize wird es schnell langweilig, die Seiten aufzusuchen.

Das Rasselsteiner Intranet wurde im Rahmen des „gesunderhaltenden Betriebes" mit einem eigenen Gesundheitsportal erweitert. Die Seiten enthalten Informationen zu den Punkten „Aktivitäten und Angebote" und leicht verständliche Gesundheitsinformationen zu Themen wie „Essen und Trinken", „Wohlfühlen und Entspannen", „Männer- und Frauengesundheit" „Krankheiten". Darüber hinaus werden hier alle Termine angekündigt, eine Mediathek mit Fotos von Aktivitäten geführt und Kontaktmöglichkeiten zu den Verantwortlichen angeboten.

Ein Gesundheitsthema des Monats wird regelmäßig auf der Hauptseite des Intranets platziert. Das kann zum Beispiel den Jahreszeiten entsprechend das Thema „Heuschnupfen" oder „Erkältungskrankheiten vorbeugen" sein. Darüber hinaus locken unterhaltsame Berichte von den Aktivitäten, zum Beispiel das Diättagebuch eines Mitarbeiters, den Nutzer auf die Seiten.

Eine personalisierte Ansprache ist in Zeiten einer zunehmenden Informationsüberflutung wichtiger denn je. Aus diesem Grund werden bestimmte Zielgruppen wie zum Beispiel Gruppensprecher oder Schichtkoordinatoren im Betrieb über einen E-Mail-Verteiler noch zusätzlich mit Informationen und Einladungen zu Veranstaltungen angesprochen.

■ *Aushänge/Infotafeln*

Besonders in den Produktionshallen sind die Infotafeln ein wichtiger Baustein zur Verbreitung von Informationen. Zwar hat theoretisch jeder Mitarbeiter auch Zugang zu einem Rechner mit dem Rasselsteiner Intranet, aber die Produktionsabläufe lassen oft nicht die Zeit dazu. Deshalb sind an geeigneten zentralen Stellen Informationstafeln aufgestellt. Dort wird die Zielerreichung, zum Beispiel Nacharbeit, Verbesserungsvorschläge etc. dargestellt, und es wird über Neuigkeiten aus dem Personal- und Technikressort berichtet.

Für die Infotafeln wurden nun auch alle Gesundheitsinformationen im Corporate Design des „gesunderhaltenden Betriebs" gestaltet. Darüber hinaus wurden eigene Infotafeln zum Thema Gesundheit angefertigt, die an Knotenpunkten in den Werken über alle wichtigen Neuerungen und Angebote berichteten. Hier werden zum Beispiel die Vorsorgeuntersuchungen angekündigt, nach Paten für die Sportgruppen gesucht oder auf weiterführende Informationen im Intranet hingewiesen, so dass der Mitarbeiter gezielt weitersuchen kann.

■ *Gesundheitstag*

Der offizielle Projektstartschuss fiel bei Rasselstein im September 2003 mit einem großen Gesundheitstag. Gesundheitstage sind eine gute Möglichkeit, Mitarbeiter für das Thema Gesundheit zu sensibilisieren. Sie haben allerdings keine nachhaltige Wirkung, wenn nicht auch anschließend die Möglichkeit besteht, an kontinuierlichen Gesundheitsmaßnahmen teilzunehmen.

Information, Aktion und Unterhaltung standen im Mittelpunkt des ersten Rasselsteiner Gesundheitstages. In einem Infozelt konnte sich die Belegschaft über gesunde Ernährung, Sucht und Raucherentwöhnung, Stress und Entspannung und rückengerechtes Arbeiten informieren. Verschiedene Checkup-Untersuchungen, zum Beispiel auf Cholesterin- und Blutzuckerwerte etc. wurden gern angenommen. Die kooperierende

Krankenkasse Novitas BKK bot eine Rückenuntersuchung und eine Nackenkurzmassage an. Die Werksküche lieferte ein spezielles Fitnessmenü mit Salatbar und Saft. Ein Streetballturnier, ein Fahrradsicherheitsparcours der Berufsgenossenschaft, ein Gewinnspiel und ein Vortrag des Mediziners und zwanzigfachen Deutschen Meisters im Mittelstreckenlauf Dr. Thomas Wessinghage rundeten das Programm ab.

Die zahlreichen unterhaltsamen Elemente verliehen der Veranstaltung „Eventcharakter". Evaluationsstudien[82] bestätigen im Übrigen, dass die Gesundheitsförderung durch Unterhaltung Wirkung zeigt. So kann eine Sensibilisierung für Gesundheitsthemen erreicht und die Kommunikation über gesundheitsrelevante Themen gefördert werden.

▌ *Themenaktionen*

Themenaktionen stellen ein Gesundheitsthema gezielt in den Vordergrund und bündeln damit die Aufmerksamkeit. Verschiedene Medien und Aktionsformen kommen zum Einsatz. Bei Rasselstein wurden im Laufe des Projektes zum Beispiel Aktionstage zu den Themen „Gesunde Ernährung", „Fit durch den Winter", und „Stress und Entspannung" durchgeführt. Im Mittelpunkt stand jeweils eine Tagesveranstaltung, die verschiedene Aktionen für die Mitarbeiter anbot, etwa Vorträge zum Thema Stress, Tipps für die richtige Entspannung, ein Test zur Selbsteinschätzung etc. Informationen im Intranet und auf den Infotafeln sowie Ausstellungen begleiteten das Thema.

▌ *Betriebliches Netzwerk*

Man lernt am besten am Modell bzw. von Vorbildern, auch in der betrieblichen Gesundheitsförderung. Vorbilder können neben Führungskräften und Betriebsräten auch Kollegen im Betrieb sein. Als besonders förderlicher Faktor kommt hier noch die soziale Nähe hinzu. Wenn Personen aus der Belegschaft das Thema Gesundheit überzeugt selbst leben und mit gutem Beispiel vorangehen, können sie „Lokomotiven" sein, die ihre Kollegen mitziehen und überzeugen. Von Seiten der Projektleitung setzt dies allerdings eine gute Kenntnis der betrieblichen Gegebenheiten voraus, denn man muss wissen, wen man anspricht.

Durch die gute Zusammenarbeit mit dem Betriebsrat war dies bei Rasselstein kein Problem. So fanden sich in allen Betriebsteilen sportbegeisterte Mitarbeiter, die bereit waren, als Ansprechpartner und Initiatoren für Sportgruppen zu fungieren. Auf diese Weise entstanden aus der Mitarbeiterschaft heraus vielfältige gemeinsame Aktivitäten: Radfahren, Joggen, Walken, Tennis, Golfen, Rudern und vieles mehr.

▌ *Gesundheitspass*

Dem Gesundheitspass liegt die alte Idee der Rabattmarkenheftchen zugrunde, die sich auch in modernen Kundenkartensystem wie Payback

---

[82] Schwarzer (2004).

etc. widerspiegelt: Man sammelt Punkte durch ein besonders treues Kundenverhalten und wird dafür mit einer Prämie belohnt.

Diese Idee wurde auf die Gesundheitsförderung übertragen, vor allem mit dem Ziel, die „gesundheitsfernen", aber durchaus an attraktiven Preisen interessierten Mitarbeiter für das Thema Gesundheit zu erwärmen. Jeder Mitarbeiter bekam einen Gesundheitspass ausgehändigt, begleitet von der Information, welche Prämien winkten. Jede gesundheitsförderliche Aktivität innerhalb des Projektes wurde mit Punkten belohnt. Für ein Gesundheitsmenü etwa erhielt man einen Punkt, für einen Nichtraucherkurs zehn Punkte. Insgesamt 42 Prozent der Rasselsteiner beteiligten sich an der Aktion.

2.2 Externes Projektmarketing

Ziel des externen Marketings ist es, das Projekt interessierten Unternehmen, dem Fachpublikum und einer breiteren Öffentlichkeit, bekannt zu machen. Die Verbreitung geschieht über die allgemeine Presse und über die Fachpresse (lokal, regional, national), über das Internet und über Veranstaltungen.

Viele Projekte kämpfen in Zeiten der Informationsgesellschaft um den Abdruck einer Nachricht oder eines Berichts in einer Zeitung oder im WorldWideWeb. Günstig für das Projekt „Der gesunderhaltende Betrieb" war, dass „Gesundheit" zurzeit ein allgemeiner gesellschaftlicher Trend ist und auch immer mehr Unternehmen die Wichtigkeit des Themas Gesundheitsmanagement erkennen.

Die Berichterstattung über ein Gesundheitsprojekt kann in diesem Zusammenhang für eine positive Außendarstellung des Unternehmens genutzt werden. Nicht zuletzt wird ein Unternehmen mit Gesundheitsangeboten für seine Mitarbeiter auch als Arbeitgeber attraktiv.

▌ Presse- und Medienarbeit

Wer systematisch Presse- und Medienarbeit betreiben will, der braucht nicht nur einige „Basics" wie einen Presseverteiler mit aktuellen Ansprechpartnern und eine Pressemappe mit Kerninformationen zum Unternehmen und zum Projekt sowie Fotos zur Visualisierung. Sondern er braucht auch einen interessanten Anlass, um Kontakt zur Presse aufzunehmen. Bei Rasselstein eignete sich der Gesundheitstag zu Beginn des Projektes gut dafür: Der Eventcharakter, die überregionalen Politikvertreter und nicht zuletzt der aus den Medien bekannte Dr. Thomas Wessinghage waren Anlass genug, dass neben der Presse auch das regionale Fernsehen und der Hörfunk berichteten. Weitere Anlässe waren der Launch des Internetauftritts und die Sportevents.

Während der dreijährigen Projektlaufzeit wurden Wirtschafts- und weiteren Fachmedien kontinuierlich Themenbeiträge angeboten.

Im Folgenden sehen Sie eine Auswahl der erschienenen Beiträge:

- Rheinzeitung vom 13.09.03
- Arbeit und Gesundheit, 12/03
- VMBG, 2/04
- TK Inside
- Rheinzeitung vom 26.01.05
- Blick aktuell vom 03.03.05
- Der Arbeitgeber
- Personalführung 08/06

Besonders hilfreich bei der Presse- und Medienarbeit waren die beiden Auszeichnungen, die das Projekt während der dreijährigen Laufzeit erhielt: Eine Studie des Markt- und Meinungsforschungsinstituts Europressedienst zeichnete das betriebliche Gesundheitsmanagement der Rasselstein GmbH im Jahr 2005 mit dem zweiten Platz unter den 500 größten deutschen Unternehmen aus. Und der „Zukunftsradar 2030", ein Anerkennungs- und Förderpreis des Landes Rheinland-Pfalz zur Gestaltung des demografischen Wandels würdigte das Projekt „Der gesunderhaltende Betrieb" für seine „vorausschauende Personalarbeit".

Internet

Knapp 60 Prozent der Deutschen sind heute Internetnutzer, Tendenz steigend. Das Web eignet sich nicht nur, um Informationen für eine breite und eine Fachöffentlichkeit online zu präsentieren, sondern zunehmend spielen auch die Faktoren Kommunikation und Austausch eine große Rolle. Es war also fast zwangläufig, dass das Projekt mit einem eigenen Angebot 2004 online ging. Zunächst gehostet als Unterseite der Rasselsteiner Unternehmenswebsite, wurde aus technischen Gründen im Frühjahr 2005 www.dergesunderhaltendebetrieb.de als eigenständiger Auftritt bei einem externen Anbieter angebunden. Ziel war auch hier, die interessierte Fachöffentlichkeit zu informieren, darüber hinaus jedoch auch, in einem geschützten Bereich ein Kommunikationsforum für die kooperierenden Transferunternehmen einzurichten, den diese über ein Passwort betreten können.

Die Struktur der Seite bildet die Projektstruktur ab. Jedes einzelne Teilprojekt stellt sein Konzept und die durchgeführten Aktivitäten in kurzen Worten internetnutzerfreundlich dar. Auf der „Aktuelles-Seite" erscheinen in regelmäßigen Abständen kurze Artikel zu einem Teilprojekt, beispielsweise „Werkbank statt Reservebank" oder „Erfahrungen mit dem Vitalitätsmessplatz". Im Menüpunkt „Service" stehen Publikationen zum Download bereit; Links führen zu anderen Anbietern rund um das Thema Gesundheitsmanagement. Der geschützte Bereich ist ähnlich aufgebaut und enthält projektinterne Informationen und Tools für die Transferunternehmen, beispielsweise Protokolle von Projektbeiratssitzungen, Reporting Sheets etc.

Erfolgsfaktoren

✔ Systematisches Vorgehen im Rahmen einer integrierten Kommunikation

✔ Enge Zusammenarbeit mit Personalentwicklung und anderen Bereichen

✔ Frühzeitige Partizipation von Führungskräften, Betriebsräten, Mitarbeitern

✔ Ansprache der Zielgruppen in ihrer jeweiligen Gesundheitsmotivation

✔ Dialogorientierte Kommunikation statt medialer Einbahnstraße

✔ Nutzung aller kommunikativen Wege

✔ Kontinuierliche Kommunikation der Erfolge

Teil III

Präventive Gesundheitsmaßnahmen bei Rasselstein

Kapitel 9

Gesundheits-Checkups

Karsten Stolz

1. Einleitung

Ein klassischer Ansatz zur Prävention sind so genannte Screenings oder „Gesundheits-Checkups". Das sind Untersuchungen zur Früherkennung von Krankheiten. Im eigentlichen Sinne sind es keine „Vorsorge"-Untersuchungen, weil sie nicht vor Krankheiten schützen können. Aber sie können mögliche Risiken aufdecken und Krankheiten in einem frühen Stadium entdecken, so dass die Heilungschancen groß sind. Früherkennungsuntersuchungen sind zum Teil im Leistungskatalog der gesetzlichen Krankenkassen enthalten und sogar von der Praxisgebühr befreit. Dennoch nutzen zurzeit nur etwa 17 Prozent der Versicherten das Angebot, alle zwei Jahre einen Gesundheits-Checkup zu machen.

Im Bereich des Arbeits- und Gesundheitsschutzes haben nur wenige Vorsorgeuntersuchungen verpflichtenden Charakter für die Beschäftigten, zum Beispiel Atemschutz bei Feuerwehrleuten oder Biomonitoring bei Mitarbeitern, die mit Gefahrstoffen umgehen. Als arbeitsmedizinische Vorsorgeuntersuchungen gelten dabei nur Untersuchungen, die in direktem Zusammenhang mit dem Arbeitsplatz, der Tätigkeit und der Prävention arbeitsbedingter Erkrankungen stehen. Andere, darüber hinausgehende Früherkennungsuntersuchungen sind eigentlich nicht Aufgabe des Betriebes.

Wer jedoch einen ganzheitlichen Präventionsansatz verfolgt, kommt an Gesundheits-Checkups nicht vorbei. Diese Untersuchungen bieten viele Vorteile: Wenn sie im vertrauten Rahmen auf dem Firmengelände durchgeführt werden, ist die Hemmschwelle teilzunehmen viel geringer, als wenn man einen Arzt aufsuchen muss. So werden viele Mitarbeiter erreicht, die von sich aus keine Früherkennungsuntersuchung wahrnehmen würden.

Zudem sind Gesundheits-Checkups ein wichtiges Instrument zur Sensibilisierung für das Thema persönliche Gesundheit. Durch die individuelle Rückmeldung wird eine persönliche Betroffenheit erzeugt. Der Glaube an die eigene Unverletzlichkeit nach dem Motto „Mich wird es schon nicht treffen" kann durch den persönlichen Bezug ins Wanken gebracht werden. Das Gesundheitsbewusstsein wächst. Ein wichtiger salutogener Baustein, um Motivation zu erzeugen, sich gesundheitsförderlich zu verhalten.

2. Vorgehen

Bei der Auswahl der Checkup-Themen und der Planung der Früherkennungsuntersuchungen spielen zunächst epidemiologische Erkenntnisse eine Rolle. Welche Krankheiten sind in der Bevölkerung auf dem Vormarsch? Beispielsweise hat Diabetes in der Bevölkerung in den letzten

Jahren erheblich zugenommen. Ein wichtiger Grund, das Thema ins Programm zu nehmen. Darüber hinaus müssen einfache und valide Testverfahren zur Verfügung stehen, die „vor Ort" im Betrieb und mit entsprechenden mobilen Fachuntersuchungsgeräten durchgeführt werden können.

Außerdem ist auch hier eine professionelle Information und Kommunikation wichtig, die nicht nur auf die Aktionen hinweist, sondern über die Sinnhaftigkeit der Untersuchungen aufklärt und Ängste nimmt. Dies geschieht durch Intranet und Aushänge, über Newsletter etc., aber vor allem auch über die Einbindung von Führungskräften und die persönliche Ansprache. Auf diese Weise konnte bei der Rasselstein GmbH ein großes Interesse für das Thema Gesundheits-Checkups erzeugt werden. Angekündigte Termine waren meist innerhalb von ein oder zwei Tagen ausgebucht. Erfreulich: Während anfangs noch die Anmeldungen aus dem überbetrieblichen Bereich überwogen, obwohl diese im Unternehmen eigentlich in der Minderzahl sind, überwog am Ende des Projektes der Anteil der Mitarbeiter aus der Produktion.

Bei den Gesundheits-Checkups war die Vernetzung mit anderen Angeboten des „gesunderhaltenden Betriebs" gut möglich. Wurden Gesundheitsstörungen offenkundig, konnten die Mitarbeiter auf die vielfältigen Gesundheitsangebote aufmerksam gemacht werden.

3. Checkups im Überblick

▮ Hautscreening

In Deutschland erkranken jedes Jahr bis zu 250.000 Menschen an Hautkrebs, Tendenz steigend. In Dreiviertel aller Fälle handelt es sich um den „Schwarzen Hautkrebs", das Melanom. Es zeichnet sich durch stark pigmentierte Flecken aus und ist prinzipiell lebensgefährlich, weil es Metastasen bildet. Wenn der Hautkrebs früh erkannt wird, bestehen jedoch gute Heilungschancen.

Insgesamt wurden den Rasselsteinern 470 Termine zur Untersuchung angeboten. Dabei suchten die Ärzte nach auffälligen Hautveränderungen und Muttermalen.

Das Ergebnis: 90 auffällige Befunde, Entdeckung eines Frühkarzinoms.

▮ Grippeimpfung

Echte Grippe ist mehr als nur Husten, Schnupfen, Heiserkeit: Jährlich sterben laut Robert-Koch-Institut rund 15.000 bis 20.000 Menschen in

Deutschland an der Krankheit. Vorbeugung hilft: Gesunde Menschen sind durch eine Grippeimpfung zu 80 Prozent geschützt, in jedem Fall senkt eine Impfung die Beschwerden deutlich.

Bei der „Influenza", wie die echte Grippe unter Medizinern heißt, wird der ganze Körper in Mitleidenschaft gezogen: Schmerzen in allen Gliedmaßen, Kopfschmerzen, hohes Fieber und ein quälender Husten befallen den Körper. Weil sich die Grippeviren über Tröpfcheninfektion von Mensch zu Mensch schnell verbreiten, kann es sogar zu einer Grippewelle kommen.

Das Ergebnis: An der jährlichen Grippeschutzimpfung nahmen 2004 rund 300 Rasselsteiner teil. 2005 und in den folgenden Jahren lag die Zahl bei rund 400 Teilnehmern.

▌ Schlaganfallmobil

Jährlich erleiden etwa 40.000 Menschen einen Schlaganfall. Pro Jahr könnte ein Fünftel von ihnen gerettet werden, wenn die Symptome frühzeitig erkannt und eine Behandlung eingeleitet wird.

Mit Unterstützung der Novitas BKK konnte ein Schlaganfallmobil für die Rasselsteiner Werke in Andernach und Neuwied gebucht werden. Mit einfachen Untersuchungen wurde ein persönliches Risikoprofil erstellt.

Das Ergebnis: Das persönliche Risikoprofil wurde für 120 Rasselsteiner erstellt.

▌ Diabetesscreening

Immer mehr Menschen leiden unter „Zucker": Sie haben eine diabetische Stoffwechselerkrankung. Zehn Prozent sind es jährlich in Deutschland, die Tendenz ist steigend.

Diabetes trifft Männer und Frauen in jedem Lebensalter. Aber: Die Hälfte aller Menschen hat zunächst keine Symptome und erkrankt erst in späteren Jahren. Ein einfacher Früherkennungstest hilft, das Fortschreiten der Krankheit zu verzögern oder sogar aufzuhalten.

Das Ergebnis: Beim Diabetes-Screening mit 207 Teilnehmern wurden elf Diabetiker entdeckt sowie 29 Mitarbeiter mit erhöhtem Blutdruck.

▌ Zahngesundheit

Ein ganzheitlicher Ansatz der betrieblichen Gesundheitsförderung wie im Projekt „Der gesunderhaltende Betrieb" durfte auch die Gesundheit der Zähne nicht ausschließen. Schließlich sind Zahnerkrankungen kein kosmetisches Problem, sondern können viele Krankheiten verursachen, angefangen von Kopfschmerzen bis hin zu Herzklappenschäden. Doch für die meisten Menschen gibt es Vergnüglicheres als den Besuch beim Zahnarzt. Manch einer lässt lieber seine Zähne im Mund verfaulen, als zum Zahnarzt zu gehen. Bei etwa jedem siebten Deutschen löst der Gedanke an den nächsten Zahnarztbesuch sogar Panik und Herzrasen aus.

Was also tun, um die Mitarbeiterinnen und Mitarbeiter zu bewegen, auch dieses Vorsorgeangebot anzunehmen? Alle anderen Vorsorgeuntersuchungen im Rahmen des Projekts „Der gesunderhaltende Betrieb", zum Beispiel zum Thema Schlaganfall, Diabetes, Hauterkrankungen oder Darmkrebs, waren im Nu ausgebucht. Damit war bei der Aktion „Zahngesundheit" nicht zu rechnen.

„Hemmschwelle senken und Motivation schaffen", so lauteten die Zauberworte. Eine breit angelegte Informationskampagne im Intranet und auf den Infowänden im Produktionsbetrieb unter dem Motto „Nur gucken, nicht bohren. Versprochen!" mit Informationen zum Thema Zahngesundheit bereitete die Aktion vor. Der kostenlose Vorsorgetermin mit dem Zahnarzt fand mitten auf dem Werksgelände statt. Im Mittelpunkt stand nicht die Behandlung, sondern Diagnose und Aufklärung. Bei Auffälligkeiten wurde empfohlen, den Zahnarzt aufzusuchen. Wer sich getraut hatte, bekam zur Belohnung auch noch zehn Punkte für den Rasselsteiner Gesundheitspass und konnte damit seine Chancen auf ein Gesundheits-Treuegeschenk vergrößern.

Das Ergebnis: Die eintägige Vorsorgeaktion war ausgebucht. Es gab bei 56 Teilnehmern 36 Befunde wie zum Beispiel Zahnstein. Da allerdings kaum Karies festgestellt wurde, bleibt zu vermuten, dass die eigentliche Zielgruppe nicht erreicht wurde und nur die zur Untersuchung kamen, die sich ohnehin keine Sorgen um ihre Zähne machen mussten.

▌ Darmkrebsvorsorge

Darmkrebs ist die zweithäufigste Krebstodesursache in Deutschland. Das muss nicht sein. Denn Darmkrebs lässt sich zu fast 100 Prozent heilen, wenn er früh entdeckt wird. Mit einem einfachen Test kann nicht sichtbares Blut im Stuhl erkannt werden.

Die Aktion wurde durch umfassende Aufklärung und Information mit Plakaten, Informationen und persönliche Ansprache begleitet. Unter dem Motto „Ich mache mit" stellte sich erstmalig auch ein Vorstandsmitglied als „Kronzeuge" und Vorbild persönlich zur Verfügung.

Das Ergebnis: 344 Teilnehmer und neun auffällige Befunde.

▌ Glaukomscreening

Unter Glaukom – im Volksmund „Grüner Star" – versteht man eine Augenerkrankung, bei der die Sehnervenfasern durch einen zu hohen Augendruck fortschreitend zerstört werden. Die Folgen sind eine Sehbehinderung und im schlimmsten Fall die vollständige Blindheit.

Das Gefährliche an der Augenerkrankung ist, dass man sie selbst erst bemerkt, wenn schon ein Sehschärfeverlust eingesetzt hat. Dann lässt sich an einer Sehbehinderung nicht mehr viel verbessern. Besonders gefährdet sind Menschen mit starker Kurzsichtigkeit, Zuckerkrankheit, Bluthochdruck und Migräne oder Vorkommen der Krankheit in der Familie. Ab dem 40. Lebensjahr setzt generell eine erhöhte Gefährdung ein.

Bei der Glaukom-Vorsorgeuntersuchung wird der Augeninnendruck gemessen und der Augenhintergrund beurteilt. Das ist ungefährlich und schmerzfrei. Wenn ein erhöhter Augeninnendruck oder Schäden an der Netzhaut festgestellt werden, wird die weitere Untersuchung durch einen Augenarzt empfohlen.

Das Ergebnis: 330 Teilnehmer und 52 kontrollbedürftige Befunde.

▌ „Kleiner" Gesundheitscheck

Diese Vorsorgeuntersuchung wird von den Krankenkassen nur zum Teil übernommen und konnte bei Rasselstein kostenlos für alle Mitarbeiter angeboten werden. Untersucht wurden Größe, Gewicht, Blutdruck, Blutzucker, Blutbild, Cholesterin, Triglyceride, Urin und Stuhl.

Das Ergebnis: Rund 380 Teilnehmer nahmen am Gesundheitscheck teil. Problemschwerpunkte lagen bei Bluthochdruck, Rückenbeschwerden, Allergien, erhöhten Blutfettwerten und Schlafstörungen.

▌ Venenscreening

Venenerkrankungen zählen heute zu den Volkskrankheiten, über 33 Millionen Menschen sind betroffen. Häufiges Stehen und Sitzen, ungesunde Ernährung, Nikotin, Alkohol und zu wenig Bewegung sind die Ursachen. Jede zweite Frau und jeder vierte Mann haben beispielsweise Krampfadern. Wenn keine Behandlung erfolgt, kann es zu chronischen Veränderungen an den Venen bis hin zu Venenthrombosen und offenen Beinen kommen.

Mithilfe einer 15-minütigen Ultraschall-Venenuntersuchung können Venenerkrankungen erkannt und entsprechende Therapien veranlasst werden.

Das Ergebnis: Das Venenscreening wurde in Zusammenarbeit mit der Novitas BKK durchgeführt. 144 Mitarbeiter nahmen teil; bei 43 Teilnehmern wurden behandlungsbedürftige Befunde festgestellt.

▋ Schilddrüsenscreening

In der Schilddrüse im vorderen Halsbereich werden Hormone produziert, die alle wichtigen Stoffwechselvorgänge im Körper beeinflussen. Bei einer Funktionsstörung, zum Beispiel durch Jodmangel, kann sich die Schilddrüse krankhaft vergrößern, zu Unfruchtbarkeit, Knoten oder einer erhöhten Säuglingssterblichkeit führen.

Viele Menschen leiden unter Funktionsstörungen der Schilddrüse. Eine rechtzeitige Behandlung kann die unangenehmen Folgen verhindern. Die Vorsorgeuntersuchung mit Ultraschall und Fragebogen stellt fest, ob eine Vergrößerung der Schilddrüse oder Knoten und Zysten vorliegen.

Das Ergebnis: 245 Teilnehmer, davon 89 mit auffälligen Befunden. Termine wurden wegen der großen Nachfrage weiter vergeben.

▋ Raucherentwöhnungskurse

Die Raucherentwöhnungskurse „Rauchfrei im Kopf" fanden in Zusammenarbeit mit dem Institut WAREG aus Berlin statt, dessen Konzept im Rahmen des WHO-Partnerschaftsprojekts „Tabakabhängigkeit" speziell für den Einsatz in Betrieben entwickelt wurde.

Es besteht darin, dass die Teilnehmer nicht nur einfach das Rauchen aufgeben, sondern lernen sollen, auch nie wieder mit dem Rauchen anzufangen. Schwerpunkt der Kurse ist daher die Rückfallprophylaxe. Gleichzeitig ist der Kurs so konzipiert, dass normalerweise nur eine sehr moderate Gewichtszunahme erfolgt.

Mithilfe einer gründlichen Vorbereitung wird nach dem ersten Kurstag das Rauchen ganz aufgegeben (Schlusspunkt-Prinzip). Dann beginnt die eigentliche Änderung des „Raucherbewusstseins": An den folgenden Seminartagen bearbeitet jeder Teilnehmer unter Anleitung alle mit dem eigenen Rauchverhalten zusammenhängenden Aspekte. Dazu gehören mit dem Rauchen verknüpfte Handlungen und Gefühle in verschiedenen Situationen (Wohnung, Arbeitsplatz, Freunde, Geselligkeit).

Erst nach dieser Anpassung an die individuellen Gegebenheiten des beruflichen und privaten Alltags ist eine emotionale Lösung von der Zigarette möglich – die Basis für dauerhaften Erfolg ohne Verlustgefühle. Bis zu sechs Monate nach dem Kurs können die Teilnehmer persönlichen Rat bei den Kursleitern einholen.

Das Ergebnis: Die evaluierte Erfolgsquote lag nach einem halben Jahr bei 50 bis 70 Prozent. Ein halbes Jahr nach Kursende wurden die Teilnehmer noch einmal zur Erfolgskontrolle befragt. Von den 67 Teilnehmern waren bei Rückfrage nach sechs Monaten noch 32 Nichtraucher. Das sind 48 Prozent.

Erfolgsfaktoren

✔ Professionelle Information und Kommunikation über Sinn und Zweck der Untersuchungen

✔ Individuelle Ausrichtung

✔ Arbeitsplatznah, niederschwellig

✔ Populäre Ausrichtung

✔ Nachvollziehbare Messwerte

Kapitel 10

Ergonomisches Zielgruppentraining

Jürgen Hoss

1. Einleitung

Belastungen wie zu langes Stehen oder Sitzen, monotone Tätigkeiten, unzureichende Arbeitsmittel, Unter- oder Überforderung sind Beispiele für schlecht gestaltete Arbeitsbedingungen, die zu Fehlbeanspruchungen führen können. Liegen diese Fehlbeanspruchungen auf Dauer vor, können physische und psychische Krankheiten die Folge sein.

Durch eine salutogene, also gesunderhaltende Arbeitsgestaltung hingegen lassen sich Beeinträchtigungen der Gesundheit präventiv vermeiden. Das geltende Arbeitsschutzrecht bestärkt diesen Ansatz, zum Beispiel in der deutschen Norm DIN EN ISO 10075.

Damit die Arbeit salutogen gestaltet werden kann, muss in der Regel das gesamte Arbeitssystem einbezogen werden.[83] Das betrifft die Aspekte:

▌ Lern- und Persönlichkeitsförderlichkeit: z. B. vollständige Aufgaben, wechselnde Anforderungen, Lernangebote, soziale Kontakte,
▌ Beeinträchtigungslosigkeit: z. B. ausreichend zeitliche Ressourcen, Mischarbeit,
▌ Schädigungslosigkeit: z. B. neue Technik, Sicherheitsregeln, Arbeitszeitregeln,
▌ Ausführbarkeit: z. B. Tischhöhe, Greifabstand.

Diese ganzheitlichen Gestaltungskriterien werden bei der Rasselstein GmbH im Rahmen der Arbeitsorganisation und der Arbeitssicherheit schon lange berücksichtigt und unter anderem im Rahmen der Gefährdungsanalyse regelmäßig kontrolliert. Ressortübergreifende Arbeitsgremien wie zum Beispiel der „Ergonomieausschuss" kümmern sich seit Jahren um die laufende Verbesserung und ergonomische Gestaltung der Arbeitsumgebung, der Arbeitsmittel, der Arbeitsinhalte und der Arbeitsorganisation. Viele Jahre lang lag der Schwerpunkt der Maßnahmen auf der „Verhältnisprävention", also der vorausschauenden Optimierung der betrieblichen Belastungssituation.

Im Rahmen des „gesunderhaltenden Betriebs" wurde nun mit dem „ergonomischen Zielgruppentraining" die Seite der Verhaltensprävention verstärkt in den Blick genommen. Hierunter fielen alle Maßnahmen zur Verhaltensänderung der Beschäftigten.

2. Zielsetzung

Viele Mitarbeiter in der Produktion sind durch schweres Heben und Tragen körperlichen Belastungen ausgesetzt. Bandscheibenvorfälle und andere Rückenerkrankungen sind häufig die schmerzhafte Folge. Aber

---

[83] Jürgen/Blume/Schleicher/Szymanski (1997).

auch Mitarbeiterinnen und Mitarbeiter in der Verwaltung belasten ihren Rücken durch zu viel Sitzen und zu wenig Bewegung.

Das „ergonomische Zielgruppentraining" setzt neben der kontinuierlichen Verbesserung der ergonomischen Arbeitsabläufe auf ein individuelles Training, das die Belastungen für den einzelnen Mitarbeiter verringert. Es beinhaltet im Wesentlichen drei Elemente:

▌ Training der individuellen Bewegungsabläufe,
▌ Stärkung der Rückenmuskulatur,
▌ Erlernen von Entspannungsübungen.

3. Vorgehensweise

3.1 Auswahl eines Pilotbereichs

Die Auswahl eines Pilotbereichs bietet den Vorteil, die geplante Vorgehensweise ausprobieren zu können, bevor sie in anderen Bereichen im Betrieb eingesetzt wird. Unterstützt durch die Ergebnisse der Mitarbeiterbefragung (siehe Kapitel 24) wurde als Pilotbereich für das Zielgruppentraining der besonders belastete Bereich der Coilverpackung im Fertiglager ausgewählt.

Nach der Erprobung im Pilotbereich erfolgte die Umsetzung an weiteren Arbeitsplätzen in der Adjustage, an denen das Fertigmaterial je nach Kundenanforderung mit den unterschiedlichsten Verpackungsarten für den Versand vorbereitet wird.

3.2 Videounterstützte Analyse
der Arbeitsabläufe und Körperhaltung

Die Beschäftigten in der Packerei sind teilweise einer hohen körperlichen Belastung ausgesetzt: Auf den langen Laufwegen müssen Verpackungsmaterialien unterschiedlichster Gewichte und Abmessungen hin- und hergetragen werden. Zusätzlich findet ein Teil der Arbeiten in Zwangshaltung statt, die die Beschäftigten nicht selbst beeinflussen können.

Um den Verbesserungsbedarf möglichst genau zu analysieren, wurden zunächst die unterschiedlichen Verpackungen für das Inland und den Export und die damit verbundenen individuellen Belastungen analysiert. Dann erfolgte eine Videoanalyse der zu den Arbeitsabläufen notwendigen Körperhaltungen der Beschäftigten. Die Mitarbeiter waren zuvor in ausführlichen Gesprächen von ihrem zuständigen Teamleiter, der Arbeitssicherheit und dem betriebsärztlichen Dienst vorbereitet worden.

Anschließend wurde das Videomaterial mithilfe des Softwareprogramms Apalys analysiert. Apalys ist ein Arbeitsplatzanalysesystem für die Tätigkeiten Heben und Tragen. Die rechnergestützte Analyse erlaubt eine objektive Ermittlung von Gefährdungen und daraus resultierende Gestaltungshinweise.

Aus dem Videofilm wurden mithilfe von Computertechnik Bildausschnitte entnommen und auf belastende Faktoren wie Last-, Haltungs-, Ausführungs- und Zeitgewichtung hin untersucht.

3.3 Ausarbeitung eines individuellen Trainingsplans

Aufgrund der Ergebnisse der Videoanalyse wurden pro Schicht jeweils acht Trainingseinheiten vereinbart. Ein Trainingsplan legte die Inhalte der Trainingseinheiten fest. Er konnte während der Trainingsphase je nach Verpackungsart und Arbeitsablauf individuell angepasst werden.

3.4 Training der Mitarbeiter vor Ort

Über einen Zeitraum von sechs Wochen hinweg wurden dann die Mitarbeiter vor Ort trainiert. Die ersten beiden Trainingstermine begannen mit einer Einführung in das Projekt und seiner Zielsetzung. Dann stand die Information über das Thema „Richtig tragen und heben" im Mittelpunkt. Gesundheitswissen als gesundheitliche Ressource spielte auch beim Zielgruppentraining eine große Rolle: Wer um die Folgen falschen Hebens für seinen Rücken weiß, wird sich eher bemühen, sich gesundheitsgerecht zu verhalten als jemand, der es nicht weiß. Deshalb wurden zunächst Grundlagen der Anatomie und der Physiologie des Bewegungsapparates vermittelt.

Ab dem dritten Termin fand dann das Training am jeweiligen Arbeitsplatz vor Ort statt. Arbeitssicherheit und Betriebsärztlicher Dienst begleiteten die Arbeitsabläufe der Beschäftigten und konnten so unmittelbar hohe körperliche Belastungen, Zwangshaltungen und Bewegungsmuster benennen, die ihnen bei der Auswertung des Videomaterials auffielen. Gemeinsam wurden Verbesserungsvorschläge entwickelt.

Beispiel
Die Coils wurden mit Folie überzogen, um sie luftdicht zu verpacken. Dieses Folienschlauchhandling und das Wechseln der Folien- und Papierrollen empfanden die Mitarbeiter als besonders schwere Arbeitsabläufe. Durch die Umgestaltung der Abrollvorrichtungen für die Folie und einen neuen passgenauen Zuschnitt konnten nicht nur der notwendige Kraftaufwand minimiert, sondern sogar auch die Kosten reduziert werden.

Alle einzelnen Bewegungsabläufe am Arbeitsplatz wurden besprochen, bei Fehlhaltungen gab es Tipps für eine rückengerechte Haltung. Abgerundet wurden die Trainingseinheiten durch Entspannungsübungen, die entlastend wirkten. Die während der Trainings von den Mitarbeitern aufgezeigten Belastungen und ihre Ideen zur Optimierung der Arbeitsabläufe wurden in der „Checkliste Zielgruppentraining" festgehalten. Im Anschluss ermittelte das Team Arbeitssicherheit noch die Belastung des jeweiligen Arbeitsplatzes nach den Leitmerkmalen der Lasthandhabeverordnung, damit künftig ein adäquater Personaleinsatz erfolgen konnte.

Erfolgsfaktoren

✔ Gute Vorbereitung und Information der Beschäftigten schaffen Vertrauen und Engagement der Mitarbeiter

✔ Kombination aus technischen und organisatorischen Verbesserungen erleichtert Verhaltensveränderung

Kapitel 11

Leichter durchs Leben:
Ernährung und Fitness

Karsten Stolz, Marc-Martin Klaassen

1. Einleitung

Gesundes Essen und ausreichend Bewegung sind wesentliche Säulen für ein gesundes Leben und damit auch wesentliche Bestandteile von betrieblichen Gesundheitsangeboten im Bereich der Verhaltensprävention.

Wie bei allen Gesundheitsmaßnahmen ist es wichtig, die unterschiedlichen Zielgruppen im Blick zu haben und bedarfsgerechte Angebote für sie zu entwickeln. Die Nähe bzw. Ferne vom Gesundheitsthema ist dabei entscheidend: Sport- und ernährungsbewusste Gesundheits-„freaks" müssen anders angesprochen werden als Menschen, die sich noch niemals Gedanken gemacht haben. Deshalb sind bei Rasselstein im Rahmen des „gesunderhaltenden Betriebs" verschiedene zielgruppenspezifische Bausteine entwickelt worden:

▌ Betriebliches Fitness-Netzwerk
▌ Kooperation mit Fitnessstudios
▌ Sportvents
▌ Gesunde Ernährungsangebote
▌ Ernährungs- und Fitnessberatung für Übergewichtige.

2. Betriebliches Fitness-Netzwerk

Gemeinsam macht Sport mehr Spaß. Gerade bei Sportungewohnten kann der soziale Faktor motivieren, überhaupt mit Sport anzufangen und durchzuhalten, auch wenn es einmal nicht so leicht fällt. Deshalb ist bei der Rasselstein GmbH eine besondere Art des Betriebssports ins Leben gerufen worden. Die sportlich aktiven Mitarbeiter selbst sind hierbei Multiplikatoren und Ansprechpartner. Sie sprechen ihre Kollegen gezielt an und laden sie zu den regelmäßigen Sporttreffen ein. So sind verschiedene Initiativgruppen entstanden: Walken, Laufen, Rudern, Radfahren, Golfen, Badminton, Fußball usw. Neben Angeboten für Anfänger entwickelten sich auch solche für Fortgeschrittene und Geübte.

Das Training findet neben der Arbeitszeit statt. Einmal initiiert, brauchen die Sport-Netzwerke relativ wenig betriebliche Unterstützung, weil sie selbst organisiert laufen. Bei der Organisation helfen das Intranet und Aushänge an den Infotafeln. Weiterer positiver Effekt: Die Mitarbeiter lernen sich auch ressortübergreifend besser kennen, was positive Effekte für die Zusammenarbeit hat.

3. Kooperation mit Fitnessstudios

Durch Fitnesstraining lassen sich die motorischen Grundeigenschaften Kraft, Beweglichkeit und Ausdauer effektiv verbessern. Die einseitigen Anforderungen des Alltags können besser bewältigt, die Leistungsfähigkeit kann erhöht werden. Im Rahmen des „gesunderhaltenden Betriebs" wurden deshalb Kooperationen mit qualitätsgeprüften Fitnessstudios der Umgebung eingerichtet. Jeder Mitarbeiter erhielt während der Projektlaufzeit einen monatlichen Zuschuss von zehn Euro zu seiner Mitgliedschaft. So konnten rund zehn Prozent der Rasselsteiner Mitarbeiter motiviert werden, regelmäßig Fitnesstraining zu betreiben. Am Ende der Projektlaufzeit konnte dann das Trainingszentrum (siehe Kapitel 22) auf dem Rasselsteiner Firmengelände in Betrieb genommen werden.

4. Sportevents

Evaluationsstudien bescheinigen der Motivation durch Unterhaltungselemente ein gesundheitsförderndes Potenzial[84]: Veranstaltungen mit Eventcharakter können für Gesundheitsthemen sensibilisieren und die Kommunikation über gesundheitsrelevante Themen fördern. Gesundheitsförderung darf sich also unterhaltender Elemente bedienen, um die Mitarbeiter anzusprechen.

Dieser Idee folgte der Gesundheitstag zum Auftakt des Projektes (siehe Kapitel 8), bei dem neben Informationen, Gesundheitschecks und einem Gewinnspiel das Thema Fitness und Bewegung im Mittelpunkt stand. Viele Mitarbeiter beteiligten sich am Streetballturnier der Teams oder an der Besteigung eines Kletterturms. Eine Fitness-Show animierte zur eigenen sportlichen Aktivität. Der Vortrag des Arztes und vielfachen Europa- und Deutschen Meisters im Mittelstreckenlauf Dr. Thomas Wessinghage zum Thema „Bewegung ist Leben" informierte und motivierte.

Ähnlich gute Resonanz fand im Januar 2005 der „Sporttag im Sportpark" mit dem Motto „Fit ins neue Jahr". Rund 300 Mitarbeiter nahmen an den Mannschaftsturnieren in den Disziplinen Badminton, Squash, Tennis, Fußball, Volleyball und Tennis teil. Auch die Schnupperkurse in Aerobic und Spinning waren gut besucht.

---

[84] Schwarzer (2004).

5. Gesunde Ernährungsangebote

Richtige Ernährung macht gesund und fit, falsche macht übergewichtig und krank. Mit dem Essen werden die grundlegenden Stoffe aufgenommen, die die Energie für die Muskeln bereitstellen und Zellen für Wachstum und Heilung aufbauen. Viele Menschen wissen das und können oder wollen doch ihre ungesunden Essgewohnheiten nicht aufgeben. Diese Situation zeigt sich auch bei der Rasselstein GmbH. Für viele Beschäftigte, vor allem körperlich Arbeitende, ist es nicht leicht, auf eine gesunde Ernährung zu achten. Ihr Geschmack ist immer noch an schweres Essen gewöhnt, obwohl sich der arbeitsbedingte Kalorienverbrauch seit Jahren verringert hat.

Unter dem Motto „Schritt für Schritt zum gesunden Genießen im Betrieb" wurden mit Beginn des „gesunderhaltenden Betriebs" das Kantinenangebot und die Angebote der so genannten „Zwischenverpflegung" in den Automaten und des Verpflegungsfahrzeugs weiter verbessert. „Schritt für Schritt", das heißt:

(1) Informieren statt missionieren

(2) Den Mitarbeiter abholen, wo er steht

(3) Die betriebliche Infrastruktur verbessern.

(1) Informieren statt missionieren

Ernährungsgewohnheiten verändern sich nur sehr langsam und nicht unter Druck. „Informieren statt missionieren" lautete deshalb der erste Leitsatz bei der Einführung einer gesünderen Ernährung bei der Rasselstein GmbH. Um auch gesundheitsfernere Zielgruppen im Betrieb zu erreichen, wurden hauptsächlich zwei Strategien verfolgt:

▪ Die kontinuierliche sachliche Information über den „Mehrwert" einer gesunden Ernährung ohne „erhobenen Zeigefinger", zum Beispiel in Form von Informationsflyern auf den Tischen in der Kantine als ein Baustein.
▪ Attraktive Schnupperangebote und Aktionswochen wie zum Beispiel die „Iss sinnlich – Fischwochen" als ein weiterer Baustein.

Ein wichtiges Motivationsinstrument war in diesem Zusammenhang der Gesundheitspass, der die Wahl eines gesunden Essens mit einem „blauen Punkt" belohnte.

(2) Den Mitarbeiter abholen, wo er steht

Im Betrieb gibt es „konventionelle Esser" und „bereits Gesundheitsbewusste". Für diese beiden Zielgruppen wurden jeweils auf sie zugeschnittene Angebote entwickelt: In Zusammenarbeit mit einer Ökotrophologin wurde der Speiseplan auf gesündere Angebote umgestellt. Wichtig sind

Rezepturen, die die Mitarbeiter kennen und die doch gesündere Bestandteile enthalten. Essgewohnheiten verändern sich eben nur sehr langsam.

Das Angebot für den *„konventionellen Esser"* umfasst fettarme und hochwertige Fleischprodukte wie zum Beispiel einen mageren Kräuterkrustenbraten statt eines fettreichen Spießbratens, fettarm vorgegarte Fertigprodukte, fettreduzierte Milchprodukte und pflanzliche Öle wie Oliven- oder Rapsöl statt Butter. Eine vitaminreiche und vollwertige Ergänzung des Speiseplans in Form von frischen Salaten, Finger-Möhren und Dips in den Automaten und Obst zum Nachtisch sollen den konventionellen Gaumen an die gesündere Kost gewöhnen.

Für den *„schon Gesundheitsbewussten"* wurde mit Beginn des Projektes als fester täglicher Bestandteil des Speiseplans ein „Fit-mit-Rasselstein-Menü" angeboten. Das ist leichte Kost, zum Beispiel Salat mit Putenbrust oder auch mal ein vegetarisches Gericht. Wer dieses Gericht wählte, bekam einen blauen Punkt für den Gesundheitspass.

(3) Die betriebliche Infrastruktur verbessern

Mit Projektbeginn wurde eine Salattheke in den Werken Andernach und Neuwied angeschafft, damit täglich frische Salate zum individuellen Zusammenstellen angeboten werden können. Eine Mitnahme ist ebenfalls möglich.

Unter „Zwischenverpflegung" verstehen die Rasselsteiner Beschäftigten die Verpflegung aus Automaten, die an zentralen Plätzen im Betrieb aufgestellt sind, sowie die Versorgung aus einem Verpflegungsfahrzeug, das täglich mehrmals nach einem festen Fahrplan die beiden Werke abfährt. Diese Verpflegungsart wird besonders von Schichtarbeitern in Anspruch genommen. Während der Projektlaufzeit des „gesunderhaltenden Betriebs" sind in der Zwischenverpflegung viele neue, gesunde Angebote eingeführt worden, z. B. Molkedrinks, Weight-Watcher-Salate und Vollkornbrötchen. Wer sich zum Kauf entschloss, wurde mit einem Gesundheitspunkt belohnt. Darüber hinaus ist ein „Gesundheitsautomat" im zentralen Eingang des Hauptwerks platziert worden. Er ist im Corporate Design des „gesunderhaltenden Betriebs" gestaltet und enthält ausschließlich gesunde Produkte. Auch die Konferenzbewirtung wurde um gesunde Produkte wie Vollkornkekse, Fruchtsäfte und Bio-Limonade erweitert.

Zur Verbesserung der betrieblichen Infrastruktur trägt auch das neue Warenwirtschaftssystem bei, das durch genaue und gleich bleibende Rezepte und Mengenangaben der Qualitätssicherung dient.

6. Ernährungs- und Fitnessberatung

Übergewicht ist eine Volkskrankheit: Jeder dritte Erwachsene in Deutschland hat einen „Body-Mass-Index" (oder BMI, wie man die Maßzahl zur Bewertung des Körpergewichts auch abkürzt), ab 30 und ist damit zu dick. Von Adipositas (= Fettleibigkeit) ist laut der Deutschen Gesellschaft für Ernährung fast jeder fünfte Erwachsene betroffen. Und der Trend ist weiterhin steigend.

▌ Ernährung

Diese Situation spiegelt sich auch bei Rasselstein wider: Eine Datenerhebung unter den Mitarbeitern der Rasselstein GmbH im Zeitraum von 1997 bis 2003 ergab, dass weit mehr als die Hälfte der untersuchten Mitarbeiter im gewerblichen Bereich mindestens übergewichtig, zu einem Viertel sogar adipös ist. Fast 60 Prozent der Mitarbeiter mit starkem Übergewicht leiden unter Bluthochdruck. Das ist eine der Zivilisationskrankheiten, für die Übergewicht und Adipositas einen Hauptrisikofaktor darstellen. Weitere sind zum Beispiel Diabetes mellitus, Fettstoffwechselstörungen, Herz-Kreislauf-Erkrankungen, aber auch psychosoziale Probleme. Nicht nur die körperliche Gesundheit, sondern auch das persönliche Wohlbefinden und die Lebensqualität des einzelnen Menschen werden durch Übergewicht beeinträchtigt.

Darüber hinaus ist die Behandlung von Übergewicht und Adipositas und ihrer Folgen teuer, volks- wie betriebswirtschaftlich. Sie verursacht Kosten in Höhe von knapp fünf Prozent aller Ausgaben des Gesundheitssystems. In der Folge können auch für Unternehmen Kosten entstehen, weil die Gefahr besteht, dass die Leistungsfähigkeit von stark übergewichtigen Arbeitnehmern auf Dauer abnimmt und sie häufiger erkranken als normalgewichtige Kollegen. Von den unterstützenden Angeboten zur Gewichtsreduzierung profitieren deshalb sowohl der einzelne Mitarbeiter als auch der Betrieb.

Bei der dauerhaften Gewichtsreduzierung helfen die Leitlinien der Deutschen Gesellschaft für Adipositas weiter. Sie bilden den heutigen Stand der Wissenschaft zum Thema Gewichtsreduktion zuverlässig ab. Das Drei-Säulen-Modell aus Ernährungstherapie, Bewegungstherapie und Verhaltenstherapie sorgt für nachhaltige Erfolge wie wissenschaftliche Studien belegen. Weil das Thema so sensibel und vielschichtig ist, ist ein vorsichtiges Vorgehen dabei unumgänglich. „Wollen die jetzt auch noch bestimmen, welche Wurst auf mein Brot kommt?", könnte sich der ein oder andere Mitarbeiter fragen. Ernährung betrifft schließlich einen sehr persönlichen Bereich des Menschen.

Das Programm „Leichter durch's Leben" wurde für alle Mitarbeiter bei der Rasselstein GmbH mit Gewichtsproblemen entwickelt. Wer einen Body-Mass-Index ab circa 30 hat, konnte nach der eingehenden medizinischen Untersuchung und Beratung durch den Betriebsarzt eine individuelle Ernährungs- und Fitnessberatung bei ausgebildeten Fachleuten in Anspruch nehmen. Die Beratung zielte auf die dauerhafte Ernährungsumstellung und war die erste wichtige Säule zur Gewichtsreduktion. Mithilfe der Präventionsprogramme der Krankenkassen ist eine zum größten Teil kostendeckende Finanzierung möglich.

Die Ernährungs- und Fitnessberaterin erstellte zunächst ein Protokoll der Ernährungsgewohnheiten und klärte Fragen wie zum Beispiel „Wie war die bisherige Gewichtsentwicklung? Welche Erfahrungen mit Diäten liegen vor? Treiben Sie Sport? Was essen und trinken Sie am Tag?

Die genau protokollierten Informationen bildeten die Basis für den individuellen Abnehmplan. Wer zum Beispiel kein frisches Gemüse essen wollte, der konnte auch mal zu Dosengemüse greifen. Auch Fast Food und Fertiggerichte waren in Maßen erlaubt. Ziel war es, die Ernährung langfristig auf eine ausgewogene und gesunde Mischung umzustellen, um Jojoeffekte zu vermeiden. Das funktioniert nur, wenn die persönlichen Vorlieben und Abneigungen mit bedacht werden und nichts verboten ist. Heißhunger auf die geliebte Currywurst konnte auf diese Weise gar nicht erst entstehen.

In jeder der fünf Beratungsstunden stand ein neues Schwerpunktthema auf der Tagesordnung, zum Beispiel „Die richtigen Fette", „Gesunde Kohlehydrate" usw. Zu den wöchentlichen Beratungsstunden konnte und sollte der Lebenspartner mitkommen. Das förderte die soziale Unterstützung und die Transfermöglichkeiten in den Alltag. Die Angebote des Betriebsrestaurants wie das „Fit-mit-Rasselstein-Menü" und das Verpflegungsangebot für Schichtarbeiter ermöglichten eine fettarme und gesunde Ernährung im Betrieb, für die kein großer Aufwand betrieben werden musste.

▍ Bewegung

Die zweite wichtige Säule, um abzunehmen, ist Sport. Um messbar das Gewicht zu reduzieren, ist ein zusätzlicher Energieverbrauch von 2.500 kcal pro Woche erforderlich. Dies entspricht einem Umfang von mindestens fünf Stunden zusätzlicher körperlicher Bewegung pro Woche (Deutsche Gesellschaft für Adipositas). Nach einer ausführlichen sportmedizinischen Untersuchung durch den betriebsärztlichen Dienst wird dem Mitarbeiter zu einem pulskontrollierten Ausdauertraining geraten. Sportungewohnte lernen auf diese Weise, ihr Belastungsprofil einzuschätzen und sich langsam an die Bewegung zu gewöhnen. Am besten ist, ein dafür ausgebildeter Fitnessberater begleitet den Anfänger zu Beginn als „Personal Coach" beim Laufen, Rad fahren oder Schwimmen.

Wer will, kann aber auch die anderen Sportangebote des „gesunderhaltenden Betriebs" nutzen, zum Beispiel Nordic Walking, Rudern oder Radfahren. Niedrig schwellige Maßnahmen holen den Mitarbeiter da ab, wo er steht. Durch das vernetzte Arbeiten der betrieblichen Experten können Angebote gemacht werden, die sinnvoll ineinandergreifen.

▌ Verhalten

Wer abnehmen will, muss ein hohes Maß an Eigenmotivation und -initiative mitbringen. Weil sich ein schon in der Kindheit erlerntes Essverhalten, zum Beispiel Essen als Trost oder Belohnung, nur langfristig ändert, empfiehlt die Deutsche Gesellschaft für Adipositas den stark Übergewichtigen als dritte Säule ein Verhaltenstraining. Hier übt man mithilfe von Verhaltens- und kognitiver Therapie Selbstkontrolltechniken des Ess-, Trink- und Bewegungsverhaltens ein. Die Verhaltensmodifikation sollte von einem ausgebildeten Psychologen durchgeführt werden. Oft gab es allerdings Vorbehalte gegen die psychologische Unterstützung. Das Credo lautet: „Ich bin vielleicht ein bisschen dick, aber noch lange nicht bekloppt".

Gut angenommen wurde dagegen die Nachsorgegruppe „Bewusster genießen", die sich auf Initiative eines ehemaligen Teilnehmers gegründet hatte. Die regelmäßigen Treffen wurden ebenfalls von der Ernährungsberaterin begleitet und standen jeweils unter einem Motto, zum Beispiel „Kochen im Wok", Fisch grillen usw. Gern wurde auch das Diättagebuch eines Teilnehmers gelesen, der im Intranet wöchentlich über Wohl und Wehe seiner Abnehmversuche schrieb.

Aus dem Diättagebuch eines Teilnehmers im Intranet

„Die ersten Diättage laufen gut. Ich bin motiviert, denn ich will dünner werden. Ich will in meiner Motorradkombi nicht mehr aussehen wie eine Presswurst. Ich will mir keine neuen Hosen in handelsunüblichen Größen kaufen müssen und mich vorm Spiegel erschrecken. Ich will beim Volleyball wieder hechtbaggern und Bälle auch oberhalb der Netzkante spielen.

Hab' ja schon länger mal an eine Diät gedacht, aber den Anstoß, wirklich anzufangen, den gab mir ein Kollege aus Neuwied. Als ich ihn traf und ihm so auf den Bauch klopfen wollte, da gab es nicht mehr viel zum Klopfen. „Schon acht Kilo weg", meinte er. Wie er das denn geschafft hätte, meinte ich. „War bei der Ernährungsberaterin. Die hat mir gute Tipps gegeben, war gar nicht so schwer. Geh doch auch mal hin."

Gewichtsreduzierung ist kein einfaches Thema, aber eines, das sich lohnt. Wer abnimmt, ist in der Regel nicht nur produktiver, sondern bringt auch eine andere Einstellung mit. Er hat am eigenen Leib erfahren, dass sich Dinge verändern lassen, wenn man nur will. Er wird beweglicher, flexibler, auch mental. Und er bleibt gesund.

Erfolgsfaktoren

✔ Allgemeine Information über den Nutzen von Sport und Gesundheit über Intranet, Aushänge usw.

✔ Aufbau eines betrieblichen Sportnetzwerks

✔ Sensible persönliche Ansprache von Übergewichtigen

✔ Vernetzte Zusammenarbeit von betrieblichen Experten mit Ernährungs- und Fitnessberatern

Kapitel 12

„Null Unfälle": Arbeitssicherheit und Unfallverhütung

Jürgen Hoss

1. Einleitung

Arbeitssicherheit spielt seit jeher eine wichtige Rolle bei der Rasselstein GmbH. In einem metallverarbeitenden Betrieb, in dem täglich mehrere zehntausend Tonnen von Weißblech bewegt werden, sind Unfälle keine Lappalien, sondern gefährden Leib und Leben der Mitarbeiter. Auch für das Unternehmen verursachen sie erhebliche Folgekosten.

In den letzten 25 Jahren hat sich die Sicherheitsarbeit im Unternehmen ständig weiterentwickelt. Auf der Grundlage eines differenzierten Konzepts arbeiten alle Beteiligten - vom Mitarbeiter über den Betriebsrat bis hin zum Vorgesetzten - an der ständigen Verbesserung aller sicherheitsrelevanten Aspekte. Heute steht Rasselstein mit einer durchschnittlichen Unfallzahl von 6,2 Unfällen mit Ausfallzeit je eine Million verfahrener Arbeitsstunden im Branchenvergleich gut da.

Doch das Unternehmen gibt sich damit nicht zufrieden, sondern hat sich 1998 das Ziel „Null Unfälle" gesteckt. Wenn das erreicht werden soll, muss das Thema Arbeitssicherheit in alle Betriebsabläufe, in Technik, Methoden, Organisation, Verhalten und Führung integriert und mit dem Gesundheitsmanagement zu einem integrierten Präventionsmanagementsystem verzahnt werden. Hierzu liefert das Projekt „Der gesunderhaltende Betrieb" mit seinem ganzheitlichen Konzept einen wichtigen Ansatzpunkt.

2. Arbeitssicherheit als Unternehmensziel

Obwohl es faktisch kaum möglich ist, Unfälle im Betrieb ganz auszuschließen, hat die Rasselstein GmbH „Null Unfälle" zu einem der wichtigsten Unternehmensziele erklärt. „Sicherheit geht vor Produktion" lautet der Leitsatz. Die Beschäftigten in der Produktion wissen, dass sie im Zweifelsfalle lieber die Anlage anhalten sollen, als sich und andere in Gefahr zu bringen.

Die kontinuierliche Verbesserung der Arbeitssicherheit ist Aufgabe aller Rasselsteiner: Deshalb werden jährlich neue Werks- und Teamziele zwischen Geschäftsleitung, Führungskräften und Betriebsräten vereinbart und zusammen mit den aktuellen Unfallzahlen an Infowänden und im Intranet veröffentlicht.

Das Sicherheitsverhalten des einzelnen Mitarbeiters ist Bestandteil des Beurteilungsbogens und hat Einfluss auf die persönliche Gehaltszulage. Dazu gehört das Tragen der persönlichen Schutzausrüstung wie auch das Einhalten der betrieblichen Sicherheitsvorschriften. Wer sich mit seinem Engagement in Sachen Arbeitssicherheit besonders hervor tut, zum Beispiel durch vorbildliches Sicherheitsverhalten, kann seine Punktwerte bei der persönlichen Beurteilung erhöhen.

Führungskräfte haben eine besondere Rolle: Sie schaffen die Rahmenbedingungen für sicheres Arbeiten und sind Vorbild für sicherheitsgerechtes Verhalten. Ihre Aufgabe ist es, das Sicherheitsbewusstsein der Mitarbeiter zu schärfen und sie in den Sicherheitsvorschriften zu schulen. Darin ergänzen sie nicht nur die Fachkräfte für Arbeitssicherheit, sondern sie sind auch verantwortlich dafür. Die Reduzierung von Unfällen ist deshalb konsequenterweise auch Teil der Zielvereinbarung mit den betrieblichen Führungskräften.

3. Arbeitssicherheit als kontinuierlicher Verbesserungsprozess

Die Qualität der Sicherheitsarbeit bei Rasselstein wird ständig weiterentwickelt. Ansatzpunkte für Verbesserungsprozesse liegen in den Handlungsfeldern Technik/Methoden, Organisation, Verhalten und persönliche Einstellung.

3.1 Technik/Methoden

▌ Sicheres Arbeitsumfeld

Die Produktionsanlagen bei Rasselstein werden im Rahmen der gesetzlich vorgeschriebenen Begehungen regelmäßig überprüft, Mängel werden umgehend beseitigt. Bei der Planung von neuen Anlagen oder Umbauten sind die Mitarbeiter und das Team Arbeitssicherheit eingebunden, damit sicherheitsrelevante Aspekte unmittelbar einfließen können. Fehlerquellen wie zum Beispiel Quetsch- oder Scherstellen, die Unfälle verursachen könnten, werden gezielt gesucht und beseitigt.

Um ein sicheres Arbeitsumfeld zu schaffen, ist die Arbeit an den Produktionsanlagen oder der Umgang mit Gefahrstoffen nur mit entsprechender Schutzkleidung erlaubt. Das Tragen von Sicherheitsschuhen, Helm und teilweise auch Schutzbrillen ist im Produktionsbetrieb Pflicht. Wer sich daran nicht hält, wird umgehend ermahnt und muss bei weiterer Verstößen die disziplinarischen Konsequenzen tragen. Dies gilt auch für Nachlässigkeiten, Leichtsinn oder Fehlverhalten.

Ein besonderes Problem ist der Lärmschutz, denn die Anlagen sind zum Teil sehr laut. Deshalb wurden an vielen Anlagen Steuerstände mit Lärmschutzkabinen ausgestattet und Lärmquellen eingekapselt. Für die Beschäftigten steht zusätzlich eine breite Palette von Gehörschutzartikeln zur Verfügung.

▌ Arbeitsanweisungen

Arbeitsanweisungen beschreiben die Abläufe und Verfahren an den jeweiligen Arbeitsplätzen und geben Verhaltensregeln vor. Jeder neue Mitarbeiter wird bei Arbeitsantritt über die besonderen Gefahren und Verhaltensregeln im Unternehmen und an seinem Arbeitsplatz unterwiesen. Darüber hinaus sind die anlagenspezifischen Arbeitsanweisungen im Intranet abrufbar. Gemeinsam mit den Vorgesetzten und Sicherheitsfachkräften überprüfen die Mitarbeiter der jeweiligen Anlage ihre Arbeitsanweisungen regelmäßig auf Aktualität und Umsetzbarkeit.

▌ Sicherheitshandbücher

Für die Produktionsanlagen existieren Sicherheitshandbücher, die das Team Arbeitssicherheit gemeinsam mit den Mitarbeitern der jeweiligen Anlagen erstellt hat. Sie erfüllen die Anforderungen aus dem § 6 des Arbeitsschutzgesetzes zur Durchführung von Gefährdungsbeurteilungen.

Sicherheitshandbücher machen Vorschriften und Verhaltensregeln für Mitarbeiter verbindlich. Daneben enthalten sie leicht verständliche Informationen über mögliche Gefahren beim Betrieb der Anlage und über eingesetzte Gefahrstoffe. Praxisnahe Hinweise, wie man sich konkret gegen Unfälle und Berufserkrankungen schützen kann, sind ein weiterer Bestandteil.

▌ Sicherheitsbeauftragte

Insgesamt rund hundert Rasselsteiner haben sich freiwillig zu Sicherheitsbeauftragten ausbilden lassen. In den Schulungen haben sie die Grundlagen des Arbeitsschutzes kennengelernt, z. B. die persönliche Schutzausrüstung, die Umsetzung von Arbeitsschutzmaßnahmen, Brand- und Explosionsschutz und Fragen der Motivation zum Arbeitsschutz.

Die Sicherheitsbeauftragten sind Ansprechpartner für ihre Kollegen in allen Belangen rund um die Arbeitssicherheit. Außerdem sorgen sie dafür, dass die vorgeschriebenen Sicherheitsregeln eingehalten werden. Als Vermittler zwischen den Erfordernissen der Produktion und Sicherheitsaspekten haben sie eine wichtige Aufgabe. Sie haben die Befugnis, Anlagen aus Sicherheitsgründen abzuschalten.

▌ Wenn es doch passiert ist: Vorgehen bei einem Unfall

Bei einer leichten Verletzung versorgt ein Sanitäter des Betriebsärztlichen Dienstes den Verletzten und dokumentiert den Unfall im Verbandbuch. Dies gilt auch für Wegeunfälle.

Passiert ein größerer Unfall, wird der Verletzte von einem Unfallarzt ambulant oder stationär behandelt. Der Betriebsärztliche Dienst und das Team Arbeitssicherheit betreuen den Unfallverletzten und begleiten seine Genesung. Der Unfall wird der zuständigen Berufsgenossenschaft gemeldet.

Wichtig ist aber auch, aus Fehlern zu lernen. Deshalb wird der Unfallhergang rekonstruiert und das Geschehen gemeinsam mit dem Verletzten, Sicherheitsbeauftragten, Betriebsrat und betrieblichen Vorgesetzten besprochen und auf Übertragbarkeit hin analysiert.

3.2 Organisation

Anfang der 90er Jahre wurde die Teamorganisation bei Rasselstein eingeführt. Die Teams arbeiten gemeinsam an der Zielerreichung und am kontinuierlichen Verbesserungsprozess im Hinblick auf Qualität, Durchlaufzeiten, Produktivität und Kosten. In der Produktion sind die Teams anhand des Produktionsprozesses organisiert. Die flachen Hierarchien erlauben kurze Informations- und Kommunikationswege und einen direkten Austausch.

Als konsequente Fortführung der Teamorganisation arbeiten alle Beschäftigten in der Produktion seit 2004 in Gruppenarbeit. Seit 2005 sind schrittweise auch die Mitarbeiter der Verwaltung dazu gekommen. Von den einzelnen Gruppen wird erwartet, dass sie weitgehend selbstständig an der Verbesserung von Arbeitsabläufen, Umsetzung von Verbesserungsvorschlägen oder an Personalangelegenheiten wie zum Beispiel der Urlaubsplanung arbeiten.

Die Übertragung von Verantwortung auf den Einzelnen und das Team und die kurzen Wege verbesserten auch die Sicherheitsarbeit vor Ort. Arbeitssicherheit ist ein ständiges Thema der Gruppensitzungen. Die betrieblichen Führungskräfte stehen in der Pflicht, sich um die Sicherheit vor Ort zu kümmern, Vorbild für ihre Mitarbeiter zu sein und Vergehen konsequent zu verfolgen. Daran werden sie gemessen. So ist ein produktiver Wettbewerb zwischen den Teams um die beste Leistung in Sachen Arbeitssicherheit entstanden.

3.3 Verhalten

▌ Beteiligung der Mitarbeiter

In allen wichtigen Belangen der Arbeitssicherheit sind die Mitarbeiter beteiligt: Ihr Erfahrungswissen fließt in die Sicherheitshandbücher und die Arbeitsanweisungen ein, ihre Wünsche bei der Auswahl von Körperschutzartikeln werden so weit wie möglich berücksichtigt. Die Erfahrung zeigt, dass Partizipation die Akzeptanz von Sicherheitsregeln erhöht.

▌ Training und Schulung

Wer weiß, wo Gefahren lauern, kann sich auf sie einstellen und mit ihnen umgehen. Deshalb ist die regelmäßige Information in Schulungen, Informationsveranstaltungen und Unterweisungen außerordentlich wichtig. Jeder neue Mitarbeiter wird in Sicherheitsschulungen intensiv auf seinen Arbeitsplatz vorbereitet. Ein differenziertes Qualifizierungskonzept beinhaltet die stufenweise Sicherheitseinweisung in alle relevanten Themen über mehrere Wochen hinweg.

Alle Produktionsmitarbeiter werden mindestens einmal pro Jahr im Hinblick auf Gefahren am Arbeitsplatz geschult. Darüber hinaus werden Sicherheitsbeauftragte, Schicht- und Tageskoordinatoren, Betriebsingenieure, Experten und Teamleiter in geeigneten Fachseminaren in internen Seminaren der Aus- und Weiterbildung oder externen Seminaren der Berufsgenossenschaft systematisch qualifiziert.

▌ Kommunikation und Information

Um das Bewusstsein der Mitarbeiter zu sensibilisieren, ist das Thema Unfallverhütung fester Bestandteil von allen Teamgesprächen. Unfälle und Beinaheunfälle werden ausführlich besprochen – nicht um den Verursacher anzuprangern, sondern um aus Fehlern zu lernen und die Aufmerksamkeit zu schulen. Auch im jährlichen Mitarbeitergespräch ist die Arbeitssicherheit Thema.

Aktuelle Informationen und Daten der Arbeitssicherheit werden verständlich und anschaulich an den Infowänden in den Teams und im Intranet dargestellt. In der Mitarbeiterzeitschrift Rasselstein Info hat das Thema seinen festen Platz in jeder Ausgabe. Auch auf der Belegschaftsversammlung gehört die Arbeitssicherheit zu den festen Tagesordnungspunkten. Aufmerksamkeit zu wecken ist auch das Ziel der Schaukästen, die an zentralen Stellen im Betrieb Themen wie Hautschutz oder Alkohol im Betrieb plakativ darstellen.

3.4 Persönliche Einstellung

Alle beschriebenen Maßnahmen haben die Unfallzahlen bei Rasselstein kontinuierlich sinken lassen. Doch seit einigen Jahren stagnieren die Zahlen. Um dem Unternehmensziel „Null Unfälle" näher zu kommen, hat deshalb während der Projektlaufzeit des „gesunderhaltenden Betriebs" die Arbeit an einer neuen Sicherheitskultur begonnen. Hier geht es um die innere Einstellung jedes Einzelnen: Ziel ist die Schärfung des persönlichen Sicherheitsbewusstseins und der Verantwortung von Mitarbeitern und Führungskräften.

■ „Augenblick mal"

Über 90 Prozent aller Unfälle passieren, weil Gefahren in der täglichen Routine unterschätzt werden. Natürlich setzt sich niemand bewusst einem Unfallrisiko aus. Doch gerade bei den Tätigkeiten, die man besonders gut „im Griff" zu haben glaubt, lauern die Gefahren. Hier setzt das Projekt „Augenblick mal" an.

Um wieder einen Blick für die Gefahren der alltäglichen Arbeit zu bekommen, wird seit 2005 jeder Mitarbeiter mindestens zwei Mal pro Jahr als Beobachter eines Kollegen eingesetzt: Für 15 Minuten schaut er sich die Arbeitsabläufe an einem fremden Arbeitsplatz an und achtet auf lauernde Gefahren. Der Beobachter lernt, Gefahren zu erkennen und zu benennen. Das schärft das Sicherheitsbewusstsein jedes einzelnen Mitarbeiters.

Dabei geht es nicht um die gegenseitige Kontrolle, sondern vor allem auch um das „Best-Practice-Verhalten", das zum Lernen anleitet. Versteckte Unfallgefahren sollen erkannt und vermieden werden. Erkenntnisse aus den Einzelaktionen werden dokumentiert und gemeinsam mit der Teamleitung umgesetzt.

■ „Vorbild und Konsequenz"

Um die Sicherheitskultur im Unternehmen noch weiter zu verbessern, wurden im Jahr 2006 über 500 Rasselsteiner Führungskräfte in acht Kick-off-Veranstaltungen für ein neues Sicherheitsbewusstsein sensibilisiert. Kernpunkte dieses neuen Bewusstseins sind:

– Im Sinne der Arbeitssicherheit ist jeder Mitarbeiter Führungskraft, weil andere Mitarbeiter an seinem Verhalten ablesen, welche Standards für das Verhalten im Betrieb gelten. Jeder ist in diesem Sinne Vorbild. Aufgabe der betrieblichen Vorgesetzten ist es, den Mitarbeitern diese Verantwortung zu verdeutlichen.

– Konsequenz ist der Schlüssel zum Erfolg. Abweichungen von den Sicherheitsregeln werden nicht geduldet, seien sie auch noch so gering. Die Mitarbeiter sind ausdrücklich aufgefordert, nicht nur ihre Kollegen, sondern auch ihre Vorgesetzten auf Fehlverhalten anzusprechen. Darüber hinaus sind alle Mitarbeiter und Führungskräfte verpflichtet, sich aktiv über die Regeln der Arbeitssicherheit zu informieren.

4. Prävention von Wegeunfällen

Die Fahrt zur Arbeit kann sich manchmal innerhalb von wenigen Sekunden in eine Horrorfahrt verwandeln: Unfälle auf dem Weg zum Betrieb oder nach Hause passieren oft und betreffen häufig junge Leute. Zwar ist bundesweit die Zahl der meldepflichtigen Wegeunfälle laut Hauptverband der gewerblichen Berufsgenossenschaften 2004 von 4,6 Prozent auf 4,5 gegenüber dem Vorjahr auf 151.330 zurückgegangen. Aber auch hier gilt das Ziel „Null Unfälle" – die Fürsorgepflicht des Unternehmens hört nicht am Werktor auf.

Das Fahrsicherheitstraining wurde im Rahmen des „gesunderhaltenden Betriebs allen Mitarbeitern angeboten. Besonderes Augenmerk legt die Rasselstein GmbH jedoch auf die Auszubildenden. Die jungen Autofahrer haben meist einfach noch nicht genug Erfahrung hinterm Steuer. So sind im vergangenen Jahr bundesweit fast 1.400 junge Autofahrer und Beifahrer zwischen 18 und 25 Jahren im Straßenverkehr ums Leben gekommen. Fahrsicherheitstrainings können Leben retten.

Ein Fahrsicherheitstraining hilft, gefährliche Fahrsituationen zu erkennen und zu vermeiden. Im Rahmen des gesunderhaltenden Betriebs wurden deshalb für die Rasselsteiner Mitarbeiter eintägige Fahrsicherheitstrainings auf dem nahen Nürburgring angeboten.

Neben einem einführenden Theorieteil stand dabei im Mittelpunkt, für kritische Situationen gewappnet zu sein. Die fahrtechnischen Übungen fanden im eigenen Fahrzeug zum Beispiel auf bewässerten Fahrbahnen statt. Computergesteuerte Wasserhindernisse und ein Schleudersimulator erhöhten die Aufmerksamkeit und Reaktionsfähigkeit des Fahrers. Eine Kurvenbahn sollte vermitteln, wie ein Fahrzeug reagiert, wenn man zu schnell in eine Kurve fährt. Beim Durchfahren eines Aquaplaningbeckens wurde der Umgang mit verschiedenen Aquaplaningsituationen trainiert. Beim Intensivtraining für Motorradfahrer wurde der richtige Umgang mit Kupplung, Gas und Bremse trainiert. Kurventechniken und richtiges Bremsen wurden auf einem Slalomparcours eingeübt.

Insgesamt sind die Fahrsicherheitstrainings ein großer Erfolg gewesen: Während der Projektlaufzeit nahmen 370 Rasselsteiner daran teil.

Erfolgsfaktoren

✔ Beständige sicherheitstechnische Weiterentwicklung von Technik/Methoden, Organisation, Verhalten und Führung/ Einstellung

✔ Kommunikation und Information

✔ Konsequenz im Betriebsalltag

✔ Verdeutlichung der Vorbildfunktion von Führungskräften und Mitarbeitern

Kapitel 13

Weiterbildung

Frank Berssem

1. Lebenslanges Lernen als Wettbewerbsvorteil

Qualifizierung hat bei der Rasselstein GmbH schon immer einen hohen Stellenwert und ist seit einigen Jahren fester Bestandteil einer Betriebsvereinbarung. Mit der kontinuierlichen Weiterbildung der Mitarbeiter sichert das Unternehmen seine Innovations- und Wettbewerbsfähigkeit in Zeiten des schnellen technologischen Wandels.

Die Rasselstein GmbH prüft regelmäßig den konkreten Weiterbildungsbedarf in den Teams und entwickelt passgenaue und zielgruppenorientierte Angebote. Die Themenpalette umfasst Seminare und Workshops zur Erweiterung der fachlichen, persönlichen und sozialen sowie methodischen Kompetenz, zum Beispiel Team- und Führungskräftetrainings oder Moderation, Präsentation und Rhetorik oder Qualifizierung im Bereich der produktionsbedingten Abläufe. Daneben werden auch externe Weiterbildungsmöglichkeiten angeboten.

Auf diese Weise entsteht ein umfangreiches Weiterbildungsprogramm, das den Rasselsteiner Beschäftigten jährlich über 390 durchgeführte interne und 195 externe Seminare und Workshops bietet. Neben den konkreten Seminarinhalten steht die Vermittlung der Notwendigkeit eines lebenslangen Lernens im Mittelpunkt.

Weil das Unternehmen viel in den Qualifizierungsbereich investiert, wird der Erfolg und Transfer des Gelernten regelmäßig anhand von differenzierten Teilnehmerfragebögen evaluiert.

2. Seminare und Trainings im Bereich Gesundheitsförderung

Ein einmal erlerntes Gesundheitsverhalten verändert sich, wenn überhaupt, nur sehr langsam. Deshalb spielt im Bereich der Verhaltensprävention ein zielgruppenspezifisches Weiterbildungsangebot eine wichtige Rolle. Die Vermittlung von Wissen über gesundheitliche Zusammenhänge und das Einüben neuer Verhaltensweisen können dazu beitragen, Verhalten zu verändern, Gesundheitsbewusstsein zu schaffen oder zu stärken, individuelle Risikofaktoren zu verringern und gesundheitliche Ressourcen zu verbessern.

Zentraler Punkt dabei ist, dass die Teilnehmenden einen persönlichen Bezug zur eigenen Gesundheit herstellen können. „Es wird mich schon nicht treffen" ist eine beliebte Verdrängungsstrategie von vielen Menschen. Wer dann jedoch erfährt, welche gesundschädlichen Auswirkungen schlechte Ernährung, Rauchen oder mangelnde Bewegung auch auf ihn persönlich haben können, ist sensibilisiert und eher bereit, sein Verhalten zu verändern. Dabei geht es nicht um den „erhobenen Zeigefinger", sondern um die Vermittlung von Gesundheitswissen und Gesundheitsbewusstsein. Zudem werden in den Seminaren im Sinne der „Gesunderhaltung" vorhandene Ansätze zu gesundheitsbewusstem Verhalten noch weiter bekräftigt und verstärkt.

Neben den vielen Angeboten im Bereich des Stressmanagements (siehe Kapitel 14) haben im Rahmen des „gesunderhaltenden Betriebs" im Weiterbildungsprogramm vor allem die Seminare „Fit im Berufsalltag" und die Präventivseminare „Heben, Tragen und Sitzen" einen festen Platz gefunden. Das Thema „gesundheitsgerechte Mitarbeiterführung" ist selbstverständlicher Teil der Führungskräfteentwicklung geworden. Darüber hinaus sind Erste-Hilfe-Seminare seit vielen Jahren Bestandteil des Seminarprogramms.

2.1 „Fit im Berufsalltag"

Das Seminar „Fit im Berufsalltag" ist ein offenes Angebot, das sich an Mitarbeiter aus allen Teams richtet. Unter Leitung eines Physiotherapeuten und Krankengymnasten und einer Ökotrophologin geht es um grundlegende Gesundheitsfragen aus den Bereichen Bewegung und Ernährung. „Wie erhalte ich meine Gesundheit?", „Welche Risikofaktoren können meiner Gesundheit schaden?" „Welcher Sport ist der richtige für mich?" „Wie ernähre ich mich gesund?" Informationsblöcke zu diesen und anderen Themen wechseln sich mit praktischen Übungen, zum Beispiel zum richtigen Sitzen am Schreibtisch, ab.

2.2 Präventivseminare „Heben und Tragen" und „Sitzen"

Speziell für Mitarbeiter, die bei ihrer Tätigkeit schwer heben und tragen, wie beispielsweise Mitarbeiter aus der Packerei, ist das Angebot „Heben und Tragen" gedacht. Es vermittelt allgemeine Grundlagen der Anatomie und Physiologie und gibt Tipps zum richtigen Heben und Tragen. Einfache Tests weisen die Mitarbeiter auf bereits entstandene Fehlhaltungen hin. Das „richtige" Heben und Tragen wird gemeinsam eingeübt. Dehn- und Entspannungsübungen und eine klassische Rückenschule ergänzen den theoretischen Seminarteil.

Das ergonomische Zielgruppentraining (siehe Kapitel 10) führt das allgemeine Seminar an den Anlagen in der Produktion fort.

Das Präventivseminar „Sitzen" richtet sich an Beschäftigte, die ihre Tätigkeit überwiegend im Sitzen ausüben. Es vermittelt neben den allgemeinen Grundlagen Wissen zum Thema Ergonomie im Büro, zum Beispiel Höheneinstellung des Schreibtisches und des Bürostuhls. Die einfachen Übungen zur Entlastung von Zwangshaltungen kann der Mitarbeiter nun leicht im Alltag wiederholen.

2.3 Gesundheitsgerechte Mitarbeiterführung

Gesunde Mitarbeiter leisten mehr und haben weniger Fehltage. Doch wie können Vorgesetzte diese Erkenntnisse in die Praxis umsetzen und für sich persönlich und für ihr Team nutzbar machen? Im Seminar „Gesundheitsgerechte Mitarbeiterführung" werden fundierte Hintergrundinformationen gegeben, um gesund mit sich und den Mitarbeitern umgehen zu können. Hier geht es um die Auswirkungen des Führungsverhaltens auf die Gesundheit der Beschäftigten, auf ihre Anwesenheit im Betrieb und ihre Arbeits- und Leistungsfähigkeit. Belastungsabbau, Ressourcenaufbau und Betriebsklima sind weitere Themen. Eine weitere Botschaft: „Selfcare" ist eine wichtige Führungsaufgabe. Wer sich nicht um sich selbst kümmert, hat auch keinen Blick für die Gesundheit seiner Mitarbeiter.

3. Fazit

Über 500 Rasselsteiner Mitarbeiter haben während der Projektlaufzeit des gesunderhaltenden Betriebs die Gesundheitsseminare besucht, das ist nahezu jeder vierte Mitarbeiter. Dabei waren alle Berufsgruppen vertreten.

Das Gesundheitswissen hat sich, wie die Ergebnisse der Gesundheitsumfrage zeigen (siehe Kapitel 24) signifikant erhöht. Auch das Gesundheitsverhalten hat sich messbar verbessert. Darüber hinaus wirken besonders die Gesundheits- und Stressseminare nachhaltig, weil sie sowohl das Verhalten als auch die Beschwerden beeinflussen.

Erfolgsfaktoren

✔ Praxisnahe Vermittlung von Gesundheitswissen

✔ Qualifizierte und überzeugende Trainer/innen

✔ Transfermöglichkeit des Gelernten in Beruf und Privatleben

Kapitel 14

Psychische Gesundheit und Stressmanagement

Karsten Stolz, Frank Berssem

1. Einleitung

Die Gesundheitsumfragen 2004 und 2006 zeigen: Das generelle Stress-niveau der Beschäftigten bei Rasselstein ist auf den ersten Blick als eher gering einzustufen. Nur jeder sechste Mitarbeiter klagte 2004 über Stress oder psychische Erschöpfung. 2006 waren die Werte sogar noch etwas besser (siehe Kapitel 24).

Etwas anders sehen die Befragungsergebnisse im Hinblick auf so ge-nannte psychosomatische Beschwerden aus: Ein relativ hoher Anteil von 8,3 Prozent der Mitarbeiter gab 2006 an, Ohrgeräusche zu haben. 19,4 Prozent klagten 2006 über Rückenschmerzen. Dies sind 5,4 Prozent mehr als der allgemeine bundesdeutsche Bevölkerungsdurchschnitt. Auch der Anteil der Mitarbeiter mit Schlafstörungen ist mit 10,2 Prozent im Vergleich zur bundesdeutschen Erwerbsbevölkerung höher.

Selbst wenn man davon ausgeht, dass Rückenschmerzen, Ohrgeräusche und Schlafstörungen nicht ausschließlich psychosomatisch bedingt sein müssen, ist das doch ein Ergebnis, das hellhörig macht. Es spiegelt den bundesweiten Trend wider: Psychische Störungen sind heute schon die viertwichtigste Ursache für Arbeitsunfähigkeit[85], Tendenz steigend. Je-der zwölfte Ausfalltag wegen Krankheit ist inzwischen mit einer psy-chischen Diagnose verbunden. Ihr Anteil an den Krankheitstagen hat sich seit den 90er Jahren mehr als verdoppelt.

Natürlich sind hierfür nicht nur belastende Situationen am Arbeitsplatz, wie z. B. eine hohe Arbeitsmenge oder ein schlechtes Betriebsklima ver-antwortlich. Ereignisse im privaten Umfeld, Ärger in der Familie oder eine Scheidung können ebenso als Belastung wirken. Wie jemand mit solchen Belastungsfaktoren umgehen kann, hängt schließlich auch von individuellen Merkmalen der jeweiligen Person ab, zum Beispiel vom gesundheitlichen Allgemeinzustand, dem persönlichen Selbstvertrauen und erlernten Bewältigungsstrategien.

Die Arbeitsumwelt stellt jedoch einen wesentlichen Faktor für die Ge-sundheitssituation der Erwerbstätigen dar. Nach Befragungen von Exper-ten[86] wird der Arbeitsplatz mit 40 Prozent als größte Quelle psychischer Fehlbelastungen genannt. Zu häufigen Stressoren gehören ständiger Zeitdruck, Über- oder Unterforderung, zu geringer Handlungsspielraum, Konflikte mit Vorgesetzten und Kollegen usw. Wenn solche Stressoren permanent vorhanden sind, besteht ein erhöhtes Risiko für arbeitsbe-dingte Erkrankungen.

Am Thema psychische Belastungen und Stressmanagement kommt heu-te also kein Unternehmen mehr vorbei. Ein ganzheitliches Gesundheits-

---

[85] BKK (2005).

[86] Hauptverband der gewerblichen Berufsgenossenschaften/BKK Bundesverband (2004).

management umfasst dabei einerseits die Verringerung psychischer Belastungen am Arbeitsplatz und andererseits Angebote zur individuellen Stressverarbeitung.

2. Das Konzept „Psychische Gesundheit und Stressmanagement" bei Rasselstein

Das bei Rasselstein entwickelte Konzept zum Thema Stressmanagement beruht auf dem „Belastungs-Beanspruchungskonzept", das auch der DIN EN ISO 10 075 Norm „Ergonomische Grundlagen bezüglich psychischer Arbeitsbelastung" zugrunde liegt. Diese unterscheidet vier Gruppen psychischer Belastungen:

▌ Anforderungen seitens der Arbeitsaufgabe
▌ Physikalische Bedingungen
▌ Soziale und organisationale Faktoren
▌ Gesellschaftliche Faktoren[87]

Ein typisches Beispiel für eine psychische Belastung am Arbeitsplatz sind schlecht gestaltete Arbeitsbedingungen wie z.B. monotone Tätigkeiten oder fehlende Handlungsspielräume. Ärger mit Kollegen oder „Mobbing" sind weitere Beispiele. Wenn die Belastungen andauern und zu permanenten Stressoren werden, können „Beanspruchungsfolgen" wie z. B. das „Burnout-Syndrom", psychosomatische Beschwerden wie Rückenschmerzen und andere arbeitsbedingte Erkrankungen auftreten, die zu Arbeitsunfähigkeit führen können.

Aus dem Belastungs-Beanspruchungs-Modell lassen sich zwei verschiedene Handlungsstrategien ableiten:

▌ Die Beurteilung und Optimierung der Arbeitsplätze mit dem Ziel einer salutogenen Arbeitsgestaltung. In diesem Zusammenhang wurde der „Belastungsatlas" als Analyseinstrument entwickelt. Er wird in Kapitel 21 ausführlich dargestellt.

▌ Personenorientierte Konzepte, die sich an Führungskräfte und Mitarbeiter richten: an Führungskräfte, weil sie eine besondere Rolle bei der Entstehung von Stress spielen, aber auch selbst unter Stress leiden und an Mitarbeiter, damit sie befähigt werden, Belastungen individuell besser zu verarbeiten.

Die wichtigsten Pfeiler des personenorientierten Stressmanagements bei der Rasselstein GmbH sind Angebote und Maßnahmen in den Bereichen Prävention, Früherkennung und Therapie.

---

[87] Schleicher (2006).

2.1 Präventives Stressmanagement

Seminarangebote für Führungskräfte und Mitarbeiter bilden den Schwerpunkt des präventiven Stressmanagements bei der Rasselstein GmbH.

Seminare für Mitarbeiter

▍ Im einführenden Seminar *„Konstruktives Stressmanagement"* werden auf der Grundlage der Stresstheorie Informationen über die Entstehung von Stress gegeben und Bewältigungsstrategien vermittelt. Was können beispielsweise typische stressauslösende Faktoren sein? Was sind die gesundheitlichen Folgen von Stress, und wie erkenne ich sie? Wie kann man Stress im Arbeitsalltag durch ein besseres Zeit- oder Konfliktmanagement bewältigen? Auf diese allgemeinen, aber auch auf individuelle Fragen erhalten die Rasselsteiner Mitarbeiter in den Seminaren fachkundige Antworten von einem Psychologen.

▍ Wer speziell im Bereich des *„Zeitmanagements"* dazu lernen will, kann dies in einem Seminar tun, das sich nur diesem Thema widmet. Hier werden Grundlagen des Zeit- und Selbstmanagements vermittelt. Dabei geht es nicht nur um die allgemeine Weitergabe von Wissen, sondern auch um die Analyse des ganz persönlichen derzeitigen Zeitmanagements und um die Entwicklung persönlicher „Aktionspläne". Die Teilnehmer lernen Hilfsmittel wie Zeitplanbücher/-checklisten und EDV-Tools kennen.

▍ Im Seminar *„Progressive Muskelrelaxation"* geht es um das Erlernen einer konkreten Entspannungstechnik. Wer unter Druck steht, der spannt unwillkürlich seine Muskeln an. Diese Beobachtung machte auch der Amerikaner Edmund Jacobsen. Er ging davon aus, dass im Gegenzug die Lockerung der Muskulatur eine seelische Entspannung mit sich bringt. Bei den Körperübungen der so genannten „Progressiven Muskelentspannung" wird jeweils eine Muskelgruppe erst für etwa fünf Sekunden angespannt; danach wird die Spannung gelöst. Wer das einmal ausprobiert hat, wird bemerken, dass ein angenehmes Entspannungsgefühl entsteht. Mit regelmäßigem Training können Bluthochdruck, Spannungskopfschmerzen und Schlafstörungen verbessert werden.

Seminare für Führungskräfte

Das Verhalten von Führungskräften spielt eine wichtige Rolle bei der Entstehung von psychischen Belastungen und Stress. Das betrifft nicht nur das Führungsklima, sondern auch die Arbeitsorganisation. Deshalb ist es wichtig, ihnen grundlegende Informationen zum Thema „Gesundheitsförderliche Führung" zu geben, damit sie ihren Einfluss auf die soziale, psychische und physische Gesundheit der Beschäftigten erkennen. Sie brauchen Wissen über die Themen Gesundheit und Sicherheit und sollten ihre eigene Rolle im Rahmen dieser Prozesse reflektieren können.

∎ Die Seminare zur *„gesundheitsgerechten Mitarbeiterführung"* beinhalten Informationen und Übungen zu den Auswirkungen von Führungsverhalten auf Wohlbefinden und Gesundheit. Den Führungskräften werden Werkzeuge für eine gesundheitsgerechte Mitarbeiterführung, z. B. Lob/Wertschätzung, Anerkennung, Willkommensgespräche und Gespräche mit belasteten, auffälligen sowie kranken Mitarbeitern an die Hand gegeben. Darüber hinaus geht es um Stressbewältigung, Belastungsabbau und Ressourcenaufbau sowie um ein positives Betriebsklima. Wichtig ist auch hier die Reflektion des eigenen Verhaltens, beispielsweise im Hinblick auf die eigene Stressbewältigung.

∎ In der Ausbildung der betrieblichen Schichtkoordinatoren sind die Module *„Konfliktbearbeitung"* und *„Verhaltensauffälligkeiten erkennen"* Pflichtmodule.

∎ *„Strategien des persönlichen Erfolgs"* nimmt das Thema psychische Gesundheit für Führungskräfte in den Blick. Neben dem Thema Selbstmanagement und Kooperation steht hier vor allem das Thema Emotionen im Mittelpunkt. Aus dem Seminar entwickeln sich zum Teil Einzelcoachings.

∎ In Zusammenarbeit mit einem externen Psychologen wurde das Angebot *„Erste Hilfe für die Seele"* entwickelt. Wer ein Problem hat – sei es ein Suchtproblem, Ärger in der Familie oder am Arbeitsplatz oder anderes – der kann, auf Wunsch anonym, eine psychologische Telefonberatung in Anspruch nehmen. Bei schwereren Fällen ist es auch möglich, eine persönliche Beratung zu vereinbaren. Auf großformatigen Plakaten, in der Rasselstein Info und im Intranet wird dieses Angebot kontinuierlich beworben.

Abbildung 8:
Plakat zur Werbung für das Angebot „Erste Hilfe für die Seele"

Kommunikation und Information

An den Seminaren nahmen bis Herbst 2006 über 500 Rasselsteiner Mitarbeiter teil. Nicht immer jedoch trafen die Angebote sofort auf offene Ohren, denn noch immer sind Stress und psychische Erkrankungen Tabuthemen, gerade in einem von Männern bestimmten Arbeitsumfeld. Deshalb reichte es nicht aus, die Angebote auf den üblichen Wegen, z. B. im Seminarprogramm, Intranet oder in der „Rasselstein Info", anzukündigen. Zwar sind diese Veröffentlichungen wichtig und können langfristig eine Sensibilisierung für das Thema erreichen. So wurden zum Beispiel in Reportagen in der Mitarbeiterzeitschrift ohne Nennung von Namen Fallbeispiele beschrieben. Wichtiger jedoch sind hier eine sensible persönliche Ansprache und ein konsequentes Vorgehen. Entsprechende Qualifizierungsmaßnahmen sind deshalb auch fester Bestandteil der Ausbildung von betrieblichen Führungskräften.

Im Rahmen der Gesundheitschecks, die ein relativ umfassendes Bild der Gesamtgesundheit geben, besteht darüber hinaus die Möglichkeit der persönlichen Ansprache eines Mitarbeiters. Zeigt jemand zum Beispiel Stresssymptome und berichtet von Schlafstörungen und davon, dass er nach der Arbeit nicht mehr abschalten kann, so kann der Betriebsärztliche Dienst ihn auf die Möglichkeit einer Teilnahme an den Stressmanagementseminaren hinweisen. Eine Sensibilisierung der Führungskräfte erfolgte im Rahmen des „Vitalitätsmessplatzes" (siehe Kapitel 18).

Um das Thema „Psychische Gesundheit und Stressmanagement" zu enttabuisieren, wurden außerdem verschiedene Thementage veranstaltet. In Kooperation mit einem externen Psychologen fanden kurze Schnupperveranstaltungen mit dem Thema *„Stress lass nach"* statt, die von Informationen im Intranet und den Aushängen zum Thema begleitet wurden. Diese Angebote liefen mit gutem Erfolg, auch wenn sie sich wie erwartet nicht zu Massenveranstaltungen entwickelten.

2.2 Früherkennung von psychischen Erkrankungen

Die systematische Schulung der Führungskräfte ist fester Bestandteil des Rasselsteiner Personalentwicklungskonzeptes. Ziel ist, dass alle betrieblich relevanten Akteure abgestimmt zusammenarbeiten können:

Die direkten Vorgesetzten sollen für die Anzeichen einer beginnenden psychischen Erkrankung sensibilisiert und befähigt werden, den Mitarbeiter angemessen darauf anzusprechen. Besonders geeignet sind dafür Fehlzeitengespräche (siehe Kapitel 16), die eine Thematisierung im geschützten Gespräch erlauben. Vermutet der Vorgesetzte eine beginnende psychische Erkrankung, wendet er sich an den Personalservice und den Betriebsärztlichen Dienst. Dieser führt den medizinischen Anteil des Fehlzeitengesprächs durch und unterbreitet gegebenenfalls ein Hilfsangebot.

3. Therapie

Im Folgenden stehen die Hilfe in Notsituationen sowie der Umgang mit Suchterkrankungen im Vordergrund.

3.1 Hilfe in akuten Notsituationen

Das Prinzip der Hilfe im akuten Notfall lautet: kurze Wege – schnell und zielsicher zur Hilfe – das Problem wird nicht öffentlich.

In akuten Notsituationen vermittelt der Betriebsärztliche Dienst nach kurzer Lageanalyse externe professionelle Hilfe. Hier kann eine unmittelbare Kontaktaufnahme ohne die üblichen langen Wartezeiten erfolgen. Der Psychotherapeut klärt ab, ob und welche Therapie notwendig und gewünscht ist. Bei Bedarf begleitet der Betriebsärztliche Dienst eine Therapie, indem er zum Beispiel bei Konflikten vermittelt. Er hilft auch bei der Wiedereingliederung.

3.2 Suchterkrankungen

Unter den Suchterkrankungen im Betrieb spielt der Alkoholismus die größte Rolle. Auch der Missbrauch von Cannabis und Amphetaminen nimmt zu, vorwiegend bei jungen Leuten.

Der betroffene Mitarbeiter zeigt möglicherweise ein verändertes Arbeitsverhalten, z. B. Leistungsschwankungen, Unpünktlichkeit, versäumte Termine oder Kurzfehlzeiten. Alkoholkranke versuchen manchmal, ihre „Fahne" zu verbergen und trinken heimlich.

Bei der Rasselstein GmbH gibt es schon lange eine Betriebsvereinbarung zum Thema Sucht, die der ebenso lange bestehende „Arbeitskreis Sucht" erarbeitet und gemeinsam verabschiedet hat. Das oberste Prinzip lautet: „Null Promille", das ist ein Konsens zwischen Betriebsräten und Führungskräften. Auch bei Geburtstagen und anderen Feiern wird kein Alkohol ausgeschenkt.

Jedes Vergehen wird konsequent verfolgt. In einem Industriebetrieb, in dem Tonnen von Stahl und Weißblech bearbeitet werden, geht das nicht anders. Hat jemand jedoch ein Alkohol- oder ein anderes Suchtproblem, bekommt er Unterstützung.

Und so sieht das Verfahren aus: Wenn ein Mitarbeiter unter Alkoholeinfluss am Arbeitsplatz erscheint, wird er von seinem Vorgesetzten angesprochen, damit er sich einem Alkoholtest unterzieht. Ist er mit dem Test nicht einverstanden, wird das als Schuldeingeständnis gewertet. In diesem Fall wird unterstellt, dass der Mitarbeiter alkoholisiert ist. Er wird unbezahlt freigestellt und mit dem Taxi nach Hause geschickt.

Ist der Mitarbeiter mit dem Test einverstanden und es stellt sich heraus, dass er nüchtern ist, entschuldigt sich der Vorgesetzte offiziell. Hat er doch getrunken, wird er ebenfalls unbezahlt frei gestellt und nach Hause geschickt. Er wird zunächst schriftlich ermahnt und im Wiederholungsfalle auch abgemahnt.

Gleichzeitig muss er sich beim Betriebsärztlichen Dienst vorstellen. Vermutet der ein ernsthaftes Suchtproblem, so wird der Mitarbeiter an einen externen Experten weiter geleitet und beginnt eine ambulante oder stationäre Therapie.

Ist die Therapie erfolgreich, kann der Mitarbeiter wieder an seinen Arbeitsplatz zurückkehren. Ist die Therapie nicht erfolgreich, weil sie der Mitarbeiter beispielsweise abbricht oder ablehnt und es kommt zu einem neuen Vorfall, so sieht der Betrieb keine andere Möglichkeit, als ordentlich oder krankheitsbedingt zu kündigen. Es kann in bestimmten Fällen aber auch zu einem Aufhebungsvertrag kommen, der eine Wiedereinstellung nach einer Gesundung möglich macht.

Erfolgsfaktoren

✔ Stärkung der individuellen Stressresistenz

✔ Aufbau von sozialer Unterstützung

✔ Sensibilisierung der betrieblichen Führungskräfte

Teil IV

Betreuung und Integration im Krankheitsfall bei Rasselstein

Kapitel 15

Werkbank statt Reservebank: Wiedereingliederung am Arbeitsplatz bei Muskel- und Skeletterkrankungen

Karsten Stolz

1. Einleitung

Muskel- und Skeletterkrankungen verursachen in bundesdeutschen Betrieben die meisten Fehltage.[88] Auch bei der Rasselstein GmbH ist das so. Früher landeten viele der erkrankten Arbeitnehmer auf „Schonarbeitsplätzen", ihre körperliche Leistungsfähigkeit blieb auf Dauer eingeschränkt. Doch Schonarbeitsplätze gibt es so gut wie gar nicht mehr. Im Rahmen des Modellprojekts „Der gesunderhaltende Betrieb" ist deshalb bei Rasselstein ein spezielles Programm zur Wiedereingliederung am Arbeitsplatz bei Muskel- und Skeletterkrankungen entwickelt worden.

Es umfasst zwei Stufen: *Werkbank statt Reservebank I* dient der Vorbeugung von chronischen Muskel- und Skeletterkrankungen, *Werkbank statt Reservebank II* betrifft die Wiedereingliederung am Arbeitsplatz bei Muskel- und Skeletterkrankungen.

Das Programm sichert Arbeitsplätze und reduziert Kosten für den Betrieb. Nach rund zwei Jahren zeigten sich bereits 2006 nachweisbare Erfolge: So konnten im Rasselsteiner Werk in Neuwied die Ausfalltage durch Muskel- und Skeletterkrankungen von 1.955 im Jahre 2004 auf 1.694 im Jahr 2005 gesenkt werden.

2. Das Konzept

Häufig scheitert die herkömmliche Therapie von Muskel-Skelett-Erkrankungen: Der überweisende Hausarzt und der behandelnde Orthopäde arbeiten nur in Ausnahmefällen zusammen, Therapierichtlinien werden aufgrund der Therapiefreiheit und wegen hoher Kosten nicht konsequent eingehalten. Therapien werden abgebrochen, weil die Budgets der behandelnden Ärzte ausgeschöpft sind.

Oft spielt auch der erkrankte Mitarbeiter nicht in dem Maße mit, wie es notwendig wäre. Fehlende Disziplin oder mangelnde Einsicht in die Notwendigkeit, die Therapie aktiv zu unterstützen, sind die Ursachen dafür. Darüber hinaus laufen Therapie und Reintegration am Arbeitsplatz wegen unterschiedlicher behandelnder Ärzte und mangelnder Koordination häufig nebeneinander her und sind zu wenig verzahnt. Das wenig erfreuliche Resultat: eine Karriere hin zu einem Ersatzarbeitsplatz. Das Problem dabei ist, dass es zunehmend weniger Ersatzarbeitsplätze gibt. Darüber hinaus ist der Mitarbeiter weiterhin mit den nicht gelösten gesundheitlichen Problemen belastet.

Um diese Effekte zu vermeiden, wurde das Programm „Werkbank statt Reservebank" entwickelt.

---

[88] BKK Bundesverband (2005).

Die Prinzipien der Stufen I und II sind:

- *Koordinierte Betreuung durch den Betriebsärztlichen Dienst:* Der erkrankte Mitarbeiter wird intensiv durch den Betriebsärztlichen Dienst betreut, der auch alle Therapieschritte aufeinander abstimmt und koordiniert.

- *Leitliniengestützte Therapie:* In Kooperation mit einer externen Einrichtung erfolgt eine leitliniengestützte physiotherapeutische Therapie. Dadurch ist eine einheitliche Vorgehensweise gesichert.

- *Unmittelbare Reaktivierung:* Statt Schonung wird der Erkrankte rasch reaktiviert. Wichtig ist der Abbau des Risikofaktors Bewegungsmangel.

- *Kontinuierliches Bewegungstraining:* Der Mitarbeiter wird im Verlauf der Therapie in ein kontinuierliches Bewegungstraining überwiesen, das seine Muskeln aufbaut und kräftigt.

- *Abbau der Belastungen am Arbeitsplatz:* Der Betriebsarzt und ein Vertreter der Physiotherapieeinrichtung besuchen den Arbeitsplatz des erkrankten Mitarbeiters. Ergonomische Elemente im Bereich der Arbeitsorganisation, der Technik oder der persönlichen Schutzausrüstung, die belastend wirken können, werden optimiert.

- *Weiterarbeiten am alten Arbeitsplatz:* Nach Ende der Therapie kehrt der Mitarbeiter an seinen Stammarbeitsplatz zurück.

Dieses Konzept bietet viele Vorteile:

- direkte Einflussnahme auf Therapieverlauf und -qualität,
- arbeitsplatzangepasste Therapie,
- Schutz des Arbeitnehmers vor gesundheitsbedingter Kündigung,
- Kostenreduzierung und Produktivitätserhalt durch Know-how-Verbleib am alten Arbeitsplatz.

2.1 Werkbank statt Reservebank I: Vorbeugung von chronischen Muskel- und Skeletterkrankungen

Ziel der ersten Stufe des Programms ist die Vorbeugung von chronischen Erkrankungen. Während sich die ergonomische Situation in den Produktionsbetrieben erheblich verbessert hat, werden wahrscheinlich in Zukunft deutlich mehr Muskel- und Skeletterkrankungen in der Verwaltung auftreten. Ursache dafür sind sitzende Tätigkeiten und ein zunehmender Bewegungsmangel. Die Folge: Rückenschmerzen, die kurzfristig zu Arbeitsunfähigkeit führen und bei Nichtbehandlung langfristig chronisch werden können.

Hier setzt die Stufe 1 des präventiven Programms „Werkbank statt Reservebank" an: Wer sich mit Schmerzen des Muskel-Skelett-Apparates an den Betriebsärztlichen Dienst gewandt hat, wird zunächst gründlich untersucht und bekommt Hilfe bei der akuten Schmerzbewältigung. Anschließend wird er an die physiotherapeutische Einrichtung überwiesen, die die weitere Behandlung übernimmt. Die Einrichtung macht einen Basischeck und empfiehlt ein individuelles Trainings- bzw. Sportprogramm.

Parallel dazu findet in Einzelfällen eine Arbeitsplatzvisitation statt. Ziel ist, unmittelbare Belastungen am Arbeitsplatz, die sich negativ auf die Erkrankung des Mitarbeiters auswirken könnten, aufzuspüren und zu beheben.

Der Mitarbeiter wird aufgefordert, ein gezieltes und kontinuierliches Aufbautraining zu betreiben. Hier ist eine entsprechende Motivations- und Informationsarbeit wichtig. Wer sich nicht an ein dauerhaftes Training gewöhnen kann, das die Ursachen der Erkrankung bekämpft, hat keine Chance, gesund zu bleiben.

2.2 Werkbank statt Reservebank II: Wiedereingliederung am Arbeitsplatz bei Muskel- und Skeletterkrankungen

Stufe 2 zielt darauf ab, dass chronisch erkrankte Mitarbeiter an ihren Stammarbeitsplatz zurückkehren können und nicht auf der „Reservebank", sprich: einem Schonarbeitsplatz landen. Das Programm beinhaltet ein gezieltes Rehabilitationsprogramm, das Therapie und Reintegration am Arbeitsplatz unmittelbar verzahnt.

Das Programm gleicht Stufe 1, in einigen Punkten unterscheidet es sich jedoch. Der erkrankte Mitarbeiter, der sich mit einer Muskel-Skelett-Erkrankung an den Betriebsärztlichen Dienst oder die Personalabteilung gewandt hat, erhält so schnell wie möglich einen Ersatzarbeitsplatz, an dem er vorübergehend arbeiten kann, ohne Schmerzen zu haben. Innerhalb von fünf Tagen findet in jedem Fall eine Arbeitsplatzvisitation statt. Der Mitarbeiter wird ebenfalls an die Therapieeinrichtung überwiesen, die die individuelle Behandlung der Muskulatur und des Rückens festlegt.

Wenn die Akutphase der Krankheit überwunden ist, beginnt die stufenweise Wiedereingliederung am alten Arbeitsplatz. Physiotherapeut und Betrieb arbeiten dabei weiter eng zusammen. Schrittweise steigern sich die Anforderungen bis hin zur vollen Belastung. Auch hier ist ein Rückentraining auf Dauer notwendig. Ohne die aktive Mithilfe des Erkrankten geht es nicht.

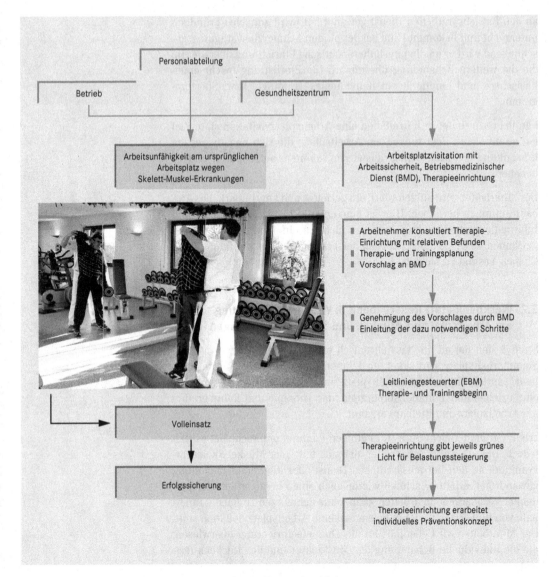

Abbildung 9: Ablauf des Programms „Werkbank statt Reservebank"

Erfolgsfaktoren

✓ Enge Kooperation mit einer externen physiotherapeutischen Einrichtung

✓ Leitliniengesteuerte Therapie

✓ Verzahnung von Therapie und stufenweiser Wiedereingliederung am Arbeitsplatz

✓ Motivation des Mitarbeiters für ein kontinuierliches Training

Kapitel 16

Management von Fehlzeiten

Robert Brand

1. Einleitung

Das Projekt „Der gesunderhaltende Betrieb" konnte die Rasselstein GmbH im Geschäftsjahr 2005/2006 mit einer Fehlzeitenquote von 3,0 Prozent abschließen. Fehlzeiten werden zwar von vielen Faktoren beeinflusst, auffällig ist jedoch, dass die Fehlzeitenquote im Unternehmen seit der Umsetzung eines konsequenten Fehlzeitenmanagements in den 90er Jahren im Unternehmen konstant gesunken ist bzw. sich auf sehr niedrigem Niveau eingependelt hat.

Das Fehlzeitenmanagement ist ein wichtiger Teil eines konsequenten Gesundheitsmanagements. Sein zentrales Prinzip ist, Fehlzeiten systematisch zur erfassen, nach ihren Ursachen zu forschen und diese gezielt zu bearbeiten. Das schließt die intensive persönliche Betreuung von kranken Mitarbeitern ein. Auf diese Weise können Krankheiten vermieden und Fehlzeiten gesenkt werden.

Dies kommt nicht nur den Mitarbeitern zugute, es lohnt sich auch für das Unternehmen: Rund 400.000 Euro Ersparnis sind pro einem Prozentpunkt gesenkter Fehlzeitenquote jährlich möglich. Eine Vergleichszahl: Der Hauptverband der gewerblichen Berufsgenossenschaften hat errechnet, dass bundesdeutschen Unternehmen durch krankheitsbedingte Fehlzeiten jährlich Produktionsausfallkosten in Höhe von 45 Milliarden Euro entstehen.[89] Dabei bestimmen vor allem chronische Erkrankungen wie Muskel-Skeletterkrankungen, Herz-Kreislauf-Erkrankungen und zunehmend auch psychische Störungen die betrieblichen Fehlzeiten. Diese Krankheiten sind, weil chronisch, nur schwer und langfristig zu beeinflussen. Ein gezieltes Fehlzeitenmanagement, das nach den Ursachen für eine Erkrankung sucht und sie beseitigt, kann präventiv wirken, weil es Mitarbeiter davor schützt, wieder krank zu werden, und sie unterstützt, schnell an ihren Arbeitsplatz zurückkehren zu können.

2. Prinzipien des Fehlzeitenmanagements bei Rasselstein

Beim Rasselsteiner Fehlzeitenmanagement steht die Fürsorge für den Mitarbeiter im Vordergrund, nicht das Aufspüren von „Blaumachern". Erfreulicherweise kommt es im Unternehmen ohnehin selten zum Missbrauch von Krankmeldungen. Die Mitarbeiter wissen, dass ein Missbrauch unter keinen Umständen geduldet, sondern mit Konsequenz geahndet wird. Bleiben alle mündlichen Ermahnungen erfolglos, wird schriftlich nachgefasst. Sollten auch diese Maßnahmen nicht erfolgreich sein, wird unter Umständen die Auflösung des Arbeitsverhältnisses in Erwägung gezogen.

---

[89] Hauptverband der gewerblichen Berufsgenossenschaften (2005).

Die wichtigsten Bestandteile des Fehlzeitenmanagements sind:

- eine systematische Datenerfassung und innerbetriebliche Kommunikation,
- Fehlzeitengespräche,
- Anreizsystem und Härtefonds des Betriebsrates,
- persönliche Betreuung von Langzeitkranken.

Das Ziel ist es, sich einen Überblick über die Fehlzeiten im Unternehmen zu verschaffen, mögliche Problemfelder zu identifizieren, konkrete Ursachen von Fehlzeiten zu ermitteln und Mittel und Wege zu finden, um unnötige Fehlzeiten zu reduzieren.

Die Vorgehensweise hat sich im Kern von der Einführung bis heute nicht wesentlich verändert; das Fehlzeitenmanagement ist nur wesentlich systematischer geworden. Nach jeder Erkrankung führt der direkte Vorgesetzte ein Rückkehrgespräch mit dem erkrankten Mitarbeiter. Stellt die Personalabteilung eine Häufung von Erkrankungen anhand der Fehlzeitendaten (siehe Abschnitt 2.1) fest, erfolgt ein offizielles Fehlzeitengespräch (siehe Abschnitt 2.2). Anreizsystem, Härtefonds und persönliche Betreuung von Langzeiterkrankten unterstützen das Fehlzeitenmanagement.

2.1 Systematische Datenauswertung und innerbetriebliche Kommunikation

Zur regelmäßigen Information werden jeweils monatlich und jährlich in den Schichten und den Teams statistische Fehlzeitendaten erhoben. Die Auswertungen werden der Unternehmensleitung und den Teamleitern zur Verfügung gestellt. Zusätzlich werden die team- und schichtbezogenen Auswertungen an den Anlagen bekannt gemacht.

Monatlicher Bonusstand: Die Auswertung nach Ressorts und nach Teams zeigt den monatlichen Trend. Die Daten werden getrennt nach Lohn- und Gehaltsempfängern dargestellt. Auffälligkeiten können zeitnah erkannt und bei Bedarf können Maßnahmen eingeleitet werden. Die Gesamtübersicht des Unternehmens wird im Intranet und an den Infowänden veröffentlicht. Hier ist auch die mittels des Anreizsystems erreichte Bonushöhe ersichtlich (siehe Abschnitt 2.3).

Im Fehlzeitenmanagement spielt die interne Kommunikation eine wichtige Rolle: In den Frühbesprechungen der Teams, bei Teamleitersitzungen, in Gesprächen von Schichtkoordinatoren mit Mitarbeitern und bei Gruppensitzungen sind Fehlzeiten ein fester Tagesordnungspunkt. Die Mitarbeiterzeitschrift „Rasselstein Info" berichtet regelmäßig über das Thema. Auch auf den Betriebsversammlungen werden die aktuellen Zahlen kommuniziert. So bleibt der Informationsstand unternehmensweit gleich und die Mitarbeiter erkennen, dass die Thematik Fehlzeiten und Gesundheit im Betrieb ernst genommen wird.

2.2 Fehlzeitengespräche von Führungskräften und Mitarbeitern

Fehlzeitengespräche werden bei Rasselstein zweistufig geführt. Nach jedem Ausfalltag erfolgt ein kurzes Rückkehrgespräch mit dem direkten Vorgesetzten. Hier steht im Vordergrund, dass gewährleistet werden soll, dass der Mitarbeiter voll arbeitsfähig ist bzw. welche Maßnahmen ergriffen werden können, um sein Wohlbefinden und seine Leistungsfähigkeit wieder ganz herzustellen.

Häufen sich die Fehlzeiten, erfolgt ein weiteres Gespräch mit der Personalabteilung. Wenn zum Beispiel bei einem Mitarbeiter drei oder mehr Ausfallzeiten in zwölf Monaten registriert werden, findet ein „offizielles" Fehlzeitengespräch statt. Bei diesem Gespräch sind der Schichtkoordinator bzw. direkte Vorgesetzte und der Personalservice anwesend. Fallweise werden auch der zuständige Teamleiter und der Betriebsrat hinzugebeten.

Die Kernfragen, die gemeinsam besprochen werden, sind: Wo liegen die Ursachen der Erkrankung? Spielen die Arbeitsbedingungen eine Rolle oder Ereignisse im privaten Umfeld wie beispielsweise familiäre Probleme? Was kann der Betrieb tun, um verursachende Faktoren abzustellen? Was kann und muss der Mitarbeiter tun?

2.3 Anreizsystem und Härtefonds

Beim Anreizsystem, das 1995 eingeführt wurde, geht es darum, die Eigenverantwortlichkeit des Mitarbeiters für seine eigene Gesundheit zu stärken. Jeder kann, wenigstens zu einem Teil, mit seinem gesundheitsförderlichen Verhalten dazu beitragen, nicht krank zu werden. Das Unternehmen geht davon aus, dass die Mitarbeiter diese Eigenverantwortung für ihre Gesundheit auch übernehmen. Dafür unterstützt es die Beschäftigten mit vielfältigen Gesundheitsmaßnahmen und einer gesundheitsgerechten Arbeitsplatzgestaltung.

Wer krank wird, der genießt aber auch die Fürsorge des Arbeitgebers. Er kann sich in Ruhe auskurieren. Das Bonussystem ist so aufgebaut, dass arbeitsunfähige Mitarbeiter nicht diskriminiert werden. Entscheidend ist die durchschnittliche Fehlzeitenquote aller Mitarbeiter im Geschäftsjahr, nicht die einzelner Mitarbeiter. Ein Bonus zum Entgelt wird gezahlt, wenn die Belegschaft eine Krankheitsquote zwischen 3,3 und 3,6 Prozent in einem Geschäftsjahr erzielt. Bei einer niedrigeren Quote als 3,3 Prozent erfolgt nicht automatisch eine höhere Bonuszahlung, damit keine „Jagd auf Kranke" gemacht wird.

Das Bonussystem wurde auf Basis des Manteltarifvertrages Rheinland-Pfalz entwickelt und in einer Betriebsvereinbarung festgehalten. Die Bonushöhe beträgt maximal fünf Prozent eines Monatsverdienstes. Für die Auszubildenden wurde 2001 eine individuelle Bandbreite von 1,7 bis 1,9

Prozent vereinbart, weil junge Menschen in der Regel gesünder als ältere Kollegen sind.

Ein weiteres unterstützendes Angebot ist der „Härtefonds“. Der Härtefonds ist auf Initiative des Betriebsrates entstanden und wird auch von ihm verwaltet. Ziel ist es, Rasselsteiner, die durch eigene Erkrankungen oder die von Familienmitgliedern finanziell belastet sind, kurzfristig zu unterstützen. Das Geld muss nicht zurückgezahlt werden. Wer zum Beispiel hohe Zuzahlungen zu Medikamenten zu bewältigen hat, kann einen Antrag auf finanzielle Unterstützung stellen, der schnell und unbürokratisch von einem Betriebsratausschuss beantwortet wird.

3. Die Rolle der Führungskräfte

Führungskräfte spielen eine wichtige Schlüsselrolle im betrieblichen Gesundheitsmanagement. Sie schaffen die Voraussetzungen für Gesundheit und Wohlbefinden der Mitarbeiter, weil sie unmittelbaren Einfluss auf die Gestaltung der Arbeitsbedingungen und den Personaleinsatz nehmen. Durch ihr persönliches Führungsverhalten erzeugen oder verhindern sie Motivation und Leistungsbereitschaft und verstärken oder reduzieren psychische Belastungen. Sie wirken direkt auf die Leistungsfähigkeit der Mitarbeiter und damit auch auf das Unternehmensergebnis.

Im Rahmen des Fehlzeitenmanagements bei Rasselstein spielen deshalb die Führungskräfte und ihr Führungsstil eine wichtige Rolle. Die Führungskraft soll „gesundheitsförderlich“ führen. Sie übernimmt die Verantwortung dafür, dass die gesundheitlichen Rahmenbedingungen stimmen. Die persönliche Kommunikation zwischen Vorgesetztem und Mitarbeiter sollte in einer Atmosphäre von Offenheit, konstruktiver Mitwirkung und positiver Auseinandersetzung stattfinden. Dabei liegen mitfühlende Unterstützung für einen erkrankten Mitarbeiter und die Suche nach möglichen betrieblichen Ursachen ebenso in der Verantwortung der Führungskraft wie auch Kritik und offene Worte, sobald der Verdacht vorliegt, dass ein ärztliches Attest missbraucht wird.

Besonders beim Fehlzeitengespräch der ersten Stufe sind Ort, Umfang und Atmosphäre des Gesprächs zwischen direktem Vorgesetzten und Mitarbeiter ausschlaggebend. Es sollte unbedingt ein Gespräch unter vier Augen sein, niemals eines in Anwesenheit von Kollegen. Die Gesprächsatmosphäre ist fürsorglich, nicht kontrollierend. Die Führungskraft erkundigt sich nach dem Wohlbefinden des Mitarbeiters und nach den Problemen, die zur Krankheit beigetragen haben könnten. Er weist den Mitarbeiter auf die individuellen und kollektiven Maßnahmen zur Veränderung der Belastungen hin. Gegebenenfalls werden eine Gesundheitsförderungsmaßnahme oder Eingliederungsmaßnahmen vereinbart.

Damit die Führungskräfte diese Aufgaben wahrnehmen können, werden sie in Seminaren und Workshops qualifiziert. In den Veranstaltungen geht es um die Abgrenzung von Krankheit und Arbeitsunfähigkeit, die Frage nach möglichen Ursachen, zum Beispiel Führungsstil, Überforderung, das Verhalten des Mitarbeiters. Auch Lösungsansätze zur Reduzierung der Fehlzeitenquote werden besprochen. Über 500 betriebliche Vorgesetzte, von Bereichsleitern bis hin zu Schichtkoordinatoren, haben diese Qualifizierungen bis heute durchlaufen.

4. Die Rolle des Betriebsrates

Die Mitwirkung der Betriebsräte bei dem sensiblen Thema Fehlzeitenmanagement wird bei Rasselstein sehr ernst genommen. Der Betriebsrat unterstützt das Fehlzeitenmanagement uneingeschränkt, so dass schon früh eine entsprechende Betriebsvereinbarung geschlossen werden konnte. Er akzeptiert auch das konsequente Vorgehen beim Missbrauch eines ärztlichen Attests. Zusammen mit dem Vorgesetzten und dem Personalservice kümmert sich der Betriebsrat besonders um langzeiterkrankte Kollegen und besucht sie zu Hause. Auch im Rahmen des betrieblichen Eingliederungsmanagements nach § 84 Sozialgesetzbuch sind die Betriebsräte beteiligt.

5. Weiterentwicklung im Rahmen des „gesunderhaltenden Betriebs"

Das bestehende Fehlzeitenmanagement konnte gut in das Projekt „Der gesunderhaltende Betrieb" integriert werden.

5.1 „Daten für Taten"[90]

Durch die systematische Datenerfassung liefert das Fehlzeitenmanagement verlässliche Ausgangsdaten über die Krankenquote in den einzelnen Unternehmensbereichen. Steigende Krankenquoten in einem Team können ein wichtiger Indikator dafür sein, dass Handlungsbedarf für Gesundheitsmaßnahmen besteht. Man muss allerdings betonen, dass die Quote nicht der einzige Indikator dafür sein kann, weil Fehlzeiten in der Regel multikausal begründet sind.

---

[90] Badura (2006).

Beispiel

In Team x, an der Anlage y, war die Fehlzeitenquote von 3,3 auf 3,7 Prozent gestiegen. Gleichzeitig zeigte die Mitarbeiterumfrage, dass die Umgebungsbelastungen gestiegen waren. Auch das soziale Klima hatte sich verschlechtert. Aufgrund dieser zusätzlichen Hinweise wurde deutlich: Es ist sinnvoll, einen Gesundheitszirkel oder ein Gesundheitsaudit einzusetzen, um den Ursachen weiter auf den Grund zu gehen und Maßnahmen einleiten zu können.

5.2 Weitere Systematisierung der Fehlzeitengespräche

Die Fehlzeitengespräche wurden weiter systematisiert. Hierzu wurde ein einheitlicher Gesprächsleitfaden entwickelt und eingesetzt. Künftig werden die direkten Vorgesetzten nicht nur die Rückkehrgespräche führen, sondern auch die Fehlzeitengespräche bei häufigen Krankheiten. Noch stärker als zuvor wird damit das Fehlzeitenmanagement zur Aufgabe der betrieblichen Führungskräfte, die sowohl unmittelbaren Einfluss auf die Gesundheitssituation im Betrieb als auch auf die Motivation und Präsenz nehmen können.

Erfolgsfaktoren

- ✔ Unterstützung der Unternehmensleitung als Voraussetzung

- ✔ Intensive Kommunikation des Themas Fehlzeiten schafft betriebliches Bewusstsein.

- ✔ Eigenverantwortung stärkt Leistungsfähigkeit.

Kapitel 17

Ganzheitliche Lebensberatung

Heinz Leo Becker

1. Einleitung

Wer sich umfassend um die Gesundheit seiner Mitarbeiter/innen kümmern will, der darf auch den privaten Bereich nicht aussparen. Denn private Probleme eines Mitarbeiters können nicht nur eine große Belastung für das Wohlbefinden und die Gesundheit sein, sondern sich auch auf Motivation und Arbeitsleistung auswirken. Hier setzt das Teilprojekt „Ganzheitliche Lebensberatung" bei Rasselstein an.

Ziel des Projektes ist es, die Rasselsteiner Mitarbeiter in allen Lebenslagen zu unterstützen. Dafür werden ihnen Instrumente an die Hand gegeben, damit sie abgesichert und ohne Probleme leben und für die Zukunft genügend Vorsorge betreiben können. Ganzheitliche Unterstützungsangebote, die auch den privaten Bereich einbeziehen, sorgen für die Rund-um-Gesundheit der Beschäftigten. Davon profitiert nicht nur der Einzelne, sondern auch das Unternehmen.

2. Entwicklung des Konzeptes

Die Rasselstein GmbH ist ein verantwortungsvoller Arbeitgeber, der die Fürsorgepflicht für seine Mitarbeiter sehr ernst nimmt. Darüber hinaus hat das Unternehmen die Bedeutung einer mitarbeiterorientierten Unternehmenskultur schon lange erkannt. Mitarbeiter, die sich im Betrieb aufgehoben fühlen, sind zufriedener, arbeiten motivierter und bleiben länger im Unternehmen. Mitarbeiter, die innerlich bereits gekündigt haben, sowie die Fluktuation von qualifizierten Arbeitskräften kosten dagegen viel Geld.

Aus diesem Grund kümmert sich die Rasselstein GmbH schon lange intensiv um ihre Beschäftigten. Mit dem so genannten Härtefonds werden Mitarbeiter, die aufgrund von Krankheit erhebliche finanzielle Aufwendungen haben, schon seit 1997 unterstützt.

Innerhalb des Projektes „Der gesunderhaltende Betrieb" wurden die schon existierenden Angebote um weitere zu einem umfassenden und ganzheitlichen Beratungs- und Unterstützungsangebot ergänzt. Dabei wurden die wichtigsten Handlungsfelder berücksichtigt, auf denen erfahrungsgemäß Probleme entstehen können: Qualifizierung, Finanzen, Familie, Vorsorge und Lebensplanung.

Weitere Kriterien für die Auswahl von Handlungsfeldern waren:

▌ Rasselstein will sich als „attraktiver" Arbeitgeber gegenüber anderen Unternehmen präsentieren.

▌ Rasselstein will Mitarbeiter mit Beratungsangeboten zu Qualifizierungsmaßnahmen motivieren.

■ Rasselstein will Mitarbeitern Angebote aufzeigen, die ihnen eventuell nicht bekannt sind.

■ Rasselstein will seine vorhandenen Kompetenzen Mitarbeitern nicht nur im betrieblichen Alltag zur Verfügung stellen.

3. Handlungsfelder

Die Handlungsfelder sind im Überblick:

Qualifizierung

■ Beratung von Mitarbeitern in Weiterbildungsfragen
■ Erweiterte Bildungsfreistellung

Finanzen

■ Belegschaftsaktien
■ Schuldnerberatung
■ Lohnsteuerberatungstag
■ Härtefonds
■ Kostenlose Unfallversicherung
■ Information über Zuzahlungsregelungen

Gesundheit

■ Suchtberatung
■ Hilfe bei psychischen Problemen
■ Betreuung von Langzeitkranken
■ Ersatzarbeitsplätze bei gesundheitlichen Problemen
■ Betreuung durch den Betriebsärztlichen Dienst

Vorsorge

■ Rentenauskunft
■ Rentenberatung
■ Sterbekasse/Versicherungsverein
■ Altersvorsorge, Kombi-Pakt, Deferred Compensation
■ Schwerbehinderten-Integrationsprogramm

Familie

■ Haushaltshilfe für erkrankte Ehepartner
■ Unbezahlte Freistellung bei Erkrankung eines Kindes
■ Beratung für Kinder in Ausbildungsfragen
■ Eheberatung
■ Erziehungsberatung
■ Zuschuss zu Betreuungskosten KiTa
■ Stipendien und Ferienbeschäftigungen für Mitarbeiterkinder
■ Beratung in Pflegeangelegenheiten

- Seminare für Familienangehörige
- Hilfe für Hinterbliebene

Lebensplanung

- Baudarlehen
- Versicherungsverein
- Altersteilzeit

Im Einzelnen stellen sich die Handlungsfelder wie folgt dar:

3.1 Qualifizierung

Als zukunftsorientiertes Unternehmen legt die Rasselstein GmbH viel Wert auf Personalentwicklung und Weiterbildung. Die Beschäftigten sollen die wechselnden und wachsenden Anforderungen des Arbeitsumfeldes bewältigen können – das ist ohne einen kontinuierlichen Wissenszuwachs heute nicht mehr möglich.

Wer sich heute allerdings für eine Weiterbildung interessiert, steht vor einer Flut von Angeboten. Allein das interne Weiterbildungsprogramm Rasselsteins umfasst 93 verschiedene Seminarthemen. Und auf dem öffentlichen Weiterbildungsmarkt findet sich ein unübersichtlicher „Dschungel" an Angeboten. Orientierung und Hilfe bei der individuellen Planung bietet deshalb die Weiterbildungsberatung des Personalservice und der Personalentwicklung bei Rasselstein. Sie verhilft den Beschäftigten zu einer Qualifizierung, die einerseits den Anforderungen des Arbeitsplatzes gerecht wird und andererseits Lust am Lernen und Weiterkommen vermittelt.

Für dieses „lebenslange Lernen" werden die Mitarbeiter in bestimmten Fällen auch über das Bildungsfreistellungsgesetz hinaus (das fünf Tage pro Jahr Bildungsurlaub gewährt) frei gestellt, etwa wenn sie eine Technikerausbildung machen oder Sprachkurse besuchen. Auch während der Elternzeit besteht die Möglichkeit, an den Rasselsteiner Weiterbildungsangeboten teilzunehmen. Darüber hinaus können freie Seminarplätze von Familienangehörigen genutzt werden.

3.2 Finanzen

„Ohne Moos nix los": Auch finanzielle Sorgen können sich negativ auf Gesundheit und Wohlbefinden auswirken. Das Beratungs- und Unterstützungsangebot im Bereich des Handlungsfeldes „Finanzen" ist deshalb vielfältig:

- Im Bereich der Vorsorge etwa wird allen Neu-Rasselsteinern bei Firmeneintritt eine kostenlose Unfallversicherung angeboten. Eine gute Möglichkeit, das Gehalt aufzustocken und sich direkt am Unternehmenserfolg zu beteiligen, sind die Belegschaftsaktien, die regelmäßig an die Mitarbeiter ausgegeben werden. 74,1 Prozent der Andernacher Mitarbeiter nutzten 2008 die Gelegenheit, Anteilseigner des Thyssen-Krupp Konzerns zu werden.

▌ Auch in Notsituationen hilft das Unternehmen weiter. Für Mitarbeiter in speziellen Belastungssituationen, wenn zum Beispiel ein Angehöriger schwer erkrankt ist, gewährt der Härtefonds unbürokratisch finanzielle Hilfe. Wer generell in finanzielle Not geraten ist und unter einem Schuldenberg versinkt, dem hilft die Vermittlung an eine Schuldnerberatungsstelle weiter.

▌ Zusätzlich bietet das Unternehmen Informationen zu wichtigen Finanzthemen. Um Licht in das Dunkel der komplizierten gesetzlichen Lohnsteuerregelungen zu bringen, veranstaltet Rasselstein beispielsweise in Zusammenarbeit mit einem Steuerberater von Zeit zu Zeit Lohnsteuer-Beratungstage.

▌ Informationen über Zuzahlungsregelungen für chronisch Kranke finden sich im unternehmensinternen Intranet.

▌ Darüber hinaus hat der Betriebsrat über das Intranet eine elektronische Mitfahrzentrale organisiert. Hier können Plätze angeboten oder gesucht und Fahrtkosten gesenkt werden.

3.3 Gesundheit

Die Angebote in dem Handlungsfeld Gesundheit umfassen die psychische Gesundheit, die Integration von Langzeiterkrankten nach § 84, SGB sowie Ersatzarbeitsplätze bei gesundheitlichen Problemen.

Obwohl psychische Erkrankungen in der Krankheitsursachenstatistik des BKK-Bundesverbands inzwischen den vierten Platz einnehmen und in der Regel lange Ausfallzeiten mit sich bringen, werden sie noch immer häufig als Tabuthema behandelt. Ein ganzheitlicher Ansatz von Gesundheitsförderung schließt diesen wichtigen Bereich selbstverständlich mit ein. Schließlich entstehen Gesundheit und Wohlbefinden durch das Zusammenspiel von psychischen, sozialen und biologischen Faktoren, die deshalb nicht vernachlässigt werden dürfen. Der Rasselsteiner Medizinische Dienst (BMD), der Personalservice und die Führungskräfte im Betrieb arbeiten dabei Hand in Hand (siehe Kapitel 14). Die Führungskräfte werden systematisch geschult, um Auffälligkeiten erkennen und sensibel damit umgehen zu können. BMD, Personalservice und Führungskräfte machen Gesprächsangebote. Ein Psychotherapeut steht als kurzfristiger oder kontinuierlicher Ansprechpartner zur Verfügung. Gemeinsam wurde die Kampagne „Erste Hilfe für die Seele" entwickelt. Großformatige Plakate und Intranettexte weisen auf die Möglichkeit hin, bei akuten Problemen anonym psychologische Beratung einholen zu können.

Zum Bereich der psychischen Erkrankungen zählen auch Suchterkrankungen. Bei Rasselstein gibt es die Unternehmensregel „Null Promille", die nicht nur Alkohol, sondern auch andere Drogen umfasst und schon lange in einer entsprechenden Betriebsvereinbarung nieder gelegt ist. Zwar sind die Fallzahlen der Suchtkranken bei Rasselstein gering – Hilfe im Notfall, eine entsprechende Früherkennung und Prävention werden jedoch vom Betriebsrat und den Personalverantwortlichen für sehr wichtig gehalten. Ziel ist, dem gefährdeten Mitarbeiter zu helfen und gleichzeitig Gefahren für den Betrieb abzuwenden. Wer einmal in einer Rasselsteiner Produktionshalle gewesen ist, wird sofort verstehen, dass in einem Arbeitsumfeld, in dem tonnenschwere Lasten bewegt werden, kein Rauschzustand erlaubt werden kann.

Die Eingliederung von Mitarbeitern, die länger als sechs Wochen krank sind, ist nach § 84, SGB vorgeschrieben (siehe Kapitel 16). Ziel ist es, dem Mitarbeiter Hilfen zu geben, die Arbeitsunfähigkeit zu überwinden, einer erneuten Arbeitsunfähigkeit vorzubeugen und den Einsatz am alten Arbeitsplatz weiter zu gewährleisten. Rasselstein betreibt ein aktives Eingliederungsmanagement, in das Betriebsrat, Betriebsarzt, Personalservice und gegebenenfalls Arbeitssicherheit sowie Schwerbehindertenvertretung einbezogen sind. Darüber hinaus fühlen sich die Rasselsteiner Führungskräfte und Betriebsräte auch verantwortlich für das Wohlergehen der Mitarbeiter und halten den Kontakt während der Erkrankung. Sie machen Hausbesuche und erkundigen sich, ob und wie das Unternehmen helfen kann. Das hat auch den Vorteil, dass der erkrankte Mitarbeiter nach der Genesung müheloser einsteigen kann, als wenn er über lange Zeit nichts aus der Firma gehört hat. Für Mitarbeiter, die langfristig gesundheitliche Probleme haben, wird ein Ersatzarbeitsplatz gesucht. Diese Mitarbeiter werden auch durch den Betriebsmedizinischen Dienst betreut.

3.4 Vorsorge

In Zeiten des demografischen Wandels und einer möglicherweise niedrigen gesetzlichen Rente, wird die Altersvorsorge für den Einzelnen immer wichtiger. Aufklärung und Information stehen im Zentrum der Rentenberatung und -auskunft. Der Konzern ThyssenKrupp bietet den Rasselsteiner Mitarbeitern zusätzliche betriebliche Altersversorgung, zum Beispiel den „Kombi-Pakt" für tarifliche Mitarbeiter. Der Kombi-Pakt ist ein modernes System der Altersversorgung. Anders als herkömmliche Altersversorgungssysteme ist hier keine monatliche Rente, sondern eine einmalige Kapitalzahlung im Alter oder bei Invalidität bzw. Tod vorgesehen.

„Deferred Compensation" ist die betriebliche Alterversorgung für außertarifliche Mitarbeiter mit Einkommen oberhalb der Beitragsbemessungsgrenze der Rentenversicherung. Hierbei handelt es sich um eine mitarbeiterfinanzierte Form der betrieblichen Alters- und Risikoversorgung. Dabei verzichtet der Mitarbeiter auf Teile seines Bruttoentgelts (Versorgungsbeiträge) und erhält vom Unternehmen dafür eine Zusage auf Alters-, Invaliditäts- und Todesfallleistung.

Zu einer umfassenden Vorsorge gehört auch eine Sterbegeldversicherung, die der Rasselsteiner Versicherungsverein anbietet.

Um schwerbehinderte Mitarbeiter weiter im Berufsleben halten zu können, arbeitet die Rasselstein GmbH mit dem Integrationsamt zusammen. Dieses gewährt finanzielle Unterstützung, wenn der Arbeitsplatz angepasst wird oder die gesundheitliche Situation des Mitarbeiters eine Reduzierung der Arbeitszeit notwendig macht.

3.5 Familie

Als familienfreundliches Unternehmen möchte die Rasselstein GmbH dazu beitragen, dass es für Rasselsteiner Eltern leichter wird, Familie und Beruf zu vereinbaren. Die gut ausgebildeten Beschäftigten sollen ohne Probleme im Unternehmen bleiben können, wenn sie eine Familie gründen. Dazu gehört ein reibungsloser Widereinstieg nach der Elternzeit ebenso wie Angebote, die die Doppelbelastung von Erwerbstätigkeit und Kinderbetreuung in Grenzen halten. Nur wem die viel gepriesene „Work-Life-Balance" auch in dieser Hinsicht gelingt, der bleibt auf Dauer gesund und leistungsfähig.

Neben flexiblen Arbeitszeitregelungen, Heimarbeit und finanziellem Zuschuss zur Kinderbetreuung bietet das Unternehmen deshalb viele weitere Unterstützungsangebote. Dazu zählt zum Beispiel der „Familienservice", der von der Beratung von Kindern in Ausbildungsfragen, bis hin zur vergünstigten Reinigung von Kleidung reicht. Für Mitarbeiterkinder stehen Ferienbeschäftigungen zur Verfügung. Studierende Mitarbeiterkinder werden mit Stipendien unterstützt und erhalten die Möglichkeit, in den Semesterferien Praxiserfahrung zu sammeln. Auch das Erstellen einer praxisbezogenen Diplomarbeit im Betrieb ist möglich.

Auch bei Problemen werden die Rasselsteiner nicht allein gelassen: Wenn Oma und Opa mal nicht können, hilft die Notfallkinderbetreuung eines kooperierenden Kinderhorts weiter. Wird ein Kind oder auch ein Familienangehöriger krank und ist pflegebedürftig, kann eine Freistellung mit dem Personalservice vereinbart werden. Für Fragen bezüglich der Pflege von Angehörigen stehen darüber hinaus Informationen im Intranet bereit. Und wenn der Haussegen schief hängt oder pubertierende Kinder Sorgen bereiten, wird die Hilfe von Ehe- und Erziehungsberatungsstellen vermittelt, z. B. der Caritas oder von Pro Familia.

Um einen qualifizierten Standard zu gewährleisten, hat sich das Unternehmen zertifizieren lassen und am Audit „Familie und Beruf" erfolgreich teilgenommen. Das Zertifikat wurde im Juni 2007 durch die Familienministerin Ursula von der Leyen überreicht.

Besonders in tragischen Lebenssituationen ist Hilfe wichtig. Daher bietet das Unternehmen Hilfe im Todesfall an. So werden die Bezüge noch bis zu drei Monate weiter bezahlt und der Personalservice sucht die Hinterbliebenen auf, um Hilfestellung beim Rentenantrag oder bei der Unfall- und Lebensversicherung zu leisten.

3.6 Lebensplanung

Über den Bau- und Versicherungsverein können Darlehen zum Hausbau beantragt werden. Neuerdings bietet der Bauverein auch Darlehen für Modernisierungs- oder Renovierungsmaßnahmen an. Durch die verschiedenen Darlehen erhalten Mitarbeiter die Möglichkeit zu günstigen Konditionen Wohneigentum zu erwerben oder zu erhalten. Auch dies stellt einen wichtigen Baustein bei der Altersvorsorge dar.

Mit dem Instrument der Altersteilzeit ermöglicht Rasselstein Mitarbeitern den vorzeitigen Ausstieg aus dem Berufsleben. Beginn und Ende können individuell innerhalb bestimmter Rahmenbedingungen ausgewählt werden. Dadurch können die jeweilige familiäre Situation und die individuellen finanziellen Möglichkeiten berücksichtigt werden.

Erfolgsfaktoren

✔ Ganzheitlicher Ansatz von Gesundheit

✔ Gesundheitsförderung hört nicht am Firmentor auf

✔ Kooperation mit erfahrenen Beratungsstellen

✔ Fürsorge des Arbeitgebers wird ausgeweitet

✔ Mitarbeiter identifizieren sich stärker mit dem Unternehmen

Kapitel 18

Alternde Belegschaften

Klaus Höfer, Frank Berssem

1. Einleitung

Sinkende Geburtenzahlen bei gleichzeitig steigender Lebenserwartung sind die Ursache für den demografischen Wandel der Gesellschaft. Während das Durchschnittsalter steigt, rücken gleichzeitig immer weniger junge Leute nach.

Dieser Altersstrukturwandel hat weit reichende Folgen für die Arbeitswelt. Alle langfristigen Prognosen gehen davon aus, dass die Gesamtzahl der deutschen Erwerbstätigen kontinuierlich sinken wird. Insbesondere bei höher qualifizierten Tätigkeiten, zum Beispiel bei Facharbeitern, Ingenieuren oder Informatikern, wird aller Voraussicht nach ein Mangel an Arbeitskräften eintreten. Sehr viel weniger jüngere, dafür umso mehr ältere Beschäftigte über 50 Jahren werden dem Arbeitsmarkt zur Verfügung stehen. Die Beschäftigten müssen in Zukunft immer länger arbeiten – und deshalb auch länger fit und leistungsfähig bleiben.

Wie alle Unternehmen steht auch die Rasselstein GmbH vor der Herausforderung, mit einer immer älter werdenden Belegschaft im Wettbewerb bestehen zu müssen. Zwar entspricht das Durchschnittsalter der Belegschaft mit 40 Jahren heute dem bundesdeutschen Durchschnitt. Doch im Jahre 2018 werden die Rasselsteiner Mitarbeiter durchschnittlich schon 46,5 Jahre alt sein, so hat das Unternehmen mithilfe einer Altersstrukturanalyse errechnet. Auch die Prognose der im Branchenvergleich sehr niedrigen Fehlzeitenquote (3,0 Prozent im Geschäftsjahr 2005/2006) zeigt, das der Krankenstand mit zunehmendem Durchschnittsalter steigen wird. Ältere Mitarbeiter sind zwar nicht häufiger krank als die jungen, dafür aber länger. Das bestätigen auch bundesweite Studien zu den Fehlzeiten älterer Arbeitnehmer.[91]

Um den demografischen Wandel erfolgreich bewältigen zu können, hat sich die Rasselstein GmbH deshalb als zentrales Ziel gesetzt, die Arbeitsfähigkeit der Mitarbeiter langfristig zu erhalten.

2. Das Modell der Arbeitsbewältigungsfähigkeit

Auf die „Arbeitsbewältigungsfähigkeit"[92] eines Menschen nehmen viele Faktoren Einfluss. Das zeigt auch eine elf Jahre lang dauernde Längsschnittuntersuchung in Finnland, bei der mehr als 6.000 Personen im Laufe ihres Arbeitslebens befragt wurden. Die Erkenntnisse hinsichtlich der Faktoren, die die Arbeitsfähigkeit eines Menschen bestimmen, fasst der finnische Arbeitswissenschaftler Juhani Ilmarinen in seinem „Haus der Arbeitsfähigkeit" zusammen (siehe Abbildung 10).

---

[91] Morschhäuser (2002).

[92] Nach Ilmarinen/Tempel (2003).

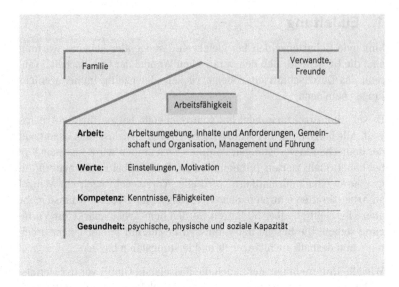

Abbildung 10:
Das „Haus der
Arbeitsfähigkeit" (nach
Prof. Juhani Ilmarinen)

Entscheidend ist, dass die vier „Stockwerke" des Hauses in einem ausgewogenen Verhältnis zueinander stehen. Diese Sichtweise der Arbeitsfähigkeit eröffnet dem Unternehmen die Möglichkeit, frühzeitig ausgewogene Maßnahmen zur Vermeidung von Erwerbsfähigkeit und zum Erhalt der Arbeits- und Beschäftigungsfähigkeit zu entwickeln. Bei der Rasselstein GmbH sind das neben der Gesundheitsförderung die Handlungsfelder Arbeitszeit, Arbeitsorganisation sowie Führung und Qualifizierung.

3. Handlungsfeld Arbeitszeit

3.1 Schichtsystem

Rund zwei Drittel der Rasselsteiner Belegschaft arbeitet in der Produktion, 70 Prozent davon im Schichtsystem, denn die Anlagen laufen rund um die Uhr. Je nach Funktion und Einsatzbereich arbeiten die Mitarbeiter in einer Fünf- oder Sechstage-Woche oder in kontinuierlicher Arbeitsweise, das heißt an sieben Wochentagen und an Feiertagen.

Um die Belastung der Beschäftigten im Schichtdienst so gering wie möglich zu halten, werden folgende Grundsätze bei der Schichtplangestaltung berücksichtigt:

▌ Ein rotierendes Schichtsystem mit nur wenigen Tagen in der gleichen Schicht ist besser zu bewältigen als ein Schichtwechsel im Wochenrhythmus. Deshalb erfolgt der Wechsel wenn möglich „vorwärts" im Sinne der Uhr, zum Beispiel in der Reihenfolge zwei Frühschichten, zwei Spätschichten, zwei Nachtschichten.

- Nach den zwei bzw. maximal drei Nachtschichten folgen mindestens zwei freie Tage.

Die Arbeitszeiten während der Schichten sehen so aus:

- Frühschicht von 6.00 Uhr bis 14.00 Uhr mit 30 Minuten Pause
- Spätschicht von 14.00 Uhr bis 22.00 Uhr mit 30 Minuten Pause
- Nachtschicht von 22.00 Uhr bis 6.00 Uhr mit 30 Minuten Pause.

In Zusammenarbeit mit der Universität Karlsruhe wurde das Projekt „Kronos" durchgeführt. Im Rahmen dieses Projekts wurden die Schichtwechselzeiten in einigen Pilotbereichen in der Produktion umgestellt. Arbeitswissenschaftliche Untersuchungen hatten ergeben, dass die höchste Ermüdung vor der Frühschicht und nicht, wie man vielleicht vermuten würde, nach der Nachtschicht eintritt. Weil der optimale Einschlafpunkt der meisten Menschen bei 23.00 Uhr liegt, verringert sich die Schlafzeit, je früher die Frühschicht beginnt. Deshalb liegt der beste Zeitpunkt für den Schichtwechsel später als 6.00 Uhr. Außerdem wurde festgestellt, dass sich das Verkehrsunfallrisiko erhöht, je früher die Frühschicht beginnt, weil viele Mitarbeiter wegen der weiten Anreise noch weniger Schlaf bekommen.

Neben den Schichtwechselzeiten wurden auch die Pausenzeiten verändert: Statt der 30-minütigen Pause gab es versuchsweise zwei 15-minütige Pausenzeiten. Kurze Pausen führen zu einer besseren Erholung und zu einer geringeren Ermüdung über die gesamte Arbeitszeit hinweg. Um zu verhindern, dass die Maschinen während der Pausenzeiten stillstehen, werden Mitarbeiter als Pausenspringer eingesetzt.

Zusammenfassend lässt sich sagen, dass der veränderte Schichtwechsel nachweislich den Schlaf verbessert. Trotzdem findet er bei den Beschäftigten wenig Akzeptanz: Sie bevorzugen einen frühen Schichtbeginn und ein frühes Schichtende, um so möglichst viel Freizeit zu haben. Hier ist noch viel Aufklärungsarbeit notwendig.

Die veränderten Pausenzeiten haben keine nachweisbaren Effekte. Eine mögliche Erklärung: Während Fließbandarbeiter zum Beispiel in der Automobilindustrie kontinuierlich durcharbeiten müssen, entstehen für die Rasselsteiner Anlagenmitarbeiter ablaufbedingt Wartezeiten. Die Belastung wird unterbrochen, die Beanspruchungsfolgen sind geringer, weil kurze Erholungspausen entstehen. Die detaillierten Ergebnisse des Projekts „Kronos" werden von der Universität Karlsruhe veröffentlicht.

3.2 Flexible Arbeitszeiten

Flexible Arbeitszeiten kommen den individuellen Bedürfnissen der Beschäftigten im Sinne einer ausgeglichenen „Work-Life-Balance" entgegen. Nicht alle Fehlzeiten entstehen durch Krankheit, wie die amerikanische

Studie „Unscheduled Absence Survey" aus dem Jahre 2004[93] feststellt: 24 Prozent der ungeplanten Fehltage sind durch familiäre Angelegenheiten und 21 Prozent durch persönliche Bedürfnisse bedingt. Wer seine Arbeitszeit jedoch selbstständig und flexibel planen kann, wird sich nur krank melden, wenn er wirklich krank ist.

Gestaltungsmöglichkeiten wirken bei der Arbeitszeit als gesundheitliche Ressource: Wer über seine Arbeitszeit mitbestimmen kann, bleibt gesünder. Die Rasselstein GmbH hat deshalb verschiedene Arbeitszeitmodelle für eine größtmögliche Flexibilität entwickelt.

Standardarbeitszeit

Die Standardarbeitszeit entspricht bei Tarifmitarbeitern 35 Stunden in Vollzeit, bei außertariflichen Mitarbeitern – meist Führungskräften oder hoch qualifizierten Fachkräften – 39 Stunden. Entsprechend dem persönlichen oder betrieblichen Bedarf kann die Arbeitszeit erweitert oder reduziert werden. Hier hat der Betriebsrat ein Mitbestimmungsrecht. Für Beschäftigte im Schichtdienst ist die tägliche Standardarbeitszeit durch den jeweiligen Schichtplan vorgegeben.

Mitarbeiter im Tagdienst können die tägliche Arbeitszeit innerhalb ihres Teams individuell absprechen. Es muss nur gewährleistet sein, dass das Team generell erreichbar ist. Ganz nach dem persönlichen Biorhythmus kann so den Wünschen und Eigenheiten der einzelnen Mitarbeiter entsprochen werden.

Bei Mitarbeitern im Schichtdienst können Schichten an- oder abgehängt werden, wenn gewährleistet ist, dass zwei freie Tage innerhalb von zwei Wochen erhalten bleiben. Bei Mitarbeitern im Tagdienst darf die gesetzlich vorgeschriebene Höchstarbeitszeit von zehn Stunden am Tag nicht überschritten werden.

Vertrauensgleitzeit

Bei der Rasselstein GmbH gibt es keine Kernarbeitszeit. Sofern der Arbeitsablauf nicht beeinträchtigt wird, sind zum Beispiel private Erledigungen jederzeit möglich. Abweichungen von der Standardarbeitszeit im Rahmen von plus/minus 30 Minuten werden nicht erfasst. Das Unternehmen vertraut darauf, dass die Mitarbeiter eigenverantwortlich handeln.

Im Schichtdienst muss die Schichtübergabe gewährleistet sein. Der Mitarbeiter kann aber zum Beispiel den Arbeitsplatz 20 Minuten eher verlassen, wenn er die Übergabe mit dem nachfolgenden Kollegen vereinbart hat.

---

[93] Unscheduled Absence Survey (2004).

Persönliche Zeitkonten

Alle Abweichungen von der Standardarbeitszeit werden in einem Zeitkonto mit Ampelfunktion erfasst. Innerhalb von zwölf Monaten erfolgt der Zeitausgleich.

Mitarbeiter im Tagdienst führen einen monatlichen persönlichen Zeitbericht. Abgerechnet werden Zeiten, die mehr als 30 Minuten von der täglichen Standardarbeitszeit abweichen. Ein Zeitguthaben kann in Absprache mit dem Vorgesetzten stunden- oder tageweise ausgeglichen werden.

Für Mitarbeiter im Schichtdienst führt ein so genannter „Zeitbeauftragter" den Zeitbericht elektronisch, damit die Schichtzuschläge korrekt ermittelt werden können.

Bezahlte Mehrarbeit

Ständige Mehrarbeit kann für die Beschäftigten zur gesundheitlichen Belastung werden. In bestimmten Fällen sind Überstunden zwar manchmal nicht zu vermeiden, Ziel ist jedoch, bezahlte Mehrarbeit zu vermeiden. Wird doch mehr gearbeitet, erfolgt dies grundsätzlich über das Zeitkonto. Ziel ist ein zeitnaher Freizeitausgleich, der für Entlastung sorgt.

4. Handlungsfeld Arbeitsorganisation

In den 90er Jahren wurde bei der Rasselstein GmbH die Teamorganisation eingeführt. Die Produktionsteams sind entlang der Wertschöpfungskette organisiert und entsprechen den Fertigungsstufen, die mit der Beize beginnen und mit dem Fertiglager enden. Jährlich werden Qualitäts-, Kosten- und Mitarbeiterziele vereinbart, so dass auch auf Teamebene „Unternehmen im Unternehmen" entstanden sind. Innerhalb der flachen Hierarchien sind die Mitarbeiter selbst für die Produktionseinrichtungen, die Produktqualität, Termine, Personaleinsatz und Instandhaltung verantwortlich.

Als konsequente Weiterentwicklung der Teamorganisation wurde Ende der 90er Jahre die Gruppenarbeit eingeführt. Die Gruppen arbeiten selbstständig und kümmern sich gemeinsam um Themen wie Qualität, Ordnung und Sauberkeit, Einarbeitung neuer Mitarbeiter, Informationsaustausch und zwischenmenschliche Probleme. Neben operativen Aufgaben übernimmt die Gruppe vorbereitende, planerische Aufgaben und verwaltende Tätigkeiten. Durch die Mischung von Jüngeren und Älteren können Belastungen einzelner Mitarbeiter abgebaut und individuelle Leistungsfähigkeiten berücksichtigt werden. So verbleiben zum Beispiel auch leistungsgeminderte Mitarbeiter im Team. Die soziale Unterstützung für ernsthaft kranke Kollegen ist in den Teams sehr groß.

Auch wenn die Einführung der Gruppenarbeit von den Mitarbeitern anfangs manchmal mit Skepsis begleitet wurde, so lässt sich doch feststellen, dass sich im Laufe der Zeit die Arbeitszufriedenheit erhöht hat. Der Handlungs- und Entscheidungsspielraum des Einzelnen wird größer – eine wichtige Ressource für die Gesundheit. „Job-Enlargement"[94] und Job-Enrichment"[95] als wichtige Voraussetzungen für altersgerechtes Arbeiten ergeben sich aus der Gruppenarbeit, weil die Beschäftigten sich mit neuen, zusätzlichen Arbeitsinhalte auseinandersetzen müssen, die ihr Aufgabenspektrum erweitern.

5. Handlungsfeld Führung

Den größten Einfluss auf den Erhalt der Arbeitsfähigkeit hat laut Prof. Juhani Ilmarinen das Verhalten der Führungskräfte. Sie haben unmittelbar Einfluss auf die gesundheitsförderliche Gestaltung der Arbeitsbedingungen, wirken als Vorbild und sind wichtige Multiplikatoren für die Präventionsmaßnahmen.

Diese Erkenntnis versucht man bei der Rasselstein GmbH im Bereich der Führungskräfteentwicklung praktisch umzusetzen. Damit Führungskräfte wissen, wie die vielfältigen Kompetenzen und das Know-how Älterer erhalten und eingesetzt werden können, werden untere anderem Seminare zum Thema „Gesundheitsorientiert führen" (vergleiche Kapitel 13) angeboten.

Hier wird vermittelt, dass die weit verbreiteten Vorurteile gegenüber einer verminderten Leistungsfähigkeit und Leistungsbereitschaft älterer Arbeitnehmer haltlos sind. Im statistischen Mittel ist zwar ein Leistungsabfall zu beobachten, die interindividuellen Unterschiede sind jedoch erheblich. Ein wirklicher Leistungsabfall kann nur dort festgestellt werden, wo nicht präventiv auf Training und Ausgleich von Arbeitsbelastungen gesetzt wird.[96] Körperliche Kraft und Schnelligkeit und die Geschwindigkeit der Informationsaufnahme und - verarbeitung[97] lassen zwar teilweise nach. Demgegenüber bringen die Älteren jedoch ihr Erfahrungswissen ein, das gerade in sich schnell und ständig wandelnden technologischen und organisatorischen Arbeitsabläufen von Vorteil ist.

Dieser stetig voranschreitende technologische Wandel erfordert allerdings ein ständiges Dazulernen, auch noch in späteren Jahren. Das ist längst nicht allen Beschäftigten bewusst. Vielfach nimmt die Qualifizierungsbereitschaft mit steigendem Alter ab. Viele Arbeitnehmer über 50

---

[94] Erweiterung mit Tätigkeiten auf höherem Anforderungsniveau.

[95] Verschiedene Tätigkeiten auf demselben Anforderungsniveau.

[96] Wachtler/Franzke/Balcke (2000).

[97] Ebenda.

Jahren glauben immer noch, mit Abschluss der ersten Ausbildung ausgelernt zu haben. Aufgabe der Führungskräfte ist es, auf die Notwendigkeit von Weiterbildung hinzuweisen und zum Beispiel in den Zielvereinbarungsgesprächen mit den älteren Mitarbeitern konkrete Verabredungen zu Weiterbildungsmaßnahmen zu treffen (siehe Handlungsfeld Qualifizierung).

5.1 Vitalitätsmessplatz

Darüber hinaus setzt gesundheitsförderliches Führungsverhalten eine aufgeschlossene Einstellung dem eigenen Alter gegenüber voraus.

Zwei einfache Instrumente eignen sich, um Führungskräfte sowohl für ihr eigenes Alter als auch für eine gesundheits- und altersgerechte Führung zu sensibilisieren: Das erste Instrument ist der „Arbeitsbewältigungsindex", auch ABI genannt, ein Fragebogen zur Vorhersage der zukünftigen Arbeitsfähigkeit. Im Rahmen der Verlaufsstudie konnte Ilmarinen[98] für dieses Präventionsinstrument eine hohe Vorhersagekraft für eine mögliche Erwerbsunfähigkeit in späteren Jahren nachweisen. Zeigen die Ergebnisse Defizite, kann mit präventiven Maßnahmen frühzeitig gegengesteuert werden.

Das andere Instrument, der so genannte „Vitalitätsmessplatz", wurde im Sommer 2005 im Rahmen des „gesunderhaltenden Betriebs" bei der Rasselstein GmbH eingesetzt. Die Aktion vermittelte Führungskräften und Betriebsräten ein Bewusstsein sowohl für Risikofaktoren als auch für gesundheitsförderliche Einflüsse. Mit geeigneten Maßnahmen konnte auf altersabhängige Entwicklungen von Vitalität und Gesundheit Einfluss genommen werden.

Unter Vitalität wird dabei weitaus mehr verstanden als die physische Gesundheit. Vitalität umfasst auch den mentalen Funktionszustand, die emotionale Befindlichkeit und die soziale Kompetenz. Die Untersuchungen beinhalten deshalb verschiedene Checkup-Untersuchungen des Herz-Kreislauf-Systems, des Bewegungssystems, der Sinnesorgane, aber auch psychische und soziale Dimensionen. Im Rahmen einer Testbatterie von insgesamt 56 Parametern werden die individuelle Vitalität der Führungskraft und alterstypische Veränderungen abgebildet. Von einem interdisziplinären Team aus Medizinern, Psychologen und Statistikern unter Leitung von Dr. Dagmar Meißner-Pöthig[99] wurde schon 1984 die Validität des dem Vitalitätsmessplatz zugrunde liegenden Verfahrens nachgewiesen.

Alles in allem wird mithilfe der Untersuchungen das aktuelle biologische Alter eines Menschen abgebildet. Heute weiß man, dass es viel mehr

---

[98] Ilmarinen/Tempel (2002).

[99] Meißner-Pöthig/Michalak (1997).

über die Vitalität und die Arbeits- und Leistungsfähigkeit eines Menschen aussagt als das kalendarische Alter. Das biologische Alter kann bei Personen gleichen kalendarischen Alters erheblich variieren. Bei ungesunder Lebensweise und belastenden Arbeitsbedingungen kann eine so genannte „Voralterung" stattfinden. Umgekehrt können gesundheitsförderliche Lebens- und Arbeitsbedingungen auch „verjüngen."

Neben den Checkup-Untersuchungen nehmen die Teilnehmer Selbsteinschätzungen vor, wie zum Beispiel „Wie gut kann ich von der Arbeit abschalten, wenn ich zu Hause bin?", um die Stressanfälligkeit einschätzen zu können. Die Daten werden erfasst und statistisch ausgewertet. Alle Einzelindikatoren werden in Form eines „Vitalitätsprotokolls" dargestellt. Die Messwerte werden mit einer Referenzpopulation verglichen und altersspezifisch ausgewertet. Auf diese Weise werden altersspezifische Beeinträchtigungen erkennbar. Die Ergebnisse erlauben eine Aussage über das biologische Alter, über persönliche Ressourcen wie über gesundheitliche und berufliche Risiken und Fehlbelastungen. Das Protokoll dient gleichzeitig als Gesprächsleitfaden zur vertraulichen Besprechung der Ergebnisse. Wo liegen Potenziale für den Erhalt und die Förderung der persönlichen Arbeitsfähigkeit? Sind spezielle Risikobereiche erkennbar? Wie steht es um die Einstellung hinsichtlich der Leistungsfähigkeit älterer Arbeitnehmer? Individuell erhalten die Teilnehmer Empfehlungen für gesundheitliche Maßnahmen wie etwa Entspannungstechniken zum Umgang mit Stress, Ernährungsberatung, Fitnesskurse und andere Angebote, die innerhalb des Gesundheitsmanagements auch unmittelbar im Unternehmen stattfinden und so leicht für jeden zugänglich sind. Die Vitalitätsdiagnostik dient somit als Ausgangspunkt für den zielgerichteten Einsatz von weiteren präventiven Maßnahmen.

Wie vital sind nun die Führungskräfte von Rasselstein? Erstmals im Sommer 2005 wurden ihnen und den Betriebsräten in Kooperation mit der Bundesanstalt für Arbeitsschutz und Arbeitsmedizin in Berlin unter Leitung von Dr. Gabriele Freude die freiwilligen Vitalitätsuntersuchungen angeboten. Nach anfänglicher Skepsis war die Resonanz überaus positiv und alle Termine waren schnell ausgebucht. Zum positiven Meinungswandel trug die umfassende und systematische Kommunikation im Vorfeld bei, die Unsicherheiten und Vorbehalte abbaute. Auch der frühe Einbezug der Arbeitnehmervertreter erwies sich als vorteilhaft.

Insgesamt 57 Teilnehmer durchliefen die Stationen, das sind über 70 Prozent aller Rasselsteiner Führungskräfte. Bei der abschließenden Evaluation bewerteten über 95 Prozent der Teilnehmer die Aktion als „sehr gut".

Im Hinblick auf das biologische Alter der Rasselsteiner Führungskräfte bestätigt die Untersuchungsleiterin Gabriele Freude von der Bundesanstalt ein erstaunliches Ergebnis: „Lag das Durchschnittsalter der an den Untersuchungen teilnehmenden Führungskräften bei 49,3 Jahren, so ergab die Vitalitätsdiagnostik ein durchschnittliches biologisches Alter von 39,9 Jahren." Die Rasselsteiner Führungskräfte sind im Durchschnitt also um 9,5 Jahre jünger als ihr Geburtsdatum anzeigt. Das Ergebnis lässt sich nicht nur auf eine gute körperliche Leistungsfähigkeit, sondern auch auf überdurchschnittlich gute kognitive Fähigkeiten und soziale Kontakte zurückführen. Auch die Vitalitätsindikatoren zeigten günstigere Werte als bei der Vergleichspopulation. Gründe für dieses positive Ergebnis könnten im positiven Sozialklima, der Unterstützung durch die Vorgesetzten und die Mitarbeiter und einem „salutogen" großen persönlichen Handlung- und Gestaltungsspielraum liegen.

Allerdings wurden auch Risikofaktoren erkennbar. Immerhin gaben 73,7 Prozent der Teilnehmer an, unter hohem Zeitdruck zu arbeiten. Rund 30 Prozent gaben an, nach der Arbeit schwer abschalten zu können. 13,2 Prozent berichteten von Schlafstörungen aufgrund beruflicher Probleme. Diese kritischen Ergebnisse wurden zum Anlass genommen, gezielt individuelle Gesundheitsmaßnahmen anzubieten, zum Beispiel Entspannungsseminare oder persönliches Coaching.

5.2 360-Grad-Feedback

Ein 360-Grad-Feedback ist ein Instrument zu umfassenden Einschätzung der Leistung einer Führungskraft und dient als Grundlage für individuelle Entwicklungsmaßnahmen. 360-Grad-Feedback wird es genannt, weil Informationen aus dem ganzen Kreis der in Frage kommenden Quellen eingeholt werden: von Vorgesetzten, Kollegen und Mitarbeitern. Also nicht nur, wie in herkömmlichen Systemen „von oben nach unten", sondern auf allen in Frage kommenden Ebenen. So ist eine größere Fairness und Genauigkeit möglich. Insgesamt geben zehn bis fünfzehn Personen als so genannte „Feedbackgeber" ihre Beurteilung ab. Jede Führungskraft beurteilt sich darüber hinaus auch selbst. Durch den Abgleich von Fremd- und Selbstbild ist ein hoher Praxisbezug für Verbesserungspotenziale gewährleistet.

Neben der gezielten Personalentwicklung kann mithilfe des 360-Grad-Feedback das Sozialkapital im Unternehmen beeinflusst werden. Das sind soziale Unterstützung, soziales Klima, Führungsklima und gemeinsame Werte und Überzeugungen, die als gesundheitliche Ressource wirken. Untersuchungen zeigen zum Beispiel, dass die Krankheitsstände unmittelbar ansteigen, wenn sich das soziale Klima verschlechtert.

Das 360-Grad-Feedback erhöht die Sozialkompetenzen der Führungskräfte und fördert eine gemeinsame Führungskultur mit gemeinsamen Werten und Leitlinien. Die Führungskraft erhält ein dezidiertes Feedback darüber, wie sie mit den Mitarbeitern kommuniziert, inwieweit sie Handlungsspielräume gibt etc. und wie sie damit das Wohlbefinden und die Gesundheit der Beschäftigten positiv oder negativ beeinflusst.

Vorgehensweise

Um die Akzeptanz für das Feedbacksystem zu gewährleisten, wurde zunächst ein „Arbeitskreis Personalentwicklung" mit den Führungskräften der ersten Ebene und dem Betriebsrat eingerichtet. Gemeinsam wurde die Projektkonzeption diskutiert und der Fragebogen für das Feedback entwickelt. Dieser Fragebogen bildete einerseits die wichtigen Managementkompetenzen des ThyssenKrupp Konzerns wie zum Beispiel Kundenorientierung, Wertorientierung oder strategische und konzeptionelle Kompetenz ab. Andererseits wurden in vielen Fragen auch „gesundheitsförderliche Managementkompetenzen" wie zum Beispiel soziale Unterstützung oder transparente Kommunikation erfragt.

Der Fragebogen wurde zunächst in einer freiwilligen Pilotgruppe getestet und später auf alle Führungskräfte der Positionsgruppen 1 und 2 übertragen. Die Grundlage hierfür bildete eine eigens abgeschlossene Betriebsvereinbarung.

Um schon im Vorfeld Ängste in Bezug auf Abwertung und Konkurrenzkampf abzubauen, war es wichtig, alle Führungskräfte ausführlich zu informieren. Hierzu wurde ein Führungskräfte-Newsletter versandt und Informationsveranstaltungen angeboten. Wichtig war auch zu gewährleisten, dass das Feedback vertraulich und anonym gegeben wurde. Die Einzelbeurteilungen wurden deshalb von den Feedbackgebern in einem verschlossenen Briefumschlag an das mit der Auswertung beauftragte Unternehmen geschickt. Niemand bei der Rasselstein GmbH erhielt Einblick in die Ergebnisse.

Im letzten Schritt wurden die Ergebnisse mit dem direkten Vorgesetzten in Einzelgesprächen ausgewertet und konkrete Maßnahmen für die weitere Personalentwicklung besprochen. Die Personalabteilung erhielt ein Maßnahmenblatt, um begleitende Qualifizierungsberatungen anbieten zu können. Das Controlling der Maßnahmen erfolgte innerhalb des jährlichen Mitarbeitergesprächs mit der persönlichen Zielkarte.

Zum Abschluss wurde das Projekt „360-Grad-Feedback" anhand einer Online-Befragung extern evaluiert.

Ergebnis

Die Ergebnisse bescheinigten den Rasselsteiner Führungskräften insgesamt gut ausgeprägte Managementkompetenzen. Alle erzielten Durchschnittswerte lagen im Bereich „trifft zu", zum Beispiel: „Fördert die Lernbereitschaft und -fähigkeit der Mitarbeiter" oder „Bringt anderen Personen Wertschätzung entgegen".

Vor allem Vorgesetzte beurteilten ihre Führungskräfte tendenziell besser als sie sich selbst. Wenn Kritik geübt wurde, so erfolgte dies konstruktiv und in Verbindung mit konkreten Verbesserungsvorschlägen.

Aus den Rückmeldungen konnte der konkrete Entwicklungsbedarf für die Führungskräfte abgeleitet werden.

Transparenz, Anerkennung und Wertschätzung innerhalb des 360-Grad-Feedbacks entfalten eine multidimensionale Wirkung. Sie verbessern das Verhältnis insbesondere von Führungskräften und Mitarbeitern und beugen Konflikten vor. Damit haben sie unmittelbaren Einfluss auf die soziale Gesundheit im Unternehmen.

6. Handlungsfeld Qualifizierung

Obwohl die Rasselstein GmbH allen Mitarbeitern ein umfangreiches Weiterbildungsangebot bietet, nehmen ältere Arbeitnehmer seltener an Seminaren teil als jüngere. Damit die Arbeitsfähigkeit Beschäftigten erhalten bleibt und außerdem gewährleistet wird, dass das notwendige Fachwissen ständig aktuell bleibt, hat das Unternehmen kreative Möglichkeiten zur Qualifizierung der älteren Mitarbeiter entwickelt.

In so genannten „Wissenstandems" ergänzen sich die Qualifikationspotenziale von älteren und jüngeren Mitarbeitern sinnvoll. Weil die jüngeren Mitarbeiter, insbesondere Auszubildende, aktuelle Kenntnisse zum Beispiel im EDV-Bereich haben, können ältere Mitarbeiter, deren Ausbildung länger zurück liegt, sie als „persönliche Trainer" anfordern. Je nach individuellem Bedarf vermitteln die jungen Leute Powerpoint- oder Excelkenntnisse und schulen dabei neben ihren Vermittlungsfähigkeiten auch noch die soziale Kompetenz. Als Gegenleistung verpflichtet sich der ältere Arbeitnehmer, dem jüngeren Kollegen etwas von seinen Kenntnissen weiterzugeben.

Darüber hinaus macht die Rasselstein GmbH mit Informationskampagnen in der Mitarbeiterzeitschrift „Rasselstein Info" und auf den Betriebsversammlungen auf die Notwendigkeit lebenslangen Lernens aufmerksam. So werden die Mitarbeiter auf den demografischen Wandel vorbereitet.

7. Fazit

Die Universität Karlsruhe bescheinigt der Rasselstein GmbH eine gesundheitsförderliche und mitarbeiterorientierte Arbeitszeitgestaltung und -flexibilisierung. Um das Konzept noch weiterzuentwickeln, denkt das Unternehmen darüber nach, in Zukunft Lebensarbeitszeitkonten einzurichten, die den gleitenden Übergang vom Beschäftigungsverhältnis in den gesetzlichen Ruhestand ermöglichen. Lebensarbeitszeitkonten werden in Geldwerten geführt. Die Mitarbeiter können hierbei sowohl Gehalts-/Lohnbestandteile als auch in Geld bewertete Zeitguthaben steuer- und sozialversicherungsfrei auf dem Geldwertkonto ansparen. Ziel des Lebensarbeitszeitmodells ist die flexible Gestaltung der Lebensarbeits- zeit vor Beendigung des aktiven Berufslebens. Mit dem Lebensarbeits- zeitkonto kann der Bezug und somit auch die Besteuerung und „Verbei- tragung" von Vergütungsbestandteilen (Teile des Bruttogehaltes/-lohnes etc.) in die Zukunft verschoben werden.

Voraussetzung für den Einsatz der anderen Instrumente wie Vitalitäts- messplatz, 360-Grad-Feedback oder Qualifizierungsmaßnahmen ist eine schon bestehende Vertrauenskultur und ein kollegialer Führungsstil im Unternehmen, die eine offene Gesprächs- und Kommunikationsweise zu- lassen.

Dann können es salutogen wirkende Instrumente der Personalentwick- lung sein, die sich ganzheitlich positiv auf Gesundheit und Wohlbefin- den der Belegschaft auswirken. Die Unternehmenskultur wird unmittel- bar beeinflusst und kann als „gesunde" Unternehmenskultur förderlich auf die Beschäftigungsfähigkeit und Motivation alternder Belegschaften wirken.

Teil V

Verbesserung der betrieblichen Bedingungen bei Rasselstein

Kapitel 19

Betriebsräte als Gesundheitsauditoren

Robert Verbücheln, Karl Heinz Krämer, Frank Berssem

1. Einleitung

Die Rasselsteiner Betriebsräte gestalten alle unternehmerischen Prozesse aktiv mit. Bei wichtigen betrieblichen Maßnahmen, wie zum Beispiel der Personalauswahl, der Gestaltung des Arbeitszeitsystems oder auch bei anderen Veränderungsprozessen sind die Betriebsräte von Anfang an mit einbezogen. Sie nehmen dabei ihre Verantwortung als Interessenvertreter der Mitarbeiter wahr, verlieren aber gleichzeitig nicht die wirtschaftlichen Rahmenbedingungen aus den Augen. Die Betriebsräte verstehen sich als „Co-Manager", die ein kooperatives und konstruktives Verhältnis zur Geschäftsleitung pflegen, um möglichst viel für die Mitarbeiter zu erreichen.

Der Arbeits- und Gesundheitsschutz liegt den 19 Andernacher und 11 Neuwieder Betriebsräten besonders am Herzen. Deshalb gibt es schon seit vielen Jahren den so genannten „Ergonomie- und Gesundheitsausschuss", in dem regelmäßig Fragen der ergonomischen Gestaltung der Arbeitsplätze, der Arbeitssicherheit und des vorbeugenden Gesundheitsschutzes behandelt werden.

Im Rahmen des Projektes „Der gesunderhaltende Betrieb" hat sich das gesundheitliche Engagement der Betriebsräte weiter verstärkt. Freigestellte Betriebsratsmitglieder waren von Anfang an in die Projektgremien vom Beirat über das Steuergremium und bis hin zum wöchentlichen „Jour Fixe" einbezogen. Sie sollten die Interessen der Mitarbeiter bei allen Planungen einbringen und gleichzeitig Informationen zu neuen Gesundheitsangeboten wieder zurück in die Belegschaft geben. Die Betriebsräte übernahmen damit eine wichtige Multiplikatorenfunktion im Rahmen des betrieblichen Gesundheitsmanagements.

Auch im Rahmen der im Laufe des Projektes entwickelten „Gesundheitsaudits" spielten die Betriebsräte als Experten und Kenntnisträger der Arbeitsplatzsituation vor Ort eine unentbehrliche Rolle.

2. Das Konzept der Gesundheitsaudits

Die Gesundheitsaudits sind „Anhörungen" zum Thema Gesundheit am Arbeitsplatz. Sie finden im Rahmen einer Begehung der Betriebsräte im Betrieb statt. Jeweils zwei Betriebsräte fungieren dabei als „Gesundheitsauditoren".

Mit den Gesundheitsaudits ist ein praxisnahes Instrument zur Erfassung und systematischen Verbesserung der Arbeitsplatzsituation und des Gesundheitsmanagementsystems entwickelt worden. Anhand eines festen Katalogs von Kriterien erleichtern die Audits die vertiefte Analyse der betrieblichen Belastungssituation. So erhält das Unternehmen konkrete Hinweise zur Verbesserung des Arbeits- und Gesundheitsschutzes und zur Verhütung arbeitsbedingter Gesundheitsgefahren. Durch die Einbindung von Informationen aus dem „klassischen" Arbeits- und Gesundheitsschutz, wie zum Beispiel Fehlzeitenanalysen oder Informationen aus den Sicherheitshandbüchern (siehe Kapitel 12), werden die Ergebnisse mit den bereits vorhandenen Systemen sinnvoll verzahnt. Das Thema Gesundheit wird so bestmöglich in bestehende betriebliche Strukturen, Abläufe und das alltägliche Handeln integriert.

Im Gegensatz zu den Gesundheitszirkeln (siehe auch Kapitel 20) dauern Gesundheitsaudits nur einen Tag und bringen durch den zielgerichteten Einsatz eines Fragenkatalogs schnellere Ergebnisse.

2.1 Der Betriebsrat als Lotse

Im Rahmen der Gesundheitsaudits übernehmen die Betriebsräte eine Art „Lotsenfunktion" für das Thema Gesundheit im Betrieb. Bei den Audits haben die Betriebsräte das „Ohr" an der Mannschaft. Dabei geht es nicht darum zu kontrollieren, sondern herauszufinden, wo „der Schuh drückt". Für die Betriebsräte stellen die Gesundheitsaudits eine direkte Einflussmöglichkeit auf die gesundheitliche Belastungssituation der Mitarbeiter dar.

Die Mitarbeiter selbst werden in den Audits mit ihren Erfahrungen und Kenntnissen aktiv in den Verbesserungsprozess eingebunden. Ihre Partizipation wird auch in der arbeits- und gesundheitswissenschaftlichen Fachliteratur[100] als einer der wichtigsten Erfolgsfaktoren für das Gelingen eines betrieblichen Gesundheitsmanagements gesehen. Schließlich kommt es darauf an, möglichst ziel- und bedarfsgerechte Maßnahmen durchzuführen. Das gelingt, weil die Mitarbeiter Experten für ihre eigene Arbeitsplatzsituation sind und selbst am besten wissen, was ihrer Gesundheit schadet. Ihre Anregungen zum Gesundheitsschutz werden ernst genommen und wertgeschätzt. Das trägt zu einer gesundheitsförderlichen Unternehmenskultur bei.

2.2 Qualifizierung der Betriebsräte zu Gesundheitsauditoren

Bevor die Audits durchgeführt werden konnten, vermittelten Experten der Berufsgenossenschaft und betriebliche Experten der Firma Rasselstein GmbH in mehrtägigen Schulungsmaßnahmen den Betriebsräten zunächst grundlegendes Gesundheitswissen. Die Betriebsräte wurden dabei nicht zu medizinischen Fachleuten ausgebildet, sondern lernten, sensibel für die unterschiedlichen Erscheinungsformen von Krankheiten und gesundheitlichen Belastungen am Arbeitsplatz zu sein.

---

[100] Badura/Ritter/Scherf (1999).

Im Mittelpunkt der acht Module stand neben der Fachkompetenz in Gesundheitsfragen die Vermittlung von Sozial-, Methoden- und Prozesskompetenz. Am Anfang wurde der ganzheitliche Gesundheitsbegriff erläutert, der die psychische, soziale und biologische Gesundheit einbezieht. Anschließend folgten die Fachmodule mit folgenden Themen:

- Der moderne Gesundheitsbegriff: Salutogenese als Erfolgsfaktor
- Führen und Gesundheit
- Muskel-Skelett-Erkrankungen
- Stress, Sucht, Burnout und andere psychische Erkrankungen
- Ernährungsbedingte Erkrankungen
- Erkrankungen des Atmungssystems
- Hauterkrankungen
- Gesundheitsmotivation

Die einzelnen Fachmodule waren nach folgendem Schema aufgebaut:

- Erscheinungsformen/Ausprägung der Erkrankungen
- Betriebliche Relevanz
- Mögliche (betriebliche) Ursachen der Erkrankungen
- Mögliche verhaltens- und verhältnispräventive Maßnahmen, zum Beispiel Ergonomie, Ernährung etc.

Die Vermittlung von Zielen, Verfahren und Inhalten der Audits bildete einen weiteren Schwerpunkt der Qualifizierung.

2.3 Auditleitfaden

Der Einsatz eines Auditleitfadens garantierte die einheitliche Vorgehensweise bei der Durchführung der Audits in den verschiedenen Betriebsteilen. Der Leitfaden ist kurz und so aufgebaut, dass der Schreib- und Dokumentationsaufwand minimiert ist. Ausgefüllt stellt er gleichzeitig auch das Auditprotokoll dar und dient im Idealfall auch dem Controlling der Maßnahmen.

Der Auditleitfaden ist dialogorientiert angelegt, um mit den Führungskräften und Mitarbeitern ins Gespräch zu kommen. „Wo liegen die Belastungen?" und „Was kann aus Ihrer Sicht verbessert werden?" lauten die zentralen Fragen.

2.4 Auditmodule

Die Auditmodule umfassen zwei Bereiche:

(1) *Die Arbeitssituationsanalyse* mit den Bereichen Arbeitsbedingungen und -organisation, Führung, besondere Anforderungen/Belastungen, Arbeitsbedingungen und Tätigkeiten. Ziel der Arbeitssituationsanalyse ist es, Belastungen der jeweiligen Arbeitsplätze zu erfassen.

(2) *Das Prozessaudit* mit den Bereichen Unterstützung gesundheitsfördernder Maßnahmen, Prävention und Fehlzeitenmanagement. Ziel des Prozessaudits ist es, die Abläufe des Gesundheitsmanagements zu evaluieren.

Als Grundlage zur Entwicklung der Auditmodule bei Rasselstein dienten die Auditleitfäden BASA und SALSA der Bundesanstalt für Arbeitsschutz und Arbeitsmedizin.[101]

2.5 Auditverfahren

Das Auditverfahren umfasst folgende Prozessschritte:

(1) *Auswertung von Datenquellen*

„Daten für Taten" heißt es in den Gesundheitswissenschaften. Das bedeutet, dass zunächst Daten zur Ist-Gesundheitssituation generiert werden. Diese Informationen werden genutzt, um möglichst gezielt Maßnahmen planen zu können. Als Datengrundlage eignen sich die Ergebnisse der Mitarbeiterumfrage, Fehlzeitenberichte der Teams, Gefährdungsbeurteilungen, Unfallbericht, Verbandbucheintragungen und weitere Daten.

Auffälligkeiten, wie zum Beispiel gehäufte Verbandbucheintragungen, können der „Auslöser" für Audits sein, sie müssen es aber nicht. Zur Auswertung der Daten gehört auch die Interpretation, die nur mit einem fundierten Wissen über die betrieblichen Zusammenhänge erfolgen kann. Die Auswertung nehmen die Betriebsräte in Kooperation mit einem unterstützenden Personalverantwortlichen und dem zuständigen Teamleiter vor. Gemeinsam wird entschieden, ob ein Audit durchgeführt wird.

(2) *Auditgespräch in der ausgewählten Gruppe*

Das Auditgespräch findet an den unterschiedlichen Arbeitsplätzen der ausgewählten Gruppe statt. Die Betriebsratsmitglieder besichtigen den Arbeitsplatz und verschaffen sich einen Eindruck von den Arbeitsbedingungen. Mögliche gesundheitliche Schwachstellen und Belastungsfaktoren werden dokumentiert, z. B. Zugluft, Lärmbelästigung, Haltungen usw.

Anhand des Auditleitfadens werden dann die Mitarbeiter befragt. Antworten und Vorschläge für Verbesserungsmaßnahmen werden im Auditleitfaden festgehalten. Der Zeitaufwand für eine solche Befragung ist mit 1,5 bis 2 Stunden pro Modul überschaubar.

---

[101] Bundesanstalt für Arbeitsschutz und Arbeitsmedizin, Internetangebot

(3) *Auditbericht erstellen*

Die Ergebnisse der Arbeitsplatzbegehung werden anschließend in einem eigens entwickelten Excelformblatt dokumentiert. Hier zeigt eine hinterlegte Ampelfunktion an, wo ein weiteres Vorgehen erforderlich ist. Grün bedeutet: alles in Ordnung, Gelb weist auf vereinzelte Auffälligkeiten hin, Rot zeigt Handlungsbedarf an.

Insbesondere dort, wo dringender Handlungsbedarf angezeigt ist, werden Vorschläge für Maßnahmen und ihre zeitliche Umsetzung entwickelt.

Team/Bereich	
Auditor(en)	
Auditdatum	

Modul	Thema	Frage 1	Frage 2	Frage 3	Frage 4	Ø Thema	Ø Modul
Arbeitsbedingungen	Lärm	3	2	2	4	2,75	
Arbeitsbedingungen	Geruch	1	1	1	4	1,75	
Arbeitsbedingungen	Gefahrenstoffe	4	4	4	4	4,00	
Arbeitsbedingungen	Beachtung Nichtraucherschutz	2	1	1	2	1,50	2,68
Arbeitsbedingungen	Ergonomie	1	3	3	2	2,25	
Arbeitsbedingungen	Sozialräume	3	1	3	3	2,50	
Arbeitsbedingungen	Zwangshaltung	4	4			4,00	
Tätigkeit	Verantwortung	4	4	4	4	4,00	3,50
Tätigkeit	aufgabenbezogene Information und Kommunikation	3	3	2	4	3,00	
Prävention	Unfallverhütung und Arbeitssicherheit	4	4	4	4	4,00	
Prävention	Kommunikation	1	4	3		2,67	2,97
Prävention	Ernährung	4	1	1	3	2,25	
Fehlzeitenmanagment	Fehlzeitenmanagement als Führungsaufgabe	3	3		3	3,00	
Fehlzeitenmanagment	Arbeitssicherheit als Führungsaufgabe	3	4	4	4	3,75	3,38

1 = trifft nicht zu (keine Nachweise)
2 = trifft teilweise zu (vereinzelte Nachweise)
3 = trifft zu (viele Nachweise)
4 = trifft voll zu (vollständige Nachweise)

Abbildung 11:
Auditbericht (Beispiel)

(4) *Maßnahmen einleiten*

Die Teamleiter sind dafür verantwortlich, dass die Maßnahmen auch wirklich eingeleitet und durchgeführt werden. Im Sinne der Glaubwürdigkeit gegenüber den Mitarbeitern ist eine verlässliche Umsetzung sehr wichtig. Natürlich werden manchmal auch Vorschläge gemacht, die nicht so einfach umzusetzen sind, etwa, weil sie finanziell zu aufwändig sind. In einem solchen Fall ist es wichtig, den Mitarbeitern zu erklären, warum eine Umsetzung nicht möglich ist.

(5) *Wirkungskontrolle*

Der letzte wichtige Prozessschritt ist die Wirkungskontrolle. Sind die Maßnahmen umgesetzt worden? Ist die beabsichtigte Wirkung eingetreten? Hierzu erstellen die Betriebsräte in Zusammenarbeit mit dem verantwortlichen Teamleiter einen so genannten Maßnahmenbericht. Der Status der Umsetzung wird regelmäßig geprüft. Die Audit-Abschlussberichte werden an zentraler Stelle gesammelt und als zusammengefasster Auditjahresbericht der Geschäftsleitung zugeleitet.

3. Ein Praxisbeispiel

Vor der flächendeckenden Einführung sind die Gesundheitsaudits im Pilotbereich „Aus- und Weiterbildung" dem Praxistest unterzogen worden. Ausgehend von der im so genannten „Belastungsatlas" (siehe Kapitel 21) erfassten Belastungssituation wurde dann in einem weiteren Schritt festgelegt, an welchen Stellen Audits besonders notwendig erscheinen.

Im Team XY wurde beispielsweise an der Anlage Z ein Audit durchgeführt. Es „brannte" an zwei Stellen:

▌ Im Bereich „Führung" gaben die Mitarbeiter an, dass es sie verunsichert, nicht zu wissen, wann sie kontrolliert werden. Als verbindliche Maßnahme wurde mit allen Führungskräften im Team vereinbart, dass sie bis zum Zeitpunkt X den Mitarbeitern den Sinn und Zweck von Kontrollen erklären.

▌ Im Bereich „Besondere Belastungen" wurde bemängelt, dass der Vorgesetzte nicht vermittelnd bei sozialen Konflikten zwischen Mitarbeitern eingreift. Hier wurde vereinbart, dass das Thema unmittelbar zwischen dem Vorgesetzten und den Mitarbeitern in der Gruppenarbeit besprochen wird.

Innerhalb eines Zeitraumes von drei Jahren sollten alle Teams auditiert werden. Inzwischen haben sich die positiven Erfahrungen, die die Teams mit dem Instrument „Gesundheitsaudits" gemacht haben, schon herumgesprochen: Einige Teams fragen von sich aus an, ob bei ihnen ein Audit durchgeführt werden kann. Auch die Betriebsräte sind überzeugte Unterstützer der Audits. Sie stehen voll dahinter, weil es ihnen die Möglichkeit gibt, über ein offizielles Medium Einfluss auf gesundheitliche Belastungen der Kollegen zu nehmen. So können sie ihrer Mitverantwortung für den Arbeits- und Gesundheitsschutz gerecht werden.

Erfolgsfaktoren

✔ Motivation durch Beteiligung

✔ Qualifizierung als Basis

✔ Kooperation von Betriebsräten und Führungskräften im Sinne der Gesundheit

✔ Einbezug der Mitarbeiter als „Experten"

✔ Ganzheitlicher Gesundheitsansatz durch die Auditelemente Verbesserung der betrieblichen Bedingungen, Führungsklima, soziales Klima, soziale Unterstützung, Handlungsspielraum

Kapitel 20

Gesundheitszirkel

Karl Heinz Krämer, Frank Berssem

1. Einleitung

Gesundheitszirkel sind als Instrument der betrieblichen Gesundheitsförderung nicht neu: Bereits Mitte der 80er Jahre als Erweiterung des klassischen Arbeits- und Gesundheitsschutzes entstanden[102], haben sie in den letzten zehn Jahren Einzug in viele Betriebe gehalten, die sich mit dem Thema Gesundheit beschäftigen. Vorbild waren die in der Industrie schon lange eingesetzten Qualitätszirkel.

Gesundheitszirkel sind Kleingruppen, die sich für die Dauer von etwa einem halben Jahr regelmäßig treffen und unter Anleitung über Belastungen am Arbeitsplatz und daraus möglicherweise resultierende gesundheitliche Beschwerden sprechen. Im Unterschied zu den Gesundheitsaudits sind Gesundheitszirkel thematisch offener und nicht auf einzelne Themen bezogen.

Die Grundidee ist, dass die Mitarbeiter die eigentlichen Experten für ihre Arbeitsplatzsituation sind und deshalb auch am besten Verbesserungsvorschläge für auftretende Probleme entwickeln können. Die Einbindung der Beschäftigten schafft nicht nur Problembewusstsein und verbessert die Gesundheitskompetenz, sondern wirkt motivierend und vergrößert den Handlungsspielraum. Darüber hinaus können sich das soziale Klima und die soziale Unterstützung in der Gruppe verbessern. Dies sind alles Faktoren, die Gesundheit und Wohlbefinden erhalten.

Bei der Rasselstein GmbH konnten die Gesundheitszirkel auf die bestehenden Strukturen der Gruppenarbeit zurückgreifen. Seit 2004 wird im Unternehmen in allen Produktionsteams in Gruppen gearbeitet, seit 2005 schrittweise auch in allen überbetrieblichen Teams. Die begleitende intensive Qualifizierung schulte die Teamfähigkeit, Problemlösefähigkeit und Entscheidungsautonomie der Beschäftigten. Dies war eine gute Voraussetzung für die Gesundheitszirkelarbeit.

2. Gesundheitszirkel im Rahmen des „gesunderhaltenden Betriebs"

2.1 Phase 1: Orientierung und Zielfindung

Die Gesundheitszirkel verfolgten im Rahmen des „gesunderhaltenden Betriebs" die im Folgenden genannten drei Ziele:

---

[102] Badura/Ritter/Scherf (1999).

(1) die allgemeine Verbesserung des physischen, psychischen und sozialen Wohlbefindens,

(2) die Verbesserung von Arbeitssicherheit und Ergonomie,

(3) die Verbesserung der Gesundheitskompetenz.

Basis für den Einstieg in die Gesundheitszirkel war die erste, im Jahre 2004 durchgeführte Gesundheitsumfrage. Zunächst wurden die zuständigen Teamleiter über ihre jeweiligen Teamergebnisse informiert. Sie übernahmen dann die Aufgabe, die Befragungsergebnisse mit ihren Mitarbeitern zu besprechen. Damit signalisierten sie den Beschäftigten die Wichtigkeit des Themas und den Willen zur Umsetzung von Verbesserungsmaßnahmen.

Beispiel

Im Team XX klagten überdurchschnittlich viele Mitarbeiter über Lärmbelastungen. Der Teamleiter besprach dies mit den zuständigen Schichtkoordinatoren. Gemeinsam kam man zu dem Schluss, dass der Einsatz eines Gesundheitszirkels weitere Klärung bringen könne. Gemeinsam wurden auch die Ziele für die Zirkelarbeit festgelegt. Die zentralen Fragen dabei lauteten: „Was genau soll mit dem Gesundheitszirkel erreicht werden?", „Woran merken wir, dass wir erfolgreich waren?" In einem nächsten Schritt wurden „geeignete" Mitarbeiter vor Ort angesprochen, die an dem Gesundheitszirkel teilnehmen sollen. Das waren zum Beispiel Mitarbeiter mit langer Erfahrung im Team oder Mitarbeiter, die durch Kreativität, gute Ideen oder Sozialkompetenz aufgefallen waren.

2.2 Phase 2: Durchführung

Mit ausgewählten Mitarbeitern der entsprechenden Produktionsanlage wurde ein „Zukunftsworkshop Gesundheit", wie der Gesundheitszirkel bei Rasselstein auch genannt wird, unter Anleitung eines erfahrenen Moderators durchgeführt. Zu Beginn des Workshops wurde ein „Zirkelpate" aus dem Kreis der Beschäftigten gewählt. Er war der Sprecher des Zirkels, vertrat die Ergebnisse nach außen und kümmerte sich um die konsequente Umsetzung im Team. Um eine gemeinsame Ausgangsbasis zu schaffen, war es wichtig, dass man sich am Anfang auf ein gemeinsames Problemverständnis einigte und Schwerpunkte bildete. Was verstehen die Mitarbeiter beispielsweise unter „unangenehmen Temperaturen": Die Prozesswärme der Anlage oder kalte Zugluft im Winter? In drei Stufen wurden nun physische und psychische Belastungen am Arbeitsplatz bearbeitet.

In der ersten Stufe ging es um die Bestandsaufnahme der Belastungen. Im Sinne eines salutogenen Gesundheitsverständnisses wurden aber auch die zur Verfügung stehenden Ressourcen benannt. Im nächsten Schritt wurde gemeinsam nach möglichen Ursachen für die Belastungen gesucht. Ein Beispiel: An einer Anlage wurden Atemprobleme genannt. Verursacher des Problems waren aus Sicht der Mitarbeiter Ringe der Voranlage, die im heißen Zustand weiterverarbeitet werden. Durch die hohe Temperatur der Ringe wurden beim Abwickeln unangenehme Öldämpfe freigesetzt.

Im Mittelpunkt der zweiten Stufe stand die Ideenfindung. Hier wurden die Beschäftigten gebeten, im Rahmen eines freien Brainstormings alle Ideen zu äußern, die ihnen zur Lösung der Belastungsprobleme einfielen. Ziel war, die „Schere im Kopf" auszuschalten und auch ungewöhnliche, vielleicht zunächst unrealistisch erscheinende Ideen mit einzubeziehen. Der entstandene Ideenkatalog wurde dem Teamleiter, der Arbeitssicherheit und dem betriebsärztlichen Dienst übersandt. In Stufe drei wurden die Verbesserungsvorschläge konkretisiert und unter der Leitfrage „Umsetzbarkeit" überprüft. Der Zirkelpate präsentierte sie dann vor dem Teamleiter, der Arbeitssicherheit und dem betriebsärztlichen Dienst. Die Experten gaben ihre fachkundige Stellungnahme zu den Ideen ab, beurteilten die Maßnahmen und gaben Empfehlungen, welche davon umgesetzt werden sollten. Im letzten Schritt wurden die empfohlenen Maßnahmen priorisiert und auf die wirtschaftliche Machbarkeit hin geprüft. Die Umsetzung der Maßnahmen konnte beginnen. Sie wurde von dem Zirkelpaten und dem jeweiligen Teamleiter gesteuert und kontrolliert. Nach etwa sechs Monaten wurde der Erfolg überprüft.

3. Ergebnisse

In Andernach wurden Gesundheitszirkel in sechs Produktionsteams und neun Anlagenbereichen durchgeführt. Über 70 Ideen und Maßnahmen wurden daraus abgeleitet. Im kleineren Werk Neuwied wurden in sieben Gesundheitszirkeln 48 Maßnahmen entwickelt. Zwei Drittel davon sind umgesetzt worden. 15 Prozent wurden abgelehnt und 17 Prozent waren nicht durchführbar. Im Bereich der Adjustage in Neuwied wurde zum Beispiel die Beleuchtung der Halle und der Arbeitsplätze optimiert, Schutzwände wurden aufgestellt, um das Hallenklima und die Lärmsituation, zu verbessern. Im Bereich des Dressiergerüsts/UWA wurde eine neue Abziehvorrichtung für dicke Bandenden installiert, um die körperlichen Belastungen der Mitarbeiter zu verringern. Im Bereich Beize/ Hafen konnte auf Kran 78 ein neuer ergonomischer Kransitz eingebaut werden.

Im Werk Andernach wurden in vielen Teams Verbesserungen im Handling umgesetzt, so z. B. im Team „Entfetten/Glühen" der Umgang mit schweren Rollen von Verpackungsband und den Werkzeugen für Bandrisse. Im Team „Walzwerke" und im Team „Entfetten/Glühen" wurde die Infrastruktur verbessert. Die Dachreiter der Hallen sind jetzt leichter zu öffnen. Damit hat sich das Raumklima erheblich verbessert. Im Team „Fertiglager" wurden ergonomischere Sitze in Staplern eingebaut und im Team „Walzwerke" Stehhilfen und bessere Stühle für Leitstände und Steuerstände angeschafft. Die Belüftung und Klimatisierung vieler Kräne wurde verbessert. An vielen Stellen wurde die Beleuchtung optimiert, Fuß- und Fahrwege verbessert und Maßnahmen zur Reduzierung der Rutschgefahr und zur Verkehrssicherheit realisiert.

Insgesamt sind die Gesundheitszirkel ein echter „Hit", wenn es darum geht, Mitarbeiter einzubinden. Die Akzeptanz ist darum entsprechend hoch. Manchmal ist allerdings auch die Erwartungshaltung der Beschäftigten hinsichtlich der kurzfristigen Umsetzung der Maßnahmen riesig. Hier gilt es, sowohl Gründe für eine mögliche Ablehnung aus Kosten- oder organisatorischen Erwägungen zu kommunizieren als auch Erfolge bei der Umsetzung. Die Mitarbeiter haben sich viel Mühe gemacht, sich mit dem Thema konstruktiv auseinanderzusetzen. Da ist es eine Frage des Respekts, sie zu informieren, wie es mit ihren Vorschlägen weitergeht.

Erfolgsfaktoren

✔ Struktur

✔ Einbettung in Projektstruktur

✔ Gezielte Auswahl der Bereiche

✔ Transparenz

✔ Umfassende Information aller Beteiligten

✔ Begleitendes Marketing

✔ Konsequente Prüfung und Umsetzung der Ergebnisse

✔ Kontinuierliche Rückmeldung über den Umsetzungsstand an die Teilnehmenden

Kapitel 21

Belastungsatlas

Karsten Stolz, Frank Berssem

1. Was ist ein Belastungsatlas?

Der Belastungsatlas ist ein Instrument zur Erfassung von psychischen und physischen Belastungen, das innerhalb des Projektes „Der gesunderhaltende Betrieb" entwickelt wurde. Der Belastungsatlas funktioniert wie ein Navigationssystem für das Gesundheitsmanagement: Er bietet einen schnellen Überblick über alle Belastungen, die die Mitarbeiter wahrnehmen. Mithilfe verschiedener Daten zur Gesundheitssituation, die miteinander verknüpft und grafisch aufgearbeitet werden, ist eine Identifikation von Problemzonen im Betrieb möglich. Gesundheitliche Interventionen können zielgenau und ohne ökonomische Streuverluste erfolgen.

Die Grundlage der datengestützten Darstellung der Belastungen liefern einerseits die in der Mitarbeiterbefragung abgefragten Eindrücke und Sichtweisen der Beschäftigten sowie andererseits die Krankheitsursachenstatistik der Krankenkasse sowie die Kennzahlen Fehlzeiten und Unfallzahlen. Auf diese Weise werden valide Messinstrumente wie die standardisierte und repräsentative Befragung, die die subjektive Wahrnehmung der Beschäftigten wiedergibt, mit „harten" Kennzahlen, die Sachinformationen bieten, sinnvoll miteinander verknüpft. Das Gemisch aus „kalten" Informationen (Sachinformationen) und „heißen" Informationen (Emotionen)[103] hilft, die betriebliche Gesundheitssituation in ihrer Ganzheit zu erfassen: Sowohl psychische wie physische und soziale Belastungsfaktoren werden thematisiert.

Solche arbeitsbedingten Belastungsfaktoren können physikalische Arbeitsbedingungen wie zum Beispiel Lärm, langes Stehen bzw. Sitzen oder das Tragen schwerer Lasten sein – aber auch Stress, zu geringe Erholung oder schlechtes Führungs- und Sozialklima.

Auf Dauer können die Belastungen zu Fehlbeanspruchungen führen, die sich zum Beispiel als Rücken- und Nackenschmerzen, Magenbeschwerden, Kopfschmerzen, Konzentrationsschwierigkeiten und Ohrgeräusche niederschlagen. Mit Hilfe des Belastungsatlasses lassen sich frühzeitig Ansatzpunkte für gezielte Gesundheitsmaßnahmen im Betrieb finden, so dass Fehlzeiten vermieden werden können.

2. Der Aufbau des Belastungsatlasses

Um einen schnellen Überblick über besonders belastete Bereiche im Betrieb zu gewinnen, sind folgende Schritte notwendig:

---

[103] Pfaff (1999).

- Datensammlung
- Abgleich mit anderen Gesundheitsdaten
- Grafische Aufbereitung der Daten

Schritt 1: Datensammlung

Um die Belastungssituation bei Rasselstein qualitativ und quantitativ zu erfassen, wurden 2004 und 2006 repräsentative Gesundheitsumfragen durchgeführt (siehe Kapitel 24). Die Mitarbeiter wurden darin nach den in Abbildung 12 genannten Beschwerden und Erkrankungen, nach ihrem persönlichen Stress und psychischer Ermüdung, nach dem Führungs- und Sozialklima in ihrem Team sowie nach dem Ausmaß ihres Entscheidungsspielraumes befragt.

Da je nach Thema unterschiedliche Messskalen verwandt wurden – zum Beispiel Darstellung des Gesundheitsniveaus in Prozent oder der physikalischen Belastungen auf einer Skala von 1 bis 5 – wurde zur besseren Vergleichbarkeit und schnelleren Übersicht für den Belastungsatlas ein Ampelsystem für die unterschiedlichen Stressoren entwickelt. Ein Praxisbeispiel zeigt Abbildung 12.

Team XXX		
Lärm	●●●	Führungsklima ○○○
Beleuchtung	●●○	Soziales Klima/Kollegen ○○●
Schmutz/Staub	●●●	Angst Arbeitsplatzverlust ●●○
Langes Stehen	●●○	Kopfschmerzen ○○●
Viel Sitzen	●●●	Magenbeschwerden ○●○
Unangenehme Temperaturen	●●●	Schlafstörungen ●○○
Gereizt durch Arbeit	●●○	Konzentrationsstörungen ○●○
Überfordert durch Arbeit	○●○	Rückenprobleme ●●○
Müde und erschöpft	●●○	Nacken- und Schulterprobleme ●●○
Stress allgemein	○●○	Ohrengeräusche ○●○
Handlungsautonomie	○●○	Arbeitsplatzgestaltung ○●○
Zeitautonomie	●●○	Konsum Nikotin ●●○

Abbildung 12: Datensammlung zu den unterschiedlichen Stressoren und Darstellung mithilfe eines Ampelsystems (Beispiel)

An diesem Beispiel wird das Prinzip deutlich: Im Team XXX empfinden die Mitarbeiter den Lärm und die unangenehmen Temperaturen als größte Belastung. Schmutz/Staub, viel Sitzen, geringe Zeitautonomie, Rückenprobleme und Nikotinkonsum sind weitere Belastungsfaktoren.

Schritt 2: Abgleich mit anderen Gesundheitsdaten

Weil sich körperliche Fehlbelastungen eines Arbeitsplatzes leichter anhand vorhandener Normen und Grenzwerte messen lassen als psychische und soziale Fehlbelastungen, wurden die gewonnenen Daten anschließend mit den anderen vorliegenden Gesundheitsdaten verglichen. Hierzu wurden der Gesundheitsbericht der Krankenkasse, die Fehlzeitenquote des zurückliegenden Geschäftsjahres und die Kennzahl „Betriebliche Unfälle" herangezogen. Die objektiven Daten eines Teams wurden in Relation zum Durchschnitt der Gesamtbelegschaft betrachtet. Um die subjektive Einschätzung mit den objektiven Zahlen vergleichen zu können, wurde das Prinzip der Gegenläufigkeit bzw. Gleichläufigkeit herangezogen. Klagte ein Team zum Beispiel über Rückenprobleme und übertraf dabei den Rasselsteiner Durchschnitt von 18 Prozent Muskel- und Skeletterkrankungen im Gesundheitsbericht, so war Gleichläufigkeit anzunehmen.

Nannte ein Team subjektiv wenig Beschwerden, hatte aber eine Fehlzeitenquote, die mit 4,4 Prozent erheblich über dem Durchschnitt von 3,0 Prozent liegt, so war Gegenläufigkeit anzunehmen.

Schritt 3: Grafische Aufbereitung der Daten

Im letzten Schritt wurden alle gewonnenen Informationen übersichtlich für jedes Team dargestellt.

Das Ampelsystem zeigte die Ergebnisse der Mitarbeiterumfrage und gab an, wie hoch der Prozentsatz der Belastungen im Team war. Daneben wurde die Anzahl der AU-Fälle angezeigt, sowie die Tendenz gegenläufig – gleichläufig. Fehlzeitenquote und Betriebsunfälle ergänzten die Darstellung (siehe Abbildung 13).

Abbildung 13:
Grafische Aufbereitung der gewonnenen Informationen

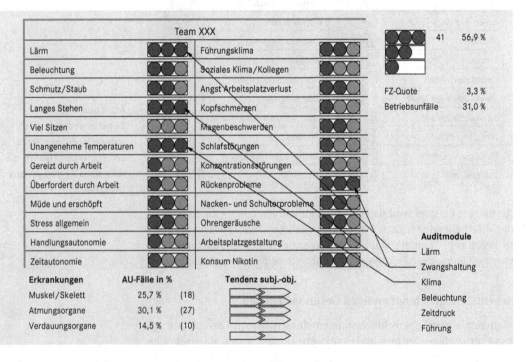

In einem weiteren Schritt wurden die Teams miteinander verglichen, damit die Gesundheitsmaßnahmen auch dort eingesetzt wurden, wo es wirklich „brannte".

3. Einsatz im Betrieb: Ein Beispiel

Die kompakte Darstellung der Belastungssituation ließ die Bereiche mit dem höchsten Bedarf an Gesundheitsmaßnahmen sofort sichtbar werden. Überwiegend wurden zunächst Gesundheitsaudits (siehe Kapitel 19) in den Teams eingesetzt, die die kritischen Belastungsfaktoren noch weiter beleuchten, um dann zielgenaue Maßnahmen zu entwickeln. Hier wurden die Mitarbeiter als „Experten" unmittelbar mit einbezogen.

In dem dargestellten Beispiel von Team XXX (siehe Abbildung 13) lagen 41 rote Punkte aus dem Ampelsystem vor. Drei Bereiche hatten jeweils drei Punkte: Lärm, langes Stehen und unangenehme Temperaturen.

4. Fazit und Ausblick

Der Belastungsatlas ist ein neuer methodischer Ansatz, der als plakative Zusammenfassung von betrieblichen Gesundheitsdaten ein effektives Instrument des Gesundheitsmanagements darstellt. Er kann den Planern von Gesundheitsmaßnahmen helfen, eine schnelle Übersicht über die Gesundheitssituation im Betrieb zu bekommen und daraufhin ökonomisch und zielgerichtet Maßnahmen zu entwickeln. Allerdings ist die Betrachtung und Verknüpfung der Daten aus der Gesundheitsumfrage, dem Gesundheitsbericht und den Kennzahlen sehr zeit- und damit personalaufwändig.

Kapitel 22

Optimierung der betrieblichen Infrastruktur

Marc-Martin Klassen, Karsten Stolz

1. Einleitung

Auf dem Weg zu einem gesunden Betrieb spielt auch die betriebliche Infrastruktur eine wichtige Rolle. Sie schafft die räumlichen und ausstattungstechnischen Voraussetzungen, um die Gesundheit der Beschäftigten umfassend fördern zu können.

In vielen Unternehmen scheitert eine gesunde Verpflegung an der mangelhaft ausgestatteten Kantine, die modernen ernährungswissenschaftlichen Erfordernissen nicht gerecht werden kann. Besonders schlecht kommen die ohnehin belasteten Schichtarbeitenden weg, für die nachts oft nur der Pizzadienst bleibt. Oder es gibt keine entsprechenden Räumlichkeiten, in denen Sport und Bewegungsangebote auf dem Betriebsgelände stattfinden können. Denn gerade bei sportungewohnten Menschen sind niedrigschwellige Angebote „vor Ort" besonders wichtig, um sie in einem neuen und ungewohnten gesundheitsförderlichen Verhalten zu bestärken.

Auch bei der Rasselstein GmbH ließ die betriebliche Infrastruktur für Ernährungs- und Bewegungsangebote vor Projektbeginn zu wünschen übrig. Die Werksküche im Werk Andernach etwa wurde im Jahre 1976 das letzte Mal renoviert und seitdem fast unverändert genutzt. Das Ziel, allen Beschäftigten frische und gesunden Speisen und Getränke anbieten zu können, war mit der vorhandenen Ausstattung nicht zu erreichen. Für Bewegungsangebote mussten externe Einrichtungen genutzt werden, die zum Teil weit entfernt liegen und schwer erreichbar waren. Das sollte sich mit dem „gesunderhaltenden Betrieb" ändern.

2. Verpflegung der Schichtarbeitenden

Schichtarbeit ist Arbeit gegen den biologischen Rhythmus. Auch wenn bei der Rasselstein GmbH mit dem vorwärts rotierenden Schichtsystem (zwei Frühschichten, zwei Spätschichten, zwei Nachtschichten, vier Freischichten, siehe Kapitel 18) die gesundheitsfreundlichste Variante einer Schichtsystemgestaltung gewählt wurde, so bleiben die Schichtarbeiter doch besonders belastet. Ihr Schlafrhythmus ist unregelmäßig, und besonders die Nachtschichtler haben in der Regel nur wenige Möglichkeiten, sich gesund zu ernähren. Viele brachten sich Frikadellen oder belegte Brötchen mit. Die überall im Betrieb aufgestellten Automaten enthielten vor Beginn des Projektes überwiegend Produkte wie Fleischwurst, Kuchenstücke, Bonbons oder Chips - Nahrung, die in der Regel schwer verdaulich ist und zu Müdigkeit und Verdauungsproblemen führt. Denn die innere Uhr stellt sich nicht auf den veränderten Arbeitsrhythmus ein. Der Magen befindet sich auch nachts im Ruhezustand und ist nicht darauf vorbereitet, größere Mengen an schwerer Kost zu verarbeiten. Die Deutsche Gesellschaft für Ernährung empfiehlt eine leichte warme Mahlzeit gegen Mitternacht und einen Snack gegen vier Uhr nachts, um den anschließenden Schlaf nicht zu stören. Dafür eignen sich fettarme Milchprodukte wie Joghurt oder Quark, Obst und Salate, fettarmes Fleisch oder Fisch und Vollkornerzeugnisse. Als Durstlöscher werden Fruchtsäfte und Tees empfohlen.

Aufgrund dieser Erkenntnisse wurden die Verpflegungsautomaten umgebaut, erweitert und neu ausgestattet mit „gesunden" Produkten, wie beispielsweise Weight-Watcher-Salate, frisches Gemüse mit Dip oder frische Vollkornbrötchen und Moltkedrinks. Überall im Betrieb sind jetzt gesunde und leichte Produkte unmittelbar zugänglich. Die Automaten werden täglich mehrfach frisch bestückt.

Darüber hinaus bringt das so genannte „Verpflegungsfahrzeug" ein umfangreiches Sortiment an frischen und gesunden Nahrungsmitteln zu verschiedenen Orten auf dem Werkgelände. Die Mitarbeiter kennen die Fahrzeiten aus dem Intranet und von den Aushängen. Eigens mit dem Logo „Fit mit Rasselstein – der gesunderhaltende Betrieb" gekennzeichnete Schilder weisen auf die Haltestellen hin. Für die gesunde Versorgung der Mitarbeiter wurde ein neues Verpflegungsfahrzeug angeschafft. Mit den eingebauten Kühlelementen ist es möglich, frisch zubereitete Produkte anzubieten. Auch warme Speisen können nun verkauft werden. Das Verpflegungsfahrzeug bietet ähnliche Produkte wie die Automatenstationen an, nur wesentlich umfangreicher. Täglich frische Tagesangebote kommen dazu.

3. Umbau der Kantine

Die Ausstattung der ehemaligen Rasselsteiner Werksküche war entsprechend veraltet. Die Speisen mussten im circa elf Kilometer entfernten Werk Neuwied zubereitet und nach Andernach geliefert werden.

Im Rahmen des Projekts konnte nun ein Umbau vorhandener Räume erfolgen. Die neue Kantine fand ihren Platz in einer alten Versuchsanstalt im Werk Andernach. Handlungsleitend für den Umbau waren drei Gedanken:

- „Frisch – leicht – gesund" soll das Ernährungsangebot sein.
- Wahlmöglichkeiten bieten statt Druck auszuüben, sich für ein gesundes Essen zu entscheiden.
- Mehr als Kantine sein, nämlich Raum für Austausch und Kommunikation als gesunderhaltende Ressourcen ermöglichen.

Das Ergebnis: Ein heller freundlicher Raum, der bereits im Eingangsbereich mit einer Cafeteria einen kommunikativen Treffpunkt bietet. Hier findet ein reger Austausch zwischen Mitarbeitern aus verschiedenen Bereichen statt. Informationstafeln sorgen für den aktuellen Informationsfluss im Unternehmen. Der Speiseraum selbst ist so gestaltet, dass auch die Kommunikation an den Tischen erleichtert wird.

Das Speiseangebot besteht aus verschiedenen Komponenten, die frei kombiniert werden können. Menge und Zusammenstellung sind flexibel wählbar. Verschiedene frische Salatvariationen, verschiedene frisch zubereitete Gemüse, vegetarisches Essen, fettarme Küche, viel frischer Fisch und frisches Fleisch bieten eine breite Palette gesunder Ernährung. Bei der Zusammenstellung des Angebotes berät eine Ökotrophologin, so dass die Speiseplangestaltung ernährungswissenschaftlichen Erkenntnissen folgt. Alle Komponenten sind mit entsprechenden Hinweisen gekennzeichnet, so dass der Mitarbeiter auf einen Blick erfährt, was fettarm, vitaminreich, vegetarisch usw. ist.

Dennoch bleiben die gesunden Speise- und Getränkeangebote freiwillig. Wer will, kann auch Pommes Frites und Schnitzel essen. Hier wird auf Aufklärung und Informationsvermittlung statt auf Zwang gesetzt. Informationsflyer zu verschiedenen Themen, z. B. „Warum ist Fisch gesund", werden wöchentlich neu auf den Tischen verteilt.

4. Trainingszentrum

Einseitige Belastungen und chronischer Bewegungsmangel sind die Ursache für viele Beschwerden, besonders auch für Muskel-Skelett-Erkrankungen. Bewegung dagegen bringt Herz, Organe und Muskulatur in Schwung. Kondition und Fitness werden aufgebaut, Herz und Kreislauf trainiert und die Muskulatur gestärkt. Das Gehirn wird besser durchblutet, Stress abgebaut.

Wer einmal regelmäßig Sport getrieben hat, kennt auch die positiven Effekte für das Wohlbefinden. Für bewegungsungewohnte Menschen ist es hingegen oft schwer, den Einstieg zu finden. Viele empfinden den Anfang als quälend und werfen schnell wieder das Handtuch. Oder sie raffen sich erst gar nicht auf. Deshalb soll es auch Anfängern leicht gemacht werden, die persönliche Hemmschwelle zu überwinden. Aus der Gesundheitspsychologie[104] weiß man, dass die räumliche Nähe und Erreichbarkeit eines Gesundheitsangebotes dazu beitragen kann, das Angebot auch wirklich wahrzunehmen. Ein Fitness- und Trainingszentrum auf dem Firmengelände ist deshalb Bewegung, die zu den Beschäftigten kommt. Durch Information und Motivation können auch Zielgruppen erreicht werden, die sonst einen großen Bogen um ein Fitnesscenter machen würden.

---

[104] Schwarzer (2004).

Das Rasselsteiner Trainingszentrum ist im April 2007 in einen zentral gelegenen Raum auf dem Andernacher Werkgelände eingezogen. Es bietet alle wichtigen Möglichkeiten zur Prävention und Therapie von Krankheiten, die durch Bewegungsmangel bedingt sind und ist mit modernen Geräten für Ausdauer und Krafttraining sowie medizinischen Therapiegeräten ausgestattet. Das medizinische Konzept geht davon aus, dass aktive Bewegung nachhaltiger wirkt als Massage oder Fangopackungen. Ein richtig dosiertes Krafttraining steht dabei im Vordergrund. Das gerätegestützte Krafttraining und das Training an den Herzkreislaufgeräten bieten Schutz gegen chronische Überlastung. Fast 50 Prozent aller Beschäftigten haben sich inzwischen für das Trainingszentrum angemeldet.

Nach einem kurzen medizinischen Checkup erhält der Rasselsteiner Mitarbeiter einen individuellen Plan für das gesundheitsorientierte Training. Als Ansprechpartner während der Trainingszeiten fungieren die Mitarbeiter des Medizinischen Dienstes.

Verschiedene Kurse bieten den Beschäftigten „Fitness und Action", zum Beispiel Spinning, Rückentraining oder Entspannungskurse. Hier fungieren ausgebildete Rasselsteiner Beschäftigte als Übungsleiter.

Auch eine physiotherapeutische Behandlung kann vor Ort im Rasselsteiner Trainingszentrum durchgeführt werden. Hier kooperiert das Unternehmen mit einer physiotherapeutischen Einrichtung. Auf diese Weise kann eine Verzahnung mit dem Projekt „Werkbank statt Reservebank" (siehe Kapitel 15) erfolgen, das die Wiedereingliederung von Mitarbeitern mit chronischen Muskel- und Skeletterkrankungen zum Ziel hat.

Die Kombination von Prävention und Rehabilitation erlaubt die Motivation zur gesundheitsbewussten Lebensführung, die frühzeitige Identifikation von Risikopatienten und deren zielgerechte Behandlung sowie die Stärkung von Problembewusstsein und Eigenverantwortung.

Erfolgsfaktoren

✔ Moderne Ausstattung erlaubt gesundheitsförderliche Angebote

✔ Räumliche Nähe der Angebote senkt Hemmschwelle zur Nutzung

✔ Kombination von Prävention und Rehabilitation im Trainingszentrum

Kapitel 23

Licht und Farbe

Bernd Hoffmann

1. Einleitung

„Wozu soll das denn gut sein?!" Auf den ersten Blick hielt sich die Begeisterung der Rasselsteiner Beschäftigten in Grenzen, als sie erfuhren, dass Anlagen, Produktionshallen und Außenfassaden des neuen Werkteils in Andernach in leuchtend blauen und grünen Farbabstufungen gestaltet werden sollten. Je weiter die Hallen jedoch innen und außen wuchsen, desto deutlicher war ein Meinungsumschwung spürbar. Inzwischen greifen Mitarbeiter in allen Teams, wann immer es möglich ist, zum Farbtopf und erneuern während der Produktionsstillstände den Anstrich von Anlagen, Wänden und Einzelteilen in Eigenregie. Sie haben den Vergleich – und fühlen sich mit den hellen und freundlichen Farben wesentlich wohler.

Kein Wunder, denn Licht und Farbe sind neben Lärm und Raumklima wichtige Umgebungsfaktoren, die Wohlbefinden und Gesundheit positiv wie negativ beeinflussen können, das zeigen auch zahlreiche wissenschaftliche Studien. Im Projekt „Der gesunderhaltende Betrieb" spielen sie deshalb als gesund erhaltende Ressourcen im Rahmen der Verhältnisprävention und des Abbaus von Belastungsfaktoren eine wichtige Rolle.

2. Die Wirkung von Licht und Farbe

Menschen fühlen sich bei gutem Licht nicht nur wohler, sie leisten auch mehr. Das bestätigte eine Studie der Technischen Universität in Ilmenau aus dem Jahre 2000. Die Ilmenauer Lichtexperten untersuchten in Langzeittests typische Industriearbeitsplätze und fanden heraus, dass vor allem optimierte Beleuchtungsanlagen mit Beleuchtungsstärken, die über den in DIN 5035 normierten Mindestwerten liegen, nachweislich die Leistungsfähigkeit und -bereitschaft steigern. Die Fehlerquote nimmt ab, die Beschäftigten fühlen sich weniger ermüdet. Sogar die Unfallhäufigkeit verringert sich.

Im umgekehrten Fall kann eine falsche Beleuchtung auch gesundheitsschädlich wirken und Kopfschmerzen, Augenbeschwerden und Ermüdung auslösen. Zwangs- und Fehlhaltungen können als Folge auftreten. Die gesamte physische und psychische Verfassung wird durch Licht beeinflusst, zum Beispiel Blutdruck, Stoffwechsel, Schlaf oder Durst und Hunger. Die Berufsgenossenschaften empfehlen in diesem Zusammenhang, dass Arbeitsplätze vorrangig mit Tageslicht beleuchtet werden sollten, damit die natürlichen Lebensfunktionen nicht gestört werden. Wenn Tageslicht nicht in ausreichendem Maße zur Verfügung steht, ist eine gute künstliche Beleuchtung erforderlich.[105] Die Beleuchtungsstär-

---

[105] Berufsgenossenschaftliche Regeln für Sicherheit und Gesundheit bei der Arbeit, BGR 131-1 „Natürliche und künstliche Beleuchtung von Arbeitsstätten", Oktober 2006.

ke sollte der Arbeitsaufgabe und Raumart sowie idealerweise auch der abnehmenden Sehschärfe älterer Arbeitnehmer angepasst werden.

Neben dem Licht haben Farben einen großen Einfluss auf die Stimmungslage und das Wohlbefinden des Menschen. Sie wirken auf sein Distanz-, Temperatur-, Raum- und Helligkeitsempfinden. Dunkle Farben schlucken Licht, helle Farben reflektieren es.

Bei der Gestaltung von Arbeitsplätzen mit Farben sollten sowohl die psychologische Wirkung als auch die Kennzeichnung von Gefahrenquellen mit Sicherheitsfarben berücksichtigt werden.[106]

Licht und Farbe sind dabei nicht von einander trennbar, sondern im Kontext zu betrachten. So sind Licht und Farbe möglichst der Natur anzupassen. Das bedeutet: Vom Boden zur Decke hin ist die Farbe und damit auch die Lichtintensität zu erhöhen, um den größtmöglichen positiven Effekt zu erzielen.

3. Das Farbkonzept von Friedrich Ernst v. Garnier

Grundlage für die Licht- und Farbinitiative bei der Rasselstein GmbH ist das werksweit harmonisch abgestimmte Farbkonzept des Farbgestalters Friedrich Ernst v. Garnier. Er hat für die Rasselstein-Mutter Thyssen-Krupp Steel ein neues, breit gefächertes Farbspektrum für das Bauen mit Stahl entwickelt. Nicht nur bei Rasselstein, sondern auch an anderen Standorten wurden bereits zahlreiche Großbauten mit der neuen Farbigkeit erfolgreich realisiert.

Friedrich Ernst v. Garnier bezieht sich auf die „natürlich klanghaften Farbenspiele der Natur". Es gibt in der Natur niemals eintönige Farben, sondern immer eine Vielzahl von Farbtönen. Dieser Grundgedanke spiegelt sich in seinem Konzept der „Organischen Farbigkeit" wider, das auf monochrome Flächen verzichtet und stattdessen mit Farbklängen arbeitet.

Auch bei der Rasselstein GmbH soll die Farbgebung nach v. Garniers Ansatz der Natürlichkeit der Landschaft entsprechen und sich in diese einfügen. Deshalb wird bei den Außenhallen das Farbspektrum von Blau und Grün dominiert, aufgeteilt nach frischeren und wärmeren Reihungen. Die Helligkeitsabstände zwischen den einzelnen Farbtönen sind gering. Das mindert die Härte der industriellen Zweckbauten. Für v. Garnier ist das auch „Umweltschutz für's Auge".

Statt der bekannten RAL-Farbpalette nutzt v. Garnier „NCS-Farben" Das „NCS-Natural Color System" ist eine Farbreihe, die gegenüber den

---

[106] http://rz.fh-ulm.de/projects/lars/Projstud/Nieke/Ugeb.htm.

RAL-Farben viel feiner und natürlicher abgestimmt ist. NCS-Farben sind Normfarben und nicht teurer als andere Farben. Beim Bau von Außenfassaden müssen heute aus bauphysikalischen Gründen die Oberflächen aller Baumaterialien ohnehin beschichtet werden. Farbige Beschichtungen sind deshalb nicht aufwändiger als andere.

Farben, so lehrt die Farbpsychologie, beeinflussen die menschlichen Emotionen unmittelbar. Innerhalb der Arbeitshallen legt v. Garnier deshalb Wert auf eine helle Lichtstimmung, sonnig und leicht. Tendenziell sind die Farb- und Lichtverhältnisse dort meist zu dunkel, so bisher auch bei der Rasselstein GmbH. Die Anlagen in den alten Werksteilen sind in dunklen und kontrastreichen Primärfarben wie Dunkelblau und Rot gestrichen, die Abschlüsse nach oben hin sind dunkel und wirken damit erdrückend. Lichtbänder in den Gebäudedecken haben weniger Wirkung, weil dunkle Farben das Licht schlucken.

Friedrich Ernst v. Garnier setzt dagegen auf natürliche Farben in sanften Übergängen. Sonnig gelbe Wandgestaltung fängt das Licht ein, reflektiert es in der Halle und trägt somit auch bei künstlicher Beleuchtung zu einem natürlichen Empfinden bei. Die Arbeitslandschaft soll dem natürlichen Wesen des Menschen entsprechen. Je nach Arbeitsplatz werden kühlere oder wärmere Farbtöne verwandt. An der „Haubenglühe" etwa, wo es im Sommer sehr warm werden kann, herrschen kühlende Blautöne vor. Damit werden Belastungen gemindert und Vitalität unterstützt. Der Farbdesigner ist überzeugt, dass Farbe Kraft geben kann und Belastungen vermindert. Auch das soziale Gesamtempfinden verbessere sich.

Bei Motoren und Antriebswellen verwendet v. Garnier die Farbe Rosa. Zum einen setzt er darauf, dass Rosa für Männer signalisiert: „Finger weg". Neben dem Sicherheitseffekt werden die Teile nicht von beschmutzten Fingern angefasst und bleiben sauberer. Gefahrenquellen kennzeichnet v. Garnier schwarz-weiß. Die Signalwirkung entsteht durch die kontrastreiche „Nicht-Farbkombination". Beispielsweise sind die fahrerlosen Transportsysteme, die die Coils in den neuen Hallen transportieren, in schwarz-weiß gestrichen.

Exkurs: Rasselstein in Andernach. Ein farbiges Weißblechwerk am Rhein: heiter, lebendig, landschaftsnah

Friedrich Ernst v. Garnier

Die Neubauten in unseren Städten und Gewerbegebieten sind heute mehrheitlich weiß, grau, schwarz oder im lauten Gegensatz dazu schreiend bunt. Das ist die Folge davon, dass eine fundierte Farblehre für Architektur nicht mehr zur Ausbildung an den Universitäten gehört.

Das Bauen folgt scheinbar rationalen Argumentationen und vergisst den emotionalen Anteil unseres Lebens, der sich unter anderem in Farbe ausdrückt. Diesen ganzheitlichen Aspekt berücksichtigt das neue Konzept der „Farbgestaltung für Gebautes".

Schon Goethe hielt die Farbe für wichtiger als die Form. Auch wenn sich diese Haltung nicht so ohne Weiteres auf die Baukultur unserer Zeit übertragen lässt: Der „Farbentzug" und die triste Einheitlichkeit der Gebäude machen die teilweise gelungenen Ansätze der Architektur zunichte.

Das neue Konzept der „Farbgestaltung für Gebautes" ist nicht leicht umzusetzen, besonders nicht für Industrieunternehmen. Industrieanlagen sind häufig schon vor vielen Jahren fertig gestellt worden. Jede neue Maßnahme wartet erst einmal den Zerfall alter Gebäudeteile ab. Das macht die Planungsaufgaben nicht leichter, denn nicht alle Bauten einer Anlage werden zur selben Zeit alt. Materialien ändern sich, dann wechseln Abstände, dann funktionale Zusammenhänge. So brauchen Veränderungen üblicherweise eine lange Zeit.

Auf diese Weise wächst die neue Farbigkeit meist langsam in bestehende Grauwerte hinein. Neue Nachbarschaften von Alt und Neu entstehen. Sie bieten dem Betrachter die Möglichkeit, neue Anlagen neben den alten Baureihen aus der gewachsenen Werksgeschichte eindrücklich wahrzunehmen, innen wie außen.

Oft werden dann die seit Jahrzehnten lieblos „eingewachsenen" Farbsprachen sichtbar, die meist beziehungslose Anstriche ohne Gestaltungsauftrag und ohne Konzept sind. Sie wirken unsensibel, grob, eintönig, brutal und laut.

Solche verletzend bunten Vorgaben standen bei Rasselstein in Andernach nicht im Wege. Alles bis dato in Stahl Gebaute hatte grundsätzlich auf Buntheit wie auch auf maßstäbliche Farben verzichtet und war von Beginn an im Wesentlichen weiß, grau und silbrig-grau geblieben.

Der Bau eines neuen Werkteils und die Philosophie des „gesunderhaltenden Betriebs" machten bei Rasselstein den Wechsel zu einem durchdachteren Zukunftsbild möglich. Es zeigt sich sowohl in der Außenansicht des Werks wie auch in den großen Produktionshallen und -anlagen. Nach innen ist das Ziel, den dort arbeitenden Menschen in den verschiedenen Lichtverhältnissen positiv zu beeinflussen. Lichtstimmungen nehmen bekanntlich großen Einfluss auf das persönliche Befinden. So wirkt das neue Werksbild nach außen als markantes Signal in der Landschaft – und innen begleitet es den arbeitenden Menschen unmittelbar und gibt ihm Kraft.

Jeder verantwortungsvolle Neubeginn verzichtet auf laute Buntheit und sucht lieber partnerschaftliche Farbigkeiten: lauter, aber nicht laut. Denn Farbigkeiten mit natürlichem Wirkungslicht wirken in Arbeitsräumen auf den Betrachter schonender, natürlicher, vertrauter. An die neue Farbgebung muss man sich nicht lange gewöhnen. Sie bewirkt keinen Überdruss, weil schnelle Tonwechsel vermieden werden. Sie richtet sich am Menschen und seinen Bedürfnissen aus. Das sollte eine Selbstverständlichkeit sein, ist es aber noch lange nicht. Und dies obwohl die Wirkungen positiv sind, wie sich dies auch in den neuen Werksbereichen des Unternehmens ThyssenKrupp zeigt.

Die farbig durchdachte Gestaltung industrieller Arbeitslandschaften ist keine Kunst, sondern im Grunde eine Frage der Umgebungs- und Arbeitsplatzgestaltung. Sie gibt den Menschen in ihren alltäglichen Tagesabläufen Kraft. Sie regt an, nicht auf. Sie benötigt keine komplizierten intellektuellen Umwege, weil sie stärkend wirkt auf alle Menschen, unabhängig von ihrer Bildung und Ausbildung. Die mit Farbklängen begleitete industrielle Werksanlage ist in ihrer visuellen Anmutung human, weil sie einerseits nicht zu „laut" (aufreibend/anstrengend) und andererseits auch nicht zu „leise" (passiv/träge) ist für die Augen und die durch sie ausgelösten Empfindungen.

Dies klingt nach großem Aufwand. Ein falscher Eindruck, weil sich jede Gestaltung von technischen Arbeitsräumen und Arbeitsgeräten in ihren Grundregeln leicht ausrechnen lässt, wenn man einmal die farblichen Grundordnungen begriffen hat. Natürlich ist der Aufwand geringfügig größer, wenn man erstmals gegen festgefahrene Gestaltungsordnungen antreten muss.

Eine wichtige Bedingung ist dabei, sich von persönlichen Geschmackspositionen unbefangen lösen zu können, weil es um die Wirkung und die neue Rolle in der Landschaft um den Menschen geht und nicht um den persönlichen Geschmack. Notwendig ist hingegen ein Gespür für einfache grundsätzliche Farbverbindungen und harmonische Zusammenhänge. Fakt ist: Wirklich jeder Quadratzentimeter unserer Materialien muss zu seinem Schutz beschichtet werden. Jedes Kind weiß ja, dass gerade Stahl sonst rosten kann.

Am wichtigsten ist, dass zu großflächige Eintönigkeiten vermieden werden. Die meisten Menschen spüren auch ohne künstlerische Vorbildung schnell, dass harmonische Farbverbindungen auch bei technischen Aufgabenstellungen wirken. Und dies obwohl wir im Alltag von eintönig eingebrachten Einzel-Farbsignalen umgeben sind und „Partnerschaften" von klingender Farbigkeit fast unbekannt zu sein scheinen.

Der neue Umgang mit Farbigkeiten, wie sie in Andernach und in zunehmend vielen Werksanlagen im ThyssenKrupp Konzern entstehen, verdeutlicht auch die Defizite, die durch die „farblosen" Industriebauten entstanden sind. Sie haben – überspitzt gesagt – die Beziehungen zwischen dem Menschen und den ihn umgebenden Gebäuden nachdrücklich gestört. Die entstandene Sachlichkeit ist inhuman und nicht in der Lage, dem Menschen sinnvolle Hilfen zu geben, um seine Kraft im Leben und damit auch seine Gesundheit zu erhalten.

Im Kern geht es darum, die Zusammenhänge zwischen Körper, Seele und Geist zu erkennen, einzuordnen und das gefundene Gesamtbild in einen gesamtmenschlichen Zusammenhang zu bringen. Farblehre ist keine Dekoration, auf die man einfach verzichten kann. Sie ist wesentlich, weil sich alle Lebewesen über Hunderttausende von Jahren in klanghaft farbigen Landschaften entwickelt haben. So konnten sie jede Lockung, jede Warnung, jedes Glück und jede Bedrohung in Bildern erkennen und lernen.

Eine weitere positive Feststellung ist die, dass die menschenbezogenen Farbigkeiten auch zur deutlichen Reduzierung von Krankmeldungen bei Mitarbeitern geführt haben; eine Folge, die nicht verwundert. Jede Veränderung von Lichtstimmungen solcher Art wird zum wesentlichen Teil seelischer Stärkung.

Jeder mit diesen Phänomenen konfrontierte Psychologe bestätigte die Binsenwahrheit, dass ausgesuchte Farb-Licht-Zusammenhänge in ihren Resultaten auf arbeitende Menschen wie Medizin wirken.

Es heißt nun, die weitere Fehlentwicklung in der Architekturgestaltung durch verständliche Lehre und vor allem durch gute Beispiele zu verhindern. Dass sich seit etwa einem Jahrzehnt ein Weltunternehmen wie der ThyssenKrupp Konzern so konsequent weltweit zu einer natürlichen neuen Farbigkeit entschlossen hat, zeigt auch, wie viel wert ihm seine Mitarbeiter und die Landschaften und Menschen in der Umgebung seiner Industrieanlagen sind.

Abbildungen zum Exkurs auf den Seiten 214–215

Abb. S. 214: Die Farbkompositionen von Friedrich Ernst v. Garnier
Abb. S. 215: Präventive Gesundheitsmaßnahmen bei Rasselstein
(ausgehend von oben links im Uhrzeigersinn:
Gesunde Ernährung, Gesundheitstag, Führungskräfte-
Weiterbildung, Trainingszentrum, Vitalitätsmessplatz
für Führungskräfte, Ergonomisches Zielgruppentraining,
Gesundheitsaudit, Physiotherapie)

„Farbkompositionen für Industr[ie]
objekte müssen in ihre Umgebu[ng]
passen. Rasselstein in Anderna[ch]
ist ein Vorzeigebeispiel. Das a[n]
spruchsvolle Design ist nur mö[g]
lich, wenn sich die individu[el]
len Farbklänge im Laufe der Z[eit]
nicht ändern. Das garantiert d[ie]
ReflectionsOne®-Collection."

Friedrich Ernst v. Garnier

Fit mit Rasselstein
Der gesunderhaltende Betrieb

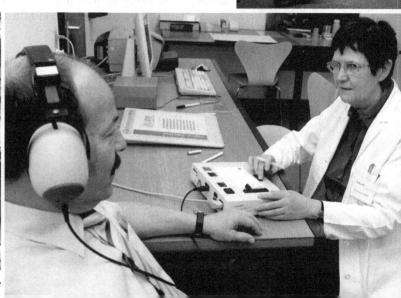

4. Umsetzung bei Rasselstein

Mit ihrem neuen Werkteil baute die Rasselstein GmbH 2004 ihre Position als weltweit größter Weißblechstandort weiter aus. Der Neubau der Hallen und Anlagen war auch ein guter Anlass für das Projekt „Licht und Farbe" im Rahmen des „gesunderhaltenden Betriebs". Nach den Plänen von Friedrich Ernst v. Garnier setzten so genannte „Farbverantwortliche" in den einzelnen Teams die verschiedenen Farbkompositionen um. Die Koordination durch instruierte Mitarbeiter ist nicht nur für das Gesamterscheinungsbild wichtig, sondern auch, damit die physikalische Qualität gewährleistet wird. Die Farben müssen beständig sein, damit sie das bei der Produktion verwandte allgegenwärtige Palmöl auf die Dauer aushalten.

Nach und nach verändert sich nun das gesamte Werk. Nachdem die neuen Hallen und Produktionsanlagen bereits ganz in das neue Farbspektrum getaucht sind, bekommen die Altanlagen und anderen Gebäude bei jeder Instandsetzung einen neuen Anstrich. In zehn Jahren soll das Farbkonzept vollständig umgesetzt sein.

In den Produktionshallen ist es insgesamt schon viel heller geworden, weil die helltönigen Farben mehr Licht reflektieren. Die lichte Farböffnung nach oben nimmt die Beklemmung und fördert eine positive Grundstimmung. „Die Anlagen erhalten eine Leichtigkeit", „Unglaublich, was aus dem dunklen Loch geworden ist!" So und ähnlich äußern sich Mitarbeiter und bestätigten damit die von Garnier beabsichtigte Wirkung.

Die neuen Farben bewirken insgesamt auch eine Verbesserung der Lichtverhältnisse. Darüber hinaus wird überall im Betrieb ständig an deren weiterer Optimierung gearbeitet. Das ist nicht immer einfach, denn in den alten Industriehallen fehlt es manchmal am natürlichen Lichteinfall. Eine neue Dachverglasung oder Fenster lassen sich oft nicht ohne weiteres einbauen. Hier lässt sich einiges mit optimierten Beleuchtungsanlagen erreichen. Viele Dachflächen werden in den nächsten Jahren erneuert, wobei die verantwortlichen Bauingenieure das Konzept aufgreifen. Sie verwenden nicht mehr zementgraue Platten, sondern hell beschichtete Dacheindeckungen und bringen mehr Lichtbänder in die Dach- und Wandflächen ein.

Erfolgsfaktoren

✔ Licht und Beleuchtung sind „Leistungsförderer"

✔ Stimmiges Gesamtkonzept

✔ Einbezug der Mitarbeiter

Teil VI

Ergebnisse
und
Ausblick

Kapitel 24

Projektevaluation: Ergebnisse der Mitarbeiterumfrage

Anja Gerlmaier

1. Einleitung

Die 2004 und 2006 unter den Rasselsteiner Beschäftigten durchgeführten Gesundheitsumfragen dienten der Evaluation des Projekts. Der eingesetzte Fragebogen enthielt 80 Fragen in acht Themenkomplexen, die Auskunft darüber gaben, inwieweit folgende Ziele erreicht wurden:

▌ Verbessertes Wohlbefinden der Beschäftigten,
▌ Reduzierung von Umgebungsbelastungen und
▌ Aufbau von individueller Gesundheitskompetenz und Optimierung von arbeitsbezogenen Ressourcen, wie zum Beispiel soziale Unterstützung oder Führungsklima.

Bei Mitarbeiterumfragen ist es besonders wichtig, um das Vertrauen der Beschäftigten zu werben und Ziel und Zweck der Befragung zu erläutern. Gemeinsam mit dem Betriebsrat wurde deshalb eine differenzierte Kommunikationsstrategie erarbeitet, zu der neben der Information über die Mitarbeiterzeitschrift „Rasselstein Info", Intranet und Aushängen an den Infotafeln im Betrieb, Pop-up-Fenstern auf den Rechnern der Beschäftigen vor allem die persönliche Information durch Betriebsrat und Führungskräfte zählte.

Um eine hohe Beteiligung zu erzielen, fand die Umfrage in Team- und Gruppensitzungen statt. Für die Beteiligung erhielten die Mitarbeiter ein Dankeschön in Form von Gesundheitspunkten für den Gesundheitspass.

Im Folgenden stellen wir die Unternehmensergebnisse im Überblick dar. Darüber hinaus liegen Einzelergebnisse für die Teams vor, sofern sich mehr als 15 Mitarbeiter gemeldet hatten und damit die Anonymität bei der Auswertung gewährleistet war. Die Ergebnisse wurden den Teamleitern im persönlichen Gespräch erläutert und bildeten den Ausgangspunkt für die weitere Analyse von Auffälligkeiten und einen entsprechenden Maßnahmenplan.

2. Beteiligung

Wie 2004 wurden auch im Jahr 2006 zwei von fünf Schichten in der Produktion und im überbetrieblichen Bereich alle Beschäftigten befragt. Der Rücklauf war außerordentlich hoch: Von den Befragten gaben 90 Prozent der Mitarbeiter in Andernach ihren Fragebogen zurück, in Neuwied waren es 88 Prozent. Gegenüber 83 Prozent bei der ersten Umfrage im Jahre 2004 konnte damit die Beteiligungsrate noch einmal gesteigert werden.

3. Gesundheitszustand

Abbildung 14:
Subjektiv erlebter
Gesundheitszustand der
Rasselsteiner (2006 im
Vergleich zu 2004)

Der subjektiv erlebte Gesundheitszustand hat sich bei den Rasselsteinern in Andernach und Neuwied deutlich verbessert: Fast doppelt so viele Mitarbeiter wie 2004 hatten im Juni 2006 das Gefühl, gesund zu sein. Insbesondere in den Teams des Werkes Andernach konnte eine deutliche Verbesserung des erlebten Wohlbefindens beobachtet werden.

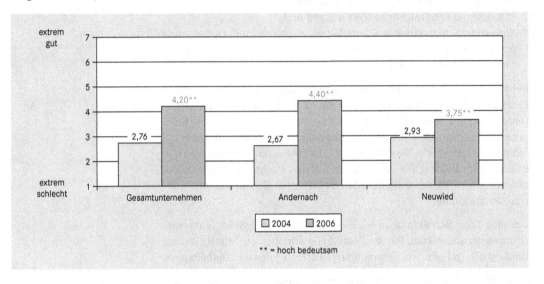

4. Gesundheitsverhalten

Abbildung 15:
Gesundheitsverhalten der
Rasselsteiner (2006 im
Vergleich zu 2004)

Auch das Gesundheitsverhalten (Vorsorgeuntersuchungen, ausreichend Schlaf und Bewegung, Entspannung etc.) der Rasselsteiner Beschäftigten hatte sich insgesamt positiv entwickelt.

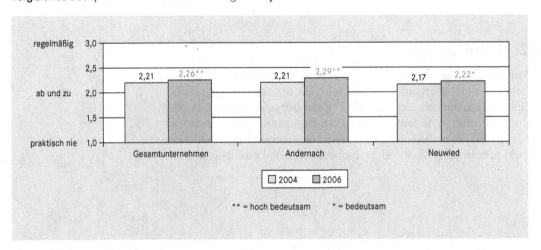

Auffällig ist, dass sich das Gesundheitsverhalten nicht nur bei den Beschäftigten im überbetrieblichen Bereich, die erfahrungsgemäß besser auf Gesundheitsprogramme ansprechen, verbessert hat, sondern auch bei den Mitarbeitern in der Produktion. Allerdings sind die Verhaltensänderungen der Verwaltungsmitarbeiter stärker ausgeprägt als die der Produktionsmitarbeiter. Eine mögliche Ursache dafür ist, dass die Schichtarbeitenden schlechter an regelmäßigen Gesundheitsangeboten teilnehmen können.

Die Verbesserungen des Gesundheitsverhaltens waren nicht auf bestimmte Altersgruppen beschränkt, sondern betrafen alle Beschäftigten, gleich welchen Alters.

5. Gesundheitliche Beschwerden

In der Befragung wurde auch nach psychosomatischen Beschwerden wie Kopfschmerzen, Magenschmerzen, Rückenschmerzen, Nackenverspannungen, Ohrgeräuschen gefragt. Das Beschwerdeniveau hat sich während der Projektlaufzeit des gesunderhaltenden Betriebs nicht wesentlich verändert.

Dass die Beschwerden nicht bedeutsam zurückgegangen sind, sagt allerdings nichts über die Wirkung der Gesundheitsmaßnahmen aus, weil hier vor allem nach chronischen Erkrankungen gefragt wurde, die sich nur sehr langwierig verändern lassen. Im Projekt ging es ja vor allem um die Gesunderhaltung. Bei den gesunden Mitarbeitern war eine leichte Zunahme zu beobachten.

Abbildung 16:
Ausmaß psychosomatischer Beschwerden der Rasselsteiner (prozentuale Verteilung 2004 bis 2006). Die grauen Balken zeigen die „Gesunden".

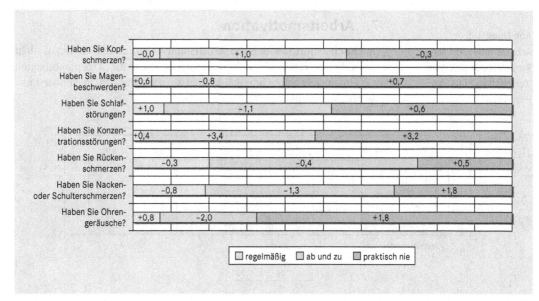

221

Im Vergleich zu anderen Unternehmen im Stahlbereich und im Vergleich zu einer AOK-Beschäftigtenstudie von Mitarbeitern aus verschiedenen Unternehmen wurde außerdem deutlich, dass der Anteil der Mitarbeiter ohne psychosomatische Beschwerden bei Rasselstein höher ist als in anderen Unternehmen.

6. Stress/psychische Ermüdung

Das Stressempfinden, zum Beispiel gemessen in den Fragen „Durch die Arbeit bin ich gereizt" oder „Ich fühle mich müde und erschöpft", war insgesamt leicht gesunken. In Andernach hat der Stress in den meisten Teams abgenommen, in Neuwied dagegen leicht zugenommen.

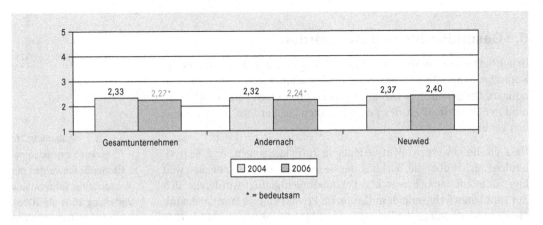

7. Arbeitsmotivation

Im Durchschnitt hat sich die Arbeitsmotivation im Unternehmen nicht wesentlich verändert. Im Werk Andernach war die Arbeitsmotivation von einem sehr hohen Stand aus leicht zurückgegangen, in Neuwied war sie etwas gestiegen.

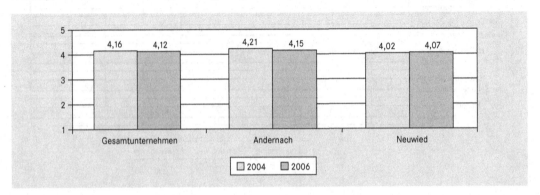

8. Bewertung der Arbeits- und Gesundheitsschutzmaßnahmen

Alle Angebote des betrieblichen Arbeits- und Gesundheitsschutzes sind den Mitarbeitern besser bekannt und werden sehr viel besser bewertet als im Jahr 2004. Besonders deutlich stieg die Bewertung im Bereich der Fitnessangebote, Informationen über Gesundheitsrisiken, Informationen vom Betriebsrat, Ernährung in der Kantine und Zwischenverpflegung.

Abbildung 19:
Bewertung der Maßnahmen

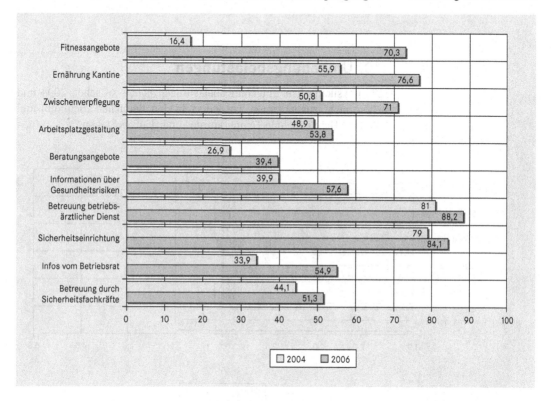

9. Vergleich von Teilnehmern und Nichtteilnehmern der Gesundheitsmaßnahmen im Hinblick auf Beschwerden und Gesundheitsverhalten

Die Maßnahmen des gesunderhaltenden Betriebs wurden von den Mitarbeitern nach eigenen Angaben gut angenommen. Über 60 Prozent der Befragten gaben an, die Angebote zur gesunden Ernährung und die Vorsorgeuntersuchungen regelmäßig bzw. ab und zu nutzen. Jeder Vierte besuchte im Projektzeitraum wenigstens einmal ein Gesundheitsseminar. 42 Prozent gaben an, den Gesundheitspass zu nutzen.

Die Gesundheitsmaßnahmen waren unterschiedlich effizient. Besonders Gesundheits- und Stressseminare sowie Vorsorgeuntersuchungen wirkten nachhaltig, da sie sowohl das Verhalten als auch die Beschwerden beeinflusst haben. Die gesunden Kantinenangebote, die vergünstige Mitgliedschaft in einem Fitnesstudio, Sportangebote und Sportevents, der Gesundheitspass und die Maßnahmen zur Unfallverhütung haben sich positiv auf das Gesundheitsverhalten ausgewirkt, jedoch nicht die Beschwerden verringert.

10. Umgebungsbelastungen

Die physikalischen Umgebungsbelastungen haben zwischen 2004 und 2006 leicht zugenommen, besonders in den Bereichen „Schmutz und Staub", „Unangenehme Temperaturen" und „Langes Stehen".

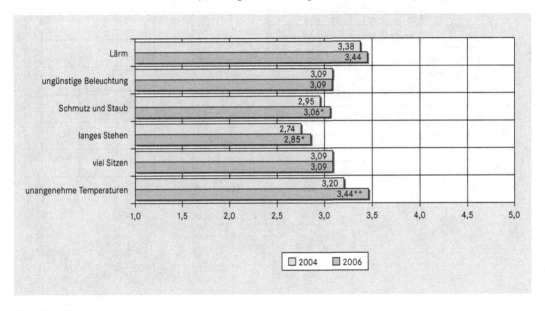

Abbildung 20:
Umgebungsbelastungen
(2006 im Vergleich zu 2004)

11. Gesundheitliche Ressourcen

Die so genannten „Ressourcen" sind laut Gesundheits- und Arbeitswissenschaften wichtige Gesundheitsfaktoren: Das sind das Gesundheitswissen des Einzelnen aber auch das soziale Klima und die Unterstützung, das Führungsklima sowie die Handlungs- und Zeitautonomie in einer Organisation.

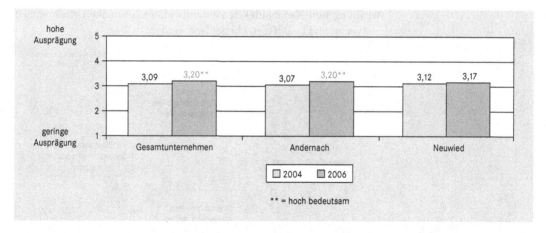

Abbildung 21:
Gesundheitswissen bei den
Rasselsteinern (2006 im
Vergleich zu 2004)

Das Gesundheitswissen hat sich in Andernach und Neuwied deutlich verbessert. Besonders in der Gruppe der bis 30-Jährigen und der über 40-Jährigen hat das Interesse an gesundheitsrelevanten Informationen deutlich zugenommen. Das soziale Klima wird im Durchschnitt unverändert hoch eingeschätzt. Die soziale Unterstützung hat sich erhöht. Das Führungsklima hat sich im Gesamtunternehmen leicht verbessert, wobei hier Neuwied die Nase vorn hat. Die Handlungsautonomie war in Andernach unverändert geblieben, in Neuwied hat sie sich deutlich verbessert. Die Zeitautonomie hat sich in allen Bereichen deutlich verbessert.

12. Fazit

Das Projektziel, das Wohlbefinden und die Gesundheit der Belegschaft zu verbessern, ist erreicht worden: Die Mitarbeiter fühlen sich eindeutig gesünder als vor Beginn des Projekts.

Gesundheitsverhalten und Gesundheitswissen der Rasselsteiner haben sich verbessert – eine wichtige Grundlage für die langfristige Gesundheit. Hierzu dürften die umfangreichen Informationskampagnen und die verstärkte Kommunikation zum Thema Gesundheit beigetragen haben. Auch die Akzeptanzwerte der Maßnahmen zum Arbeits- und Gesundheitsschutz sind hoch: Die Angebote treffen also auch den „Geschmack" der Rasselsteiner Belegschaft.

Die psychosomatischen Beschwerden haben sich allerdings nicht wesentlich verringert. Die leichte Zunahme an gesunden Mitarbeitern deutet darauf hin, dass die durchgeführten Maßnahmen präventiv wirken. Das bedeutet: Gesunde bleiben gesund. Die „Gesunderhaltung" funktioniert.

Neben der Wirkungskontrolle liefern die Ergebnisse der Umfrage aber auch Ausgangsdaten für eine weitere Diagnose der aktuellen Gesundheitssituation im Betrieb. Im Sinne einer kontinuierlichen Weiterentwicklung und Nachhaltigkeit können weitere Gesundheitsmaßnahmen zielgenau und bedarfsgerecht geplant werden.

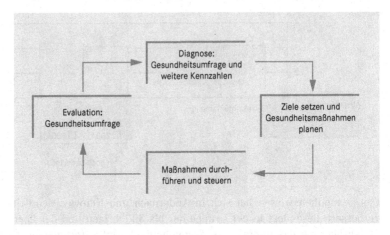

Abbildung 22:
Der KVP-Zyklus im
Gesundheitsmanagement

Ansatzpunkte für weitere Gesundheitsmaßnahmen liegen bei den Umgebungsbelastungen und den sozialen Ressourcen. Gerade die sozialen Ressourcen stellen einen wichtigen Einflussfaktor auf die Gesundheit und das Wohlbefinden dar. Darüber hinaus ist es notwendig, das gesundheitsgerechte Verhalten immer wieder zu verstärken, damit es langfristig bestehen bleibt.

Im Rahmen der Evaluation konnten keine eindeutigen Hinweise auf eine weitere Verbesserung der Belastungs- und Ressourcensituation festgestellt werden. Für die Zukunft kann hier eine Kombination von verhaltens- und verhältnisorientierten Maßnahmen wegweisende Effekte bringen.

Kapitel 25

„Der gesunderhaltende Betrieb":
Mehr als ein Modellprojekt?

Ernst Butz

1. Warum Modellprojekte in der betrieblichen Gesundheitsförderung sinnvoll sind

Die betriebliche Gesundheitsförderung war schon immer ein prägendes Kennzeichen der betrieblichen Krankenversicherung. In dieser Tradition steht auch Novitas BKK - Die Präventionskasse mit ihren historischen Wurzeln insbesondere in der Stahlindustrie. Der Blick in die Vergangenheit reicht aber nicht aus, um die Aufgaben der Gegenwart und erst recht der Zukunft zu bewältigen. Betriebliche Gesundheitsförderung bedeutet heute für eine Betriebskrankenkasse mehr, als nur die Kosten einer Rückenschule zu übernehmen oder hier und dort eine Aktion zur Diabetesfrüherkennung durchzuführen.

Betriebliche Gesundheitsförderung definiert sich als ein breit gefächerter und differenzierter Managementansatz für Unternehmen, der nur erfolgreich sein kann, wenn viele Akteure zusammenarbeiten. Die Novitas BKK trägt als einer der Akteure dazu bei, das Thema Gesundheit im Betrieb zu verankern. Das ist eine komplexe Aufgabe: Die relevanten Handlungsfelder müssen identifiziert, geeignete Maßnahmen definiert, ihr Erfolg kontrolliert werden. Man hat die Qual der Wahl und eine Vielzahl von Möglichkeiten.

Modellprojekte sind ein Weg, die wachsende Unübersichtlichkeit zu überwinden und deutlich zu machen, auf welche Weise die angestrebten Ziele am besten erreicht werden können. Die oft geübte Kritik an Modellprojekten, sie seien nicht übertragbar auf die Praxis, geht ins Leere. Modellprojekte können und sollen kein Minimalniveau oder den unteren Grenzwert dessen definieren, was betriebliche Gesundheitsförderung leisten kann. Es geht vielmehr darum, herauszufinden, was maximal möglich ist, also den „State-of-the-Art" für die betriebliche Gesundheitsförderung festzulegen. Erst die Erkenntnis dessen, was im Best Case erreichbar wäre, ermöglicht es, machbare Lösungen zu definieren, die mit den jeweiligen örtlichen Gegebenheiten vereinbar sind.

Das Modellprojekt „Der gesunderhaltende Betrieb" zeigt, was möglich ist, wenn die Umfeldbedingungen optimal sind. Dies betrifft nicht nur die finanziellen oder personellen und materiellen Ressourcen. Diese Faktoren stellen zwar eine notwendige, aber keine hinreichende Bedingung dar. Zu den optimalen Umfeldbedingungen tragen vor allem auch die Unternehmenskultur der Rasselstein GmbH und das Selbstverständnis der dort handelnden Menschen bei. Die Vielzahl der Maßnahmen provoziert vielleicht den Vorwurf, dass bei entsprechender Verfügbarkeit von Zeit und Geld alles machbar sei. Der Einwand übersieht, dass ein gesunderhaltender Betrieb nicht einfach angeordnet werden kann.

Vielmehr kommt es auf die Kombination der beiden Faktoren „materielle Ressourcen" und „persönliche Motivation und Einstellung" an. Leuchtturmprojekte wie der „gesunderhaltende Betrieb" zeigen, wie man vorgehen muss, um Führungskräfte und Mitarbeiter dafür zu gewinnen, ihre

Kreativität und ihr Engagement einzubringen. Wichtiger als die Vielzahl von Maßnahmen ist, sich auf ein systematisches Vorgehen im Sinne eines kontinuierlichen Verbesserungsprozesses einzulassen und ein Gespür für die „richtigen", das heißt die bedarfsgerechten Maßnahmen zu entwickeln.

Auch der Einwand, das Projekt stelle „nur" die Summe dessen dar, was an anderer Stelle ebenfalls gemacht würde und es gäbe eigentlich wenig Neues, zielt ins Leere. Ziel des Projektes „Der gesunderhaltende Betrieb" konnte es nicht sein, die betriebliche Gesundheitsförderung neu zu erfinden. Es ging vielmehr darum, in der Praxis auszuloten, wie man bei der Einführung eines ganzheitlichen Präventionsmanagementsystems vorgehen muss. Ziel war, die vielfältigen Verflechtungen und Abhängigkeiten von betrieblichen Strukturen, Prozessen und den handelnden Personen zu erkennen und so zu integrieren, dass der gesunderhaltende Betrieb soweit wie möglich Realität wird. Dabei geht es nicht in erster Linie um das Erreichen bestimmter Kennzahlen. Was zählt, ist der Faktor Mensch, denn die Angebote zur Gesunderhaltung müssen bei den Menschen im Unternehmen ankommen.

Die betriebliche Gesundheitsförderung ist mittlerweile als typischer erfolgversprechender Weg unter dem Stichwort Setting-Ansatz zum Muster für andere Settings geworden, ob es nun den Stadtteil, Migranten, Kinder oder andere Zielgruppen betrifft. Hinter dieser Überlegung steckt die Erfahrung, dass die Gesundheitsförderung im Betrieb mit Instrumenten arbeitet, die grundsätzlich auch auf Settings anderer Lebensbereiche übertragbar sind. Typische Aspekte sind hier zum Beispiel die Einbindung der Betroffenen, die Nutzung der Alltagskompetenz, die Kenntnis der gesundheitsgefährdenden und der gesundheitsförderlichen Rahmenbedingungen, die gemeinsame Analyse, Bewertung und Umsetzung von Maßnahmen zur Lösung von Problemen.

Dass die betriebliche Gesundheitsförderung hier vorbildlich sozusagen als „Gold-Standard" gepriesen wird, mag jeden mit Stolz erfüllen, der in der betrieblichen Gesundheitsförderung tätig ist. Im Gegensatz dazu steht, dass die betriebliche Gesundheitsförderung zwar mehr ist als ein Steckenpferd weniger Großunternehmen, aber noch lange nicht zum Alltagsgeschäft eines jeden Unternehmens gehört.

2. Was bleibt für die Praxis?

Diese Frage muss sich jedes ambitionierte Projekt gefallen lassen. Meist finden Projekte während einer begrenzten Zeit mit einer besonderen materiellen und finanziellen Ausstattung statt. Oft wird jedoch die Nachhaltigkeit, also die Integration in den Unternehmensalltag, vergessen. Nachhaltigkeit ist jedoch unerlässlich, damit aus einem Projekt Nutzen gezogen werden kann.

Wie konnten die verschiedenen Akteure im Unternehmen für eine kooperative Zusammenarbeit gewonnen werden? Wie ist es gelungen, die unvermeidlichen Kommunikationsprobleme zielorientiert und im Konsens anzugehen und zu lösen? Wie konnten vorhandene Be- und Empfindlichkeiten angemessen verstanden und überwunden werden? Wie konnten traditionelle Verhaltens- und Handlungsmuster verändert werden? Auf den Punkt gebracht: Warum hat dieses Projekt allen Beteiligten Freude gemacht, warum hat man gerne in diesem Projekt gearbeitet?

Es sind die immateriellen, die „weichen" Erfolgsfaktoren, die es ermöglichen, materielle und personelle Ressourcen sinnvoll einzusetzen. Natürlich geht es beim betrieblichen Gesundheitsmanagement auch darum, ausreichend Geld und Personal zur Verfügung zu stellen. Gesunderhaltung ist nicht umsonst zu haben. Letztlich ist es jedoch für alle Beteiligten – ob Betrieb, Krankenkasse oder den einzelnen Menschen – günstiger, in Prävention und Gesundheitsförderung zu investieren, als Erkrankungen zu „reparieren".

Dennoch sieht die Realität noch anders aus: Die offizielle Richtgröße der Spitzenverbände der Krankenkassen für die Ausgaben in der Gesundheitsförderung für 2008 betrug 2,78 Euro je Versicherten. Dieser Betrag umfasst die betriebliche und die individuelle Gesundheitsförderung. Die durchschnittlichen Leistungsausgaben für einen Versicherten wurden demgegenüber für 2008 auf 2.072,72 Euro geschätzt.[107]

Trotz dieses offenkundigen Missverhältnisses zeigt sich in der Praxis der betrieblichen Gesundheitsförderung das Problem, dass viele Unternehmen keine systematische Gesundheitsförderung und erst recht kein umfassendes betriebliches Gesundheitsmanagement betreiben. Am Anfang vieler Gespräche zwischen der Novitas BKK und Unternehmensvertretern steht die Frage, ob sich Gesundheitsförderung im Betrieb lohne, ob sie sich rechnen würde. Wir denken, dass das Projekt „Der gesunderhaltende Betrieb" zeigt, dass sie sich lohnen kann, wenn man es richtig angeht.

3. Was leistet Novitas BKK – Die Präventionskasse im Gesundheitsmanagement?

Die Novitas BKK definiert sich in der betrieblichen Gesundheitsförderung als Berater, als Moderator, als begleitender und unterstützender Dienstleister. Die traditionellen Angebote einer Krankenkasse wie die Organisation einer Rückenschule im Betrieb, die Erstellung eines Gesundheitsberichts mit einer Auswertung von Daten zur Arbeitsunfähigkeit

---

[107] Eckdaten des Bundesversicherungsamtes BVA für die Haushaltsplanung 2008.

oder eine Aktion in einer Kantine zur gesunden Ernährung sowie eine Vielzahl anderer Instrumente und Maßnahmen bilden auch heute noch einen wesentlichen Teil unseres Angebotes an Unternehmen und für die dort Beschäftigten.

Dies reicht aber nicht mehr aus. Die Anforderungen eines betrieblichen Gesundheitsmanagements gehen weiter. Der gesunderhaltende Betrieb zeigt, in welche Richtung sich die Entwicklung vollzieht. Als Betriebskrankenkasse müssen wir in der Lage sein, ein differenzierteres Anforderungsprofil zu erkennen und umzusetzen. Neben dem originären fachlichen Know-how in den Handlungsfeldern Bewegung, Ernährung, Stress und Sucht und der Analyse statistischer Daten im Rahmen der Gesundheitsberichterstattung muss der Gesundheitsberater der Novitas BKK diese Einzelkompetenzen bündeln und in ein Beratungsangebot zum Gesundheitsmanagement einbringen.

Die Erkenntnisse des gesunderhaltenden Betriebes sind dann übertragbar, wenn die speziellen Erfordernisse eines Unternehmens mit anderen Strukturen aus einer anderen Branche mit bedacht werden. Das Augenmerk sollte zunächst darauf liegen, die weichen Erfolgsfaktoren eines Unternehmens zu beschreiben, die für einen Einstieg in die betriebliche Gesundheitsförderung notwendig sind, zum Beispiel die Einstellung und Motivation der Führungskräfte und betrieblichen Arbeits- und Gesundheitsschutzexperten. Ihre Unterstützung und Überzeugung müssen gewonnen werden.

Die Vielzahl der Angebote und Maßnahmen, die der gesunderhaltende Betrieb umgesetzt und realisiert hat, beschreibt den Instrumentenkasten, der potenziell zur Verfügung steht. Es geht also zum Beispiel nicht darum, ob eine Mitarbeiterbefragung genau mit dem Fragebogen sinnvoll ist, wie er im „gesunderhaltenden Betrieb" verwendet worden ist. Für dieses Modul gibt es eine breite Palette von Angeboten. Im Fokus steht vielmehr die Bedeutung des Instruments Mitarbeiterbefragung.

„Der gesunderhaltende Betrieb" kann in diesem Sinne als Referenzobjekt genutzt werden. Es erhebt nicht den Anspruch, den einzig wahren Weg einer erfolgreichen betrieblichen Gesundheitsförderung aufzuzeigen. Genauso wie ein „Clinical Pathway" bei der Behandlung eines Patienten den Orientierungsrahmen für die Behandlungsschritte und die damit verbundenen Prozesse beispielhaft moduliert, steckt das Projekt „gesunderhaltender Betrieb" einen Rahmen ab. Auch eine evidenzbasierte Medizin kann nicht für den einzelnen Patienten im Voraus festlegen, welche Therapie die richtige ist. Jeder Patient ist anders und jedes Unternehmen ebenfalls.

Gerade deshalb sollte die Anamnese bzw. Analyse der Gesundheitssituation nach einheitlichen Qualitätskriterien erfolgen. Wo besteht Handlungsbedarf in der betrieblichen Gesundheitsförderung? Wo gibt es Schwachstellen, wo Auffälligkeiten? Welche Faktoren sind ursächlich, welche Lösungsansätze sinnvoll und machbar? Diese Fragen sollte sich jedes Unternehmen stellen.

Die Novitas BKK hat aus dem Projekt „Der gesunderhaltende Betrieb" bereits eine Konsequenz gezogen: Sie bietet Unternehmen ein Gesundheitsbudget an, das sich unter anderem an der Zahl der Versicherten im Unternehmen orientiert. Daraus ergibt sich der externe finanzielle Rahmen. Aus diesem Budget kann das Unternehmen Maßnahmen und Angebote zur betrieblichen Gesundheitsförderung anteilig finanzieren. Vorteil für das Unternehmen ist, dass nicht jede einzelne Maßnahme bei der Novitas BKK zur Prüfung und Kostenerstattung vorgelegt werden muss. Derart bürokratische Prozeduren gehören der Vergangenheit an. Das Unternehmen gibt vielmehr der Novitas BKK die Zusage, dass die Gelder aus dem Budget nur für qualitätsgesicherte Maßnahmen in dem Rahmen genutzt werden, der von den Spitzenverbänden der Krankenkassen im gemeinsamen Leitfaden definiert worden ist.[108]

Ein weiterer Vorteil für das Unternehmen ist, dass es frühzeitig das eigene Gesundheitsbudget einschließlich des von der Novitas BKK zur Verfügung gestellten Betrages planen kann. Den Nachweis, dass die Gelder tatsächlich nur für die genannten qualitätsgesicherten Maßnahmen verwendet wurden, stellt das Unternehmen der Novitas BKK im folgenden Jahr zur Verfügung. Bei nicht sachgemäßer Verwendung müssen die Budgetmittel entsprechend zurückgezahlt werden.

Dieses Angebot richtet sich an Unternehmen wie Rasselstein, ThyssenKrupp Steel oder ThyssenKrupp Nirosta, die den Schritt zu einem Gesundheitsmanagement bereits vollzogen haben und ihre Maßnahmen und Angebote zur betrieblichen Gesundheitsförderung für ihre Mitarbeiter im Rahmen langfristiger Konzepte und Strategien definieren.

---

[108] Gemeinsame und einheitliche Handlungsfelder und Kriterien der Spitzenverbände der Krankenkassen zur Umsetzung von § 20 Abs. 1 und 2 SGB V vom 21. Juni 2000 in der Fassung vom 10. Februar 2006.

Kapitel 26

Vom Projekt zur Routine:

Wirkung durch Nachhaltigkeit erzielen

Dieter Kroll

Nach drei Jahren Projektlaufzeit des „gesunderhaltenden Betriebs" bei der Rasselstein GmbH und einer gründlichen wissenschaftlichen Begleitung zeigt sich: Erfolge sind im betrieblichen Gesundheitsmanagement nicht kurzfristig zu erzielen. Es braucht einen langen Atem, vor allem aber den Willen und die Bereitschaft der Beteiligten, sich mit Zeit, Geld und Herz zu engagieren. Nur wenn das betriebliche Gesundheitsmanagement zu einem integrierten Bestandteil der Unternehmenskultur und des strategischen Managements wird, entfaltet es seine Wirkung. Dabei ist das systematische Vorgehen innerhalb eines kontinuierlichen Verbesserungsprozesses mit der Diagnose der gesundheitlichen Ausgangssituation im Unternehmen, einer klaren Zielsetzung und gezielten Intervention mit anschließender Evaluation der Prozesse und der eingesetzten Instrumente unerlässlich.

Gesundheitsmanagement ist eine Gemeinschaftsaufgabe, die vor allem von den Führungskräften, aber auch von den betrieblichen Experten und den Beschäftigten getragen werden muss. Es stärkt sowohl die salutogenen organisationalen Ressourcen wie Arbeitsorganisation und gesundheitsgerechtes Führungsverhalten als auch die personalen Ressourcen des einzelnen Mitarbeiters, zum Beispiel gesundheitsförderliche Verhaltensweisen. Gleichzeitig baut es Belastungen der Arbeitsumgebung ab.

Das Projekt „Der gesunderhaltende Betrieb" war das Ergebnis einer guten Zusammenarbeit der Berufsgenossenschaften, der Betriebskrankenkasse Novitas BKK, der Transferunternehmen und natürlich der beteiligten Rasselsteiner.

So positiv die Ergebnisse der Projektevaluation für Rasselstein auch sind, ein zeitlich befristetes Projekt allein reicht nicht aus, um die Weichen für die Zukunft zu stellen. Maßgeblich ist die Nachhaltigkeit des Ansatzes. Ziel muss deshalb die dauerhafte Integration in die betrieblichen Strukturen sein. Nur dann ist das betriebliche Gesundheitsmanagement Teil einer wirksamen Antwort auf die demografische Herausforderung.

Die Rasselstein GmbH hat deshalb bei Projektende eine Betriebsvereinbarung abgeschlossen, die die Weiterführung des Gesundheitsmanagements verbindlich regelt. Ein interdisziplinär besetzter Steuerkreis mit Führungskräften, dem Betriebsrat und Experten tagt regelmäßig und begleitet den kontinuierlichen Verbesserungsprozess. Viele Maßnahmen haben sich als effektive Instrumente erwiesen, die fortgeführt und weiterentwickelt werden. So zum Beispiel die Gesundheitsaudits, bei denen die Betriebsräte Einzelinterviews mit den Beschäftigten am Arbeitsplatz durchführen. Hier lassen sich fokussiert und ganzheitlich Belastungen erkennen und mit dem „Expertenwissen" der beteiligten Mitarbeiter Verbesserungsmaßnahmen gestalten. Auch das Trainingszentrum auf dem Rasselsteiner Betriebsgelände ist ein voller Erfolg. Über die Hälfte aller Rasselsteiner, ob Führungskraft oder Anlagenmitarbeiter, trainiert dort inzwischen Kraft und Ausdauer. Sicher wären die Teilnehmerzahlen nicht so hoch, wenn nicht „der gesunderhaltende Betrieb" mit vielen Maßnahmen dafür gesorgt hätte, dass eine „Gesundheitskultur" im Unternehmen entstanden ist.

Längere Lebensarbeitszeiten durch den gesetzlichen Renteneintritt mit 67 Jahren, der Wegfall der Altersteilzeit, der Fachkräftemangel auf dem Arbeitsmarkt, die verstärkte Bedeutung des lebenslangen Lernens und die Notwendigkeit, Wissen im Unternehmen zu sichern: Diese gesellschaftlichen Herausforderungen erfordern effektive Maßnahmen. Deshalb ist auch bei der ThyssenKrupp Steel AG ein umfangreiches Programm entwickelt worden, das das Unternehmen fit für morgen macht. Unter dem Titel „ProZukunft" haben die Belegschaft, die Betriebsräte, die IG Metall und der Vorstand auf breiter Ebene zusammengearbeitet und eine Vielzahl von Maßnahmen entwickelt. Sie reichen vom „Wissensmanagement" über Maßnahmen für das „familienfreundliche Unternehmen" bis hin zum betrieblichen Gesundheitsmanagement. Damit die Leistungsfähigkeit und Leistungsbereitschaft der Mitarbeiter langfristig erhalten bleiben, müssen die Verhältnisse im Betrieb so gestaltet sein, dass Belastungen so weit wie möglich abgebaut werden. Mitarbeiter sollen befähigt werden, sich gesundheitsförderlich zu verhalten.

Ab 2009 bietet ThyssenKrupp Steel den Beschäftigten aller Standorte vor allem in den produktionsnahen Bereichen eine „Gesundheitsschicht®"an. Jeweils 15 Mitarbeiter einer Arbeitsschicht sind dann eingeladen, gemeinsam ins neue Präventionszentrum nach Duisburg zu reisen und sich dort mit allen Fragen rund um die persönliche Gesundheit zu beschäftigen. Ziel ist die Befähigung („Empowerment"), sich eigenverantwortlich mit dem Thema Gesundheit auseinandersetzen zu können. Systematisch wird Basiswissen zu gesundheitsrelevanten Themen von Ernährung bis zum Stressabbau vermittelt. Auch ein Gesundheitscheck und ein persönlicher Gesundheitsfahrplan stehen auf dem Programm. Hier geht es vor allem um die Frage, was gesund erhält und weniger darum, was krank macht. Damit werden die individuellen Ressourcen der Mitarbeiter gestärkt. Das Modell ist bisher einmalig in Deutschland und auch der Begriff ist bereits patentrechtlich geschützt worden.

Von den beschriebenen Ansätzen profitieren alle: das Unternehmen und die Beschäftigten. Die Mitarbeiter finden Unterstützung und Entlastung. Das Unternehmen bleibt wettbewerbsfähig auch in schwierigen Zeiten.

Wichtig ist, die Themen tatkräftig anzugehen – und zwar frühzeitig.

Teil VII

Transferbeispiele

Kapitel 27

Grillo-Werke: Betriebliches Gesundheitsmanagement in einem Mittelunternehmen

Jochen Spriestersbach, Dieter Rohe

1. Vom klassischen Arbeits- und Gesundheitsschutz zum systematischen betrieblichen Gesundheitsmanagement

Gesunde und engagierte Mitarbeiter sind die zentrale Kraft in einem Unternehmen. Das gilt für die großen genauso wie für kleinere und mittlere Unternehmen. Es ist im Interesse des Unternehmens, mit produktiven Mitarbeitern im Wettbewerb bestehen zu können. Es ist aber auch die Aufgabe des Arbeitgebers, seiner sozialen Verantwortung gerecht zu werden. Bei der Grillo-Werke AG in Duisburg ist man sich dessen schon lange bewusst. Das traditionsreiche Familienunternehmen legt deshalb viel Wert auf einen umfangreichen Arbeits- und Gesundheitsschutz für seine Beschäftigten und sucht beständig nach Verbesserungsmöglichkeiten. Das Konzept eines systematischen betrieblichen Gesundheitsmanagements wie im Projekt „Der gesunderhaltende Betrieb" versprach eine solche Weiterentwicklung unter verschiedenen Aspekten:

▌ Ganzheitlichkeit

Gesundheit ist nicht nur körperliche, sondern auch geistige, soziale und seelische Gesundheit. Viele Beschwerden, zum Beispiel Rückenschmerzen, entstehen nicht nur, weil körperliche Belastungen vorliegen, sondern können ihre Ursache auch in seelischen Belastungen, zum Beispiel in Konflikten mit dem Vorgesetzten haben. Die ganzheitliche Vorgehensweise des „gesunderhaltenden Betriebs" fördert Gesundheit deshalb umfassend und nicht eindimensional.

▌ Prävention

Es ist viel effektiver und kostengünstiger, Gesundheit zu fördern als Krankheit zu heilen. Einmal entstandene Fehlzeiten lassen sich nur mit größerem Aufwand abbauen und kosten das Unternehmen viel Geld.

▌ Synergieeffekte durch gebündelte Aktivitäten

Es ist nicht nur Aufgabe des Arbeits- und Gesundheitsschutzes, sich um Fragen der Gesundheit der Mitarbeiter zu kümmern. Führungskräfte aus der Produktion und dem Personalbereich und der Betriebsrat als Interessenvertreter der Belegschaft sind ebenso dafür verantwortlich, gesundheitsförderliche Arbeitsbedingungen zu schaffen. Deshalb ist es sinnvoll, dass alle Beteiligten beim Thema Gesundheit zusammenarbeiten. So werden Reibungsverluste minimiert und größtmögliche Synergieeffekte erzielt.

Das systematische Vorgehen des Gesundheitsmanagements schafft eine Gesundheitssituation im Unternehmen, die kontinuierlich optimiert wird. Durch die Schritte „Analyse, Bewertung, Zielsetzung, Umsetzung und Kontrolle der Vorgaben" wird ein kontinuierlicher Kreislauf der Verbesserung geschaffen.

Als Modellprojekt lieferte „Der gesunderhaltende Betrieb" ideale Bedingungen, von denen die Transferunternehmen profitierten. In Workshops und im Intranet wurden hilfreiche Materialien und Instrumente des Gesundheitsmanagements zur Verfügung gestellt. Besonders die systematische Bearbeitung der Teilprojekte und die Einbindung aller Beteiligten von der Arbeitssicherheit über die Personalverantwortlichen bis hin zu den Betriebsräten waren beeindruckend. Das Teilprojekt „Licht und Farbe" konnte in der Praxis zeigen, wie Licht und Farbe die Motivation der Mitarbeiter beeinflussen können. Motivierte Mitarbeiter werden weniger krank.

Sehr wichtig war auch die Erstellung des Belastungsatlasses. Dieses Thema wurde analog einer Gefährdungsanalyse thematisiert. Die praktischen Beispiele aus einigen Betriebsbereichen helfen, dieses Modul auch auf andere zusammenhängende Betriebsbereiche zu übertragen. Auch ein Zusammenhang zwischen der Belastung und den Betriebsunfällen wurde aufgezeigt. Das einfache Ampelsystem rot/gelb/grün dient der Veranschaulichung und Transparenz.

Die Geschäftsbereiche Metall und Chemie sind nach den Normen DIN ISO 9001 und DIN ISO 14001 zertifiziert. Der Arbeits- und Gesundheitsschutz wurde in dieses Managementsystem in den letzten Jahren integriert.

2. Was ist auf ein Mittelunternehmen übertragbar?

Betriebliches Gesundheitsmanagement muss sich nicht auf Großunternehmen konzentrieren. Kleinere Unternehmen haben im eigenen Interesse und im Interesse ihrer Mitarbeiter genauso die Aufgabe, die Arbeitsbedingungen kontinuierlich zu verbessern und das gesundheitsförderliche Verhalten der Mitarbeiter zu verstärken. Natürlich sind die Ressourcen in kleineren Unternehmen begrenzter. Doch auch mit eingeschränkten Mitteln lässt sich die Gesundheitssituation im Unternehmen verbessern. Wesentlich ist, dass die Leitgedanken einer systematischen Gesundheitsförderung auf die spezifische betriebliche Situation übertragen werden.

Gesundheit als Managementprozess

Wichtig ist, das Gesundheitsmanagement als Managementprozess zu etablieren. Ziele bestimmen, Maßnahmen planen und umsetzen und prüfen, ob es funktioniert hat, ist kein grundsätzlich teures Unterfangen, sondern in erster Linie eine Frage des Vorgehens. Letztlich spart ein solches systematisches Vorgehen sogar Geld, weil die Maßnahmen zielgenau geplant und nicht mit der Gießkanne ausgeschüttet werden. So bleibt es nicht dem Zufall überlassen, ob eine Maßnahme wirkt.

Bei Grillo hat sich zur Umsetzung des Managementprozesses ein Arbeitskreis gebildet, der aus Vorstand, Betriebsleiter, Personalabteilung, Betriebsrat, Fachkraft der Arbeitssicherheit, Betriebsärztin und Betriebskrankenkasse besteht. An der Zusammensetzung zeigt sich, dass das Thema Gesundheit zur Chefsache geworden ist. Eine Aufgabe des Arbeitskreises ist es, dass das Gesundheitsmanagement mit dem Qualitäts-, Umwelt- und Sicherheitsmanagement des Unternehmens verbunden werden soll, damit auch hier Synergieeffekte entstehen und überflüssige Arbeit vermieden wird. Zweimal pro Jahr tagt dieser Arbeitskreis aktiv. Spezielle Themen und Probleme sind zum Beispiel die Analyse der Krankenstände, Tätigkeitsberichte, Suchtgefährdungen, Planung von Gesundheitstagen, gesunde Ernährung, Raucherentwöhnung, Stammzellen-Typisierung (DKMS – Deutsche Knochenmarkspenderdatei) und Vorsorgeuntersuchungen.

Ganzheitliche Prävention

Nicht nur Krankentage kosten Geld. Unmotivierte Mitarbeiter, ein schlechtes Betriebsklima und schlechte Qualität führen zu Mindereinnahmen. Deshalb kümmert sich die Grillo-Werke AG präventiv um die Gesundheit der Mitarbeiter. Die Arbeitsbedingungen werden so gesundheitsförderlich wie möglich gestaltet. Die folgenden Beispiele illustrieren dies. Führungskräfte werden nicht nur in allen Fragen des Arbeits- und Gesundheitsschutzes geschult, sondern sollen auch gesundheitsgerecht führen und ihren Mitarbeitern so viel Entscheidungsspielraum wie möglich geben. Eine vertrauensvolle Zusammenarbeit und eine konstruktive Konfliktkultur schaffen darüber hinaus gesunderhaltende Ressourcen.

Zudem stellt das Unternehmen den Mitarbeitern seit einigen Jahren auf dem Werksgelände einen Raum mit umfangreichen Fitnessgeräten zur Verfügung. Diese Einrichtung wird gut besucht und ist positiv aufgenommen worden.

Es folgen einige Beispiele, die veranschaulichen, wie „der gesunderhaltende Betrieb" auf Grillo übertragen wurde.

Beispiel: Vollwertkosternährung in unserer Kantine
Auf Wunsch des AK Gesundheit wurde der Vorschlag gemacht, Vollwertbrötchen mit gesundem Belag in der Kantine anzubieten. Ferner

wurden Gesundheitssäfte neben den normalen Getränken ins Sortiment genommen. Als fettarmen Belag gab es Putenbrust, daneben fettarme Käsesorten mit Vollwertbrötchen. Nach etwa einem halben Jahr hat sich gezeigt, dass die Vollwertbrötchen schlecht ankamen. Sie sind aus dem Kantinen-Programm wieder herausgenommen worden. Der Verkauf von Gesundheitssäften, Multivitaminnektar, Apfelschorle und Gesundheitsdrinks wurde dagegen weiterhin aufrechterhalten.

Beispiel: Raucherentwöhnungsseminar
Zum vierten Mal wurde 2008 am Standort in Duisburg-Hamborn ein Raucherentwöhnungsseminar angeboten. Von den jeweils etwa zehn Teilnehmern sind 80 bis 90 Prozent auch noch einem Jahr rauchfrei.

Beispiel: Rückenschulung
Um Muskel- und Skelettbehandlungen präventiv zu vermeiden, wurde angeregt, dass eine Rückenschulung und Wirbelsäulengymnastik durch eine externe Institution angeboten werden soll. Die Aktion läuft seit Anfang 2009.

Beispiel: Kampf gegen Leukämie
Im Jahre 2006 wurde mit der Institution DKNS, Leben spenden durch Stammzellen, eine Aktion durchgeführt. Die Kosten wurden von Grillo übernommen. Bereits 1998 nahmen 100 Mitarbeiter an der Aktion teil. 2006 waren es rund 30 Personen. Die Aktion wurde durch den Werksärztlichen Dienst der Grillo-Werke AG und den Arbeitskreis Gesundheit initiiert.

Sonstiges
In den letzten fünf Jahren fanden bei Grillo Gesundheitstage mit unterschiedlichen Leitthemen (Venendurchflussmessungen, Körperfettmessungen, Herzkreislauftests, Darmtests) statt.

2006 gab es einen Gesundheitstag unter dem Motto „Gesundes Grillen" in Verbindung mit dem Werksärztlichen Dienst und der Werksärztin. Im Jahre 2007 wurde ein Gesundheitstag unter dem Motto „Hautkrebsscreening" veranstaltet. An dieser Veranstaltung nahmen etwa 25 Prozent der Mitarbeiter teil.

2008 stand unter dem Motto „Früherkennung Darmkrebs". Ferner fand 2007 ein Vitaltag statt unter dem Motto „Bewegung in der Natur und vegetarische Ernährung". An dieser Veranstaltung nahmen etwa 40 Mitarbeiter teil. Zusätzlich fand in den letzten beiden Jahren eine Fahrradtour rund um Grillo mit etwa 35 Mitarbeitern statt. Organisatoren waren der AK Gesundheit in Verbindung mit dem Werksärztlichen Dienst.

Seit einigen Jahren wird eine Grippeschutzimpfung durchgeführt. Etwa 20 bis 25 Prozent der Mitarbeiter am Standort Duisburg-Hamborn nahmen daran teil.

▌ Gesundheitsmanagement lohnt sich

Manchmal ist die Einführung eines betrieblichen Gesundheitsmanagements aus eigenen Kräften nicht einfach. Dann hilft ein externes Coaching durch Fachberater, die hilfreiche Anregungen aus der „Vogelperspektive" geben können. Dafür müssen keine großen Institute beauftragt werden, oft hilft schon ein kompetenter Moderator.

Auch eine Kooperation mit anderen Betrieben ist sinnvoll. So lassen sich zum Beispiel Fachvorträge über essentielle Themen wie die „gesundheitsgerechte" Mitarbeiterführung gemeinsam mit wenig Kosten organisieren. Und der inhaltliche Austausch hilft weiter.

Die Kosten für die betriebliche Gesundheitsförderung sind kalkulierbar und rechnen sich. Die Umsetzung von Maßnahmen muss nicht in jedem Fall viel Geld kosten. Oft verbessern schon einfache unaufwändige Maßnahmen die Situation. Durch gesündere und zufriedenere Mitarbeiter amortisieren sich auch die Investitionen schnell.

Kapitel 28

ArcelorMittal Duisburg: Von der betrieblichen Gesundheitsförderung zum betrieblichen Gesundheitsmanagement

Regina Mertens, Bernd Jöbkes

1. Gesundheitsförderung schafft Stabilität in Veränderungsprozessen

ArcelorMittal in Duisburg sind stahlproduzierende Betriebe mit rund 1.100 Mitarbeitern. Hervorgegangen aus den Unternehmen Stahl Ruhrort GmbH und Walzdraht Hochfeld GmbH, hat das Unternehmen in den letzten zehn Jahren verschiedene Veränderungsprozesse mit Neustrukturierungen und Arbeitsplatzanpassungen durchlaufen. Diese Veränderungen erforderten von den Beschäftigten eine hohe Flexibilität und Einsatzbereitschaft. Ein wichtiger Hintergrund für die Überlegungen, noch stärker in die Gesundheit der Mitarbeitenden zu investieren, war deshalb die Überzeugung, dass gerade in Veränderungsprozessen die Gesundheitssituation der Belegschaft stabilisiert werden muss, um Motivation und Leistungsfähigkeit zu erhalten und Unternehmensziele wie Produktions- und Qualitätssteigerungen sowie Kostenreduzierungen zu erreichen.

Deshalb war ArcelorMittal seit dem Beginn des Projektes „Der gesunderhaltende Betrieb" als Transferpartner im Projektbeirat vertreten. Angeregt durch den Wissens- und Erfahrungstransfer wurde 2003 ein zielgerichteter Prozess der betrieblichen Gesundheitsförderung initiiert.

2. Prinzipien der betrieblichen Gesundheitsarbeit bei ArcelorMittal

Überbetriebliches Steuerungsgremium

Wie bei der Rasselstein GmbH wurde ein überbetriebliches Gremium ins Leben gerufen, das die betriebliche Gesundheitsarbeit steuert. An diesem Projektteam „Gesundheitsförderung" waren Vertreter der Bereiche Personal, Arbeitssicherheit, Betriebsärztlicher Dienst TKS, Betriebsräte, Novitas BKK und Betriebsangehörige beteiligt. Die Leitung übernahm die Arbeitssicherheit. Von Anfang an erhielt das Projektteam ein eigenes Budget, um Gesundheitsmaßnahmen durchführen zu können. Verschiedene Kooperationspartner wie zum Beispiel die Betriebskrankenkasse Novitas BKK, der Betriebsärztliche Dienst von ThyssenKrupp, die Hütten- und Walzwerks Berufsgenossenschaft, die Nikolausburg in Duisburg[109], eine physiotherapeutische Praxis, die IG Metall und das Institut für Arbeit und Technik in Gelsenkirchen leisteten Unterstützung bei der Umsetzung.

---

[109] Die Nikolausburg ist ein Suchthilfezentrum des Caritasverbands für die Stadt Duisburg e. V.

Klare Zielsetzung

Angeregt durch die Erfahrungen bei Rasselstein erarbeitete das Projektteam ein Konzept für die betriebliche Gesundheitsförderung bei Arcelor-Mittal in Duisburg. Ziel war es, mit einer aktiven Gesundheitspolitik den Mitarbeiter in seinen Bemühungen um einen guten Gesundheitszustand zu unterstützen, sein persönliches Wohlbefinden zu erhöhen und damit die Grundlage für eine dauerhafte und engagierte Mitarbeit zu schaffen. Perspektivisch sollte ein Gesundheitsmanagementsystem im Betrieb aufgebaut werden.

Gesundheit und Wohlbefinden wirken nicht nur auf das persönliche Arbeitsverhalten, sondern auch auf Motivation und Identifikation mit dem Unternehmen. Leistungsfähige und -bereite Mitarbeiter wirken wiederum auf die ergebnisorientierten Ziele des Unternehmens wie z. B. eine hohe Produktivität und Qualität der Produkte, geringere Unfallzahlen, eine höhere Gesundheitsquote trotz Alterungsprozesse und eine langfristige Kostendämmung.

Im Vergleich mit Bund und Branche verzeichnete ArcelorMittal im Jahr 2005 bei den Arbeitsunfähigkeitsfällen von 98,0 Fällen/100 Mitarbeiter sowie Arbeitsunfähigkeitstagen von 1.470,4 Tagen/100 Mitarbeiter einen positiven Verlauf. Auch die Gesundheitsquote hat sich von 95,7 Prozent im Jahr 2003 auf 96,3 Prozent im Jahr 2006 erhöht. Weitere konkrete Ziele waren eine weitere Senkung der Arbeitsunfähigkeitsfälle und die Verbesserung der Gesundheitsquote trotz der demografischen Entwicklung und Veränderungen der Arbeitsabläufe.

Ganzheitliche Maßnahmen

Um den genannten Zielen gerecht zu werden, ist ein ganzheitlicher Ansatz für die Planung und Durchführung der Gesundheitsmaßnahmen notwendig, der sowohl verhaltenspräventive als auch verhältnispräventive Angebote mit einbezieht. Ganzheitlich ausgerichtete Maßnahmen tragen dazu bei, den einzelnen Mitarbeiter für ein gesundheitsförderliches Verhalten zu sensibilisieren und die Eigenverantwortung für das eigene physische und psychische Wohlbefinden zu übernehmen.

Da das Wohlbefinden nicht nur von betrieblichen, sondern auch von außerbetrieblichen Faktoren beeinflusst wird, sah das Projektteam zu Beginn der Gesundheitsförderung im Jahr 2003 Handlungsbedarf in den Bereichen Arbeit, Ruhephasen sowie im Bereich Familie bzw. Freizeit.

Angestrebt wurde im Handlungsfeld *Arbeit*:

■ gesundheitsgefährdende Tätigkeiten, Verhaltensweisen und ergonomisch ungünstige Verhältnissen aufzudecken und zu beseitigen,

■ Stresssituationen zu analysieren und

∎ Instrumente zu schaffen, die bei der Bewältigung dieser Situationen helfen.

Im Handlungsfeld *Ruhe* sollte die Bedeutung von gesundem Schlaf im Rahmen einer ganzheitlichen Gesundheitsförderung vermittelt werden, indem

∎ das Bewusstsein für die Wichtigkeit von gesundem Schlaf geweckt und

∎ Kenntnisse vermittelt werden, die einen gesunden Schlaf ermöglichen.

Im Handlungsfeld *Familie* bzw. *Freizeit* sollte

∎ gezielte gesundheitliche Aufklärungsarbeit für ein gesundheitsförderliches Verhalten in Beruf und Privatleben geleistet werden, z. B. in Form von Ernährungsberatung, Rückenschule,

∎ über professionelle Hilfsangebote zu unterschiedlichen Problemen, z. B. Erziehungshilfen, Schuldnerberatung etc., informiert und

∎ Veranstaltungen mit Familie und/oder Freunden der Mitarbeiter (z. B. sportliche Events etc.) initiiert und durchgeführt werden.

3. Phase 1: Gesundheitsförderung mit Einzelaktionen

Das Projektteam plante und organisierte die Angebote der Gesundheitsförderung auf Grundlage der firmeneigenen Statistiken und der Gesundheitsberichte der Betriebskrankenkasse Novitas BKK. Alle Aktionen stehen seit 2003 unter dem Motto „Hier machst du was mit".

Im Zuge des angestrebten Sensibilisierungsprozesses wurden sportliche Events wie Inliner- und Cross-Golf-Events sowie Fußball- und Beach-Volleyball-Turniere organisiert, um das Bewegungsverhalten der Mitarbeiter anzuregen. Im Sinne des ganzheitlichen Ansatzes konnten die Mitarbeiter ihre Familien bei allen Aktivitäten mit einbeziehen. Die einmaligen Aktionen wurden durch längerfristige Bewegungsangebote wie z. B. Walkingkurse begleitet. Angeregt durch diese gemeinsamen sportlichen Aktivitäten entwickelten sich betriebliche Sportgruppen wie regelmäßige Lauftreffs, Drachenboottraining oder Fußball. Zusätzlich unterstützte der Betrieb die Anmietung von Übungsplätzen und die Übernahme von Start- und Anmeldegebühren bei außerbetrieblichen sportlichen Gelegenheiten. Innerhalb einer Kooperation mit einem Physiotherapiezentrum wurden den Mitarbeitern Rückenschulkurse und gerätegestütztes Training (Medical Fitness) angeboten.

Der Sensibilisierungsprozess beinhaltete auch Angebote wie Ernährungs-
beratungen, Diabetesvorsorgeaktionen, Fahrsicherheitstrainings, Sucht-
präventiv- und Raucherentwöhnungskurse. Ziel dieser Angebote war
es, den interessierten Mitarbeitern den Zusammenhang zwischen dem
eigenem Verhalten und der eigenen Gesundheit themenbezogen und in-
formativ näherzubringen. Führungskräfte wurden in einem Seminar zur
„Gesundheitsförderung als Führungsinstrument" für die Verantwortung
gesundheitsgerechten Führungsverhaltens sensibilisiert.

Medizinische Vorsorgeleistungen, die über die Arbeitsschutzuntersu-
chungen hinausgehen, ergänzten das Angebot. Zu nennen sind hier
Leistungen wie Grippeschutzimpfungen, Augeninnendruckmessungen,
Haut- und Darmkrebsvorsorge sowie das Angebot eines Gesundheitschecks.

Die Teilnahme der Beschäftigten an den Angeboten der betrieblichen
Gesundheitsförderung steigert sich seit Beginn der Maßnahmen im Jahr
2003 kontinuierlich[110] (siehe Abbildung 23).

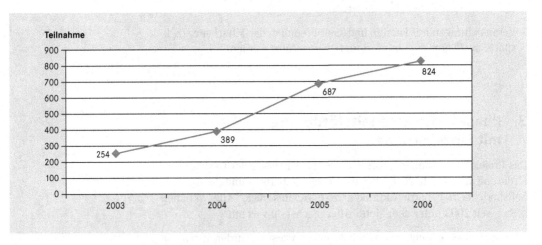

Abbildung 23: Beteiligung an der betrieblichen Gesundheitsförderung (2003 bis 2006, absolute Zahlen)

Bei den Angeboten zur Bewegung und medizinischen Angebote konnten
steigende Teilnehmerzahlen registriert werden. Fast ein Drittel bzw. die
Hälfte der Belegschaft ließ sich zur Teilnahme motivieren. In der Kate-
gorie Beratung/Information/Trainings wird nach anfänglich steigender
Teilnehmernachfrage ein rückläufiger Verlauf beobachtet (siehe Abbildung 24).

---

[110] Inwieweit ein Mitarbeiter an mehreren Angeboten der betrieblichen Gesundheitsförderung teilgenommen hat, konnte aufgrund der vorliegenden Datenlage nicht erfasst
werden.

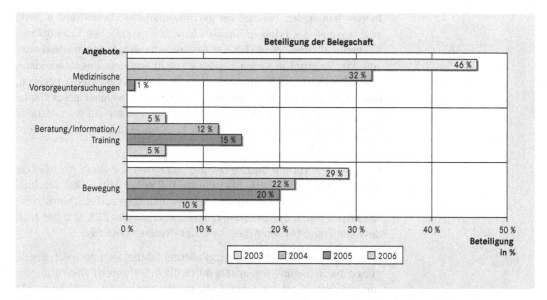

Abbildung 24: Beteiligung an den einzelnen Angeboten zur Gesundheitsförderung (2003 bis 2006, in Prozent)

4. Phase 2: Weiterentwicklung zum betrieblichen Gesundheitsmanagement

Bedarfsgerechte Planung statt Gießkannenprinzip

Im Jahr 2006 wurden die seit 2003 durchgeführten Maßnahmen der betrieblichen Gesundheitsförderung im Rahmen einer Dokumentationserstellung auf ihre Wirksamkeit überprüft. Hier wurde der hohe Anteil verhaltensbezogener im Vergleich zu den verhältnispräventiven Präventionsangeboten deutlich. Darüber hinaus stellte eine Diplomarbeit zum Thema Gesundheitsmanagement fest, dass die betriebliche Gesundheitsförderung noch nicht vollständig als Führungsaufgabe akzeptiert wurde.

Um die Gesundheitssituation zu erfassen, die bestehenden Maßnahmen zu evaluieren und noch stärker bedarfsgerechte Angebote entwickeln zu können, wurde deshalb wie im Projekt „Der gesunderhaltende Betrieb" eine Mitarbeiterbefragung durchgeführt. Im Mai 2006 wurde erstmalig zu den Daten aus Gesundheitsberichten und firmeneigenen Statistiken das subjektive Empfinden der Mitarbeiter erfasst. Individuelle Lern- und Gesundheitsressourcen der Mitarbeiter sollten im Sinne eines gesundheitsförderlichen (salutogenen) Ansatzes frühzeitig erkannt und gefördert werden.

54,5 Prozent aller Mitarbeiter beteiligten sich an der Mitarbeiterbefragung. Die Ergebnisse erlaubten Aussagen zum individuellen Gesundheitsverhalten, dem Ausmaß der psychosomatischen Beschwerden sowie zum Ausmaß des erlebten Stresses bzw. der psychischen Erschöpfung. Sie verdeutlichten, dass sich das Gesundheitsverhalten der Mitarbeiter von ArcelorMittal in vielen Bereichen nicht von dem des bundesdeutschen Durchschnitts[111] unterscheidet. Die Ergebnisse zeigten zugleich, dass sich Arbeiter im Vergleich zu Angestellten weniger gesundheitsgerecht verhalten (rauchen häufiger, achten weniger auf eine gesunde Ernährung, treiben weniger Sport etc.). Ältere Mitarbeiter achten mehr auf ihre Gesundheit als Jüngere.

Bei den körperlichen Beschwerden dominierten vor allem die Rücken- und Schulterbeschwerden, über die ein Drittel der Mitarbeiter regelmäßig sowie jeder zweite Mitarbeiter gelegentlich klagen. Damit wurden die objektiven Daten der Betriebskrankenkasse Novitas BKK und der bundesweite Trend bei den Arbeitsunfähigkeitsdaten bestätigt.

19 Prozent der Befragten bei ArcelorMittal fühlten sich nach den Ergebnissen der Befragung regelmäßig durch die Arbeit gereizt. Die Verminderung von Stress bei der Arbeit stellt somit einen wichtigen Ansatzpunkt der betrieblichen Gesundheitsförderung dar. Dauerhafter Stress kann mit massiven Einbußen der Leistungsfähigkeit sowie einer Schwächung des Immunsystems einhergehen.

Die eigene Leistungsfähigkeit wurde von 60 Prozent der Befragten als gut bewertet. Allerdings gab jeder Dritte an, dass seine Leistungsfähigkeit abgenommen habe und circa sechs Prozent der befragten Mitarbeiter fühlten sich stark leistungseingeschränkt. Auffällig war hierbei, dass sich die größte Altersgruppe der 31- bis 50-Jährigen deutlich leistungsgeminderter fühlt als die Jüngeren bzw. über 50-Jährigen. Wie beim Stress waren bei der Bewertung der eigenen Leistungsfähigkeit deutliche Unterschiede in den Abteilungen festzustellen.

Bei der Bewertung der bereits angebotenen Arbeits- und Gesundheitsschutzmaßnahmen (AGS-Maßnahmen) wurden die individuellen Maßnahmen zur Gesundheitsprophylaxe (Fitnessangebote), die beruflichen Weiterbildungsmöglichkeiten, die sicherheitstechnischen Einrichtungen, die Arbeitsgestaltung sowie die Betreuung durch die AGS-Fachkräfte und den Betriebsrat positiv bewertet. Ein großer Veränderungsbedarf ergab sich aufgrund der Bewertung beim Kantinenangebot und der betrieblichen Beratungsangebote.

Neuausrichtung des Konzepts

Die Ergebnisse der Evaluation legten nahe: Ein Überdenken der bisherigen Konzeption war notwendig. Statt wie bisher in einzelne Maßnah-

---

[111] Vgl. Gesundheitssurvey (1998/99).

men zu investieren, sollte der Aufbau eines ganzheitlichen Gesundheitsmanagementsystems vorangetrieben werden. Dazu zählt zum einen die Veränderung der individuellen Einstellungen, Motivation und Wissen (Gesundheitskompetenz) bei den Beschäftigten. Zum anderen müssen die Gesundheit beeinträchtigenden Arbeitsbedingungen (Arbeitsgestaltung) optimiert werden. Auch sollte stärker zielgruppenspezifisch geplant werden. Beispielsweise, indem im Sinne eines präventiven Ansatzes die wichtige Gruppe der jungen und „mittelalten" Mitarbeiter besonders angesprochen wird. Empfohlen wurde ein integratives Vorgehen, bei dem die Verminderung von Belastungsfaktoren sowie der gleichzeitige Aufbau von sozialen und organisatorischen Ressourcen als zielführend bewertet wurden. Als Folge dieser Empfehlung wurde in Zusammenarbeit mit den Mitgliedern der Jugend- und Ausbildungsvertretung (JAV) ein Konzept der betrieblichen Gesundheitsförderung für Auszubildende erarbeitet. Während der Ausbildungszeit werden zukünftig regelmäßige und altersgerechte Gesundheitsworkshops zu den Themen Bewegung, Ernährung, Sucht und freiwillige Gesundheitschecks durchgeführt.

Weiterhin wurden Maßnahmen empfohlen, die eine Veränderung des bisherigen Ernährungsverhaltens unterstützend begleiten können. Über eine Aufwertung des Kantinenangebotes könnte eine stärkere Nutzung der Kantine erreicht werden. In diesen Überlegungen wurde auch die Organisation einer gesunden Zwischenverpflegung einbezogen. Räumlichkeiten für eine größere, attraktivere Kantine befinden sich in der Umsetzungsphase und werden voraussichtlich noch 2009 der Belegschaft zur Verfügung gestellt. Das Essensangebot wird seit Bekanntwerden der Befragungsergebnisse in Zusammenarbeit mit dem Caterer auf die Wünsche der Mitarbeiter abgestimmt. Für mehr Sensibilisierung sorgte ein Ernährungsworkshop, an dem die Mitarbeiter gemeinsam mit ihren Partnern und Partnerinnen teilnehmen können. Sie erhielten dort von einer Ökotrophologin praktische Anregungen beispielsweise für eine Fett reduzierende Zubereitung von Nahrungsmitteln.

Da sich bei der Bekämpfung von Rückenbeschwerden ebenfalls integrative Ansätze bewährt haben, lautete die Empfehlung, den Mitarbeitern z. B. auf Arbeitsplatzanalysen aufbauende Verhaltenstrainings anzubieten. Um gesundheitliche Beschwerden zu mindern, sollten in die Gestaltung der betrieblichen Gesundheitsförderung ebenfalls alternative Schichtsysteme diskutiert werden.

Ein künftiger Ansatzpunkt der betrieblichen Gesundheitsförderung liegt auf der Verminderung von Stress, da das Ausmaß des Stressempfindens als „kritisch und gestaltungswürdig" in dem Ergebnis der Mitarbeiterbefragung bewertet wurde. Arbeitsorganisatorische Gestaltungsansätze wie eine Reduzierung der Umgebungsbelastungen (Staub, Klima) als auch eine Förderung der sozialen Unterstützung durch Kollegen (z. B. durch Gesprächsmöglichkeiten) sowie das Führungsverhalten sind zentrale Einflussgrößen und sollten abteilungsbezogen überdacht werden.

Für eine Feststellung, Planung und Umsetzung geeigneter Maßnahmen wurde von den Durchführenden der Mitarbeiterbefragung auf die Wirksamkeit von Gesundheits- oder Qualitätszirkel hingewiesen[112].

Seit 2007 werden Sensibilisierungsmaßnahmen zum Thema Stress angeboten. Speziell den Mitarbeitern in Wechselschicht werden in Zusammenarbeit mit der Landesarbeitsgemeinschaft Arbeit und Leben DGB/VHS NW und des Ministeriums für Bildung und Forschung KEB aus dem Forschungsprojekt 40+ (Kompetenz, Erfahrung, Beschäftigungsfähigkeit) Seminare zur Erhaltung von Leistung und Gesundheit angeboten. Die Mitarbeiter erhalten in diesen Seminaren die Möglichkeit, ihre eigenen Ressourcen zur Förderung von Leistung und Gesundheit zu erkennen bzw. auszubauen. Die Seminare werden mit Unterstützung der Ruhruniversität Bochum wissenschaftlich evaluiert. Sie werden hoffentlich zu einer weiteren evidenzbasierten Planung individueller Angebote zur Stressminderung beitragen.

Neben dem Bereich „Stress" wird u. a. der Bereich „Bewegung" weiterentwickelt. Das Konzept orientiert sich an einer gesundheitsförderlichen Ausrichtung des betrieblichen als auch privaten (Arbeits-)Lebens. Alle Maßnahmen werden in enger Zusammenarbeit mit allen betrieblichen Gremien sowie der Personalabteilung, dem Betriebsrat, der Arbeitssicherheit und den Geschäfts- und Bereichsleitungsebenen beraten und beschlossen. Vermehrt wird das Instrument einer aufsuchenden Beratung eingesetzt. In Form von Arbeitsplatzbegehungen, Teilnahme an Abteilungs- und Meistergesprächen der hauptamtlich tätigen Gesundheitsbeauftragten wird die persönliche Präsenz vor Ort verstärkt, das Thema Gesundheit den Beschäftigten nähergebracht und eine stärkere Beteiligung der Beschäftigten erreicht. Das Instrument dient zur Optimierung der Informationskultur sowie der Motivation der Mitarbeiter.

Begleitet werden alle Maßnahmen der betrieblichen Gesundheitsförderung durch Angebote des Betriebsärztlichen Dienstes wie z. B. Grundimpfungen, Augeninnendruckmessungen und Gesundheitschecks. Ergänzt werden diese Leistungen durch präventive Vorsorgeuntersuchungen, hier sind beispielhaft ein Hautscreening oder eine Darmkrebsvorsorge zu nennen.

Bei ArcelorMittal in Duisburg wird betriebliche Gesundheitsförderung als ein lernendes System begriffen, das lebt und stetig weiterentwickelt wird.

---

[112] Gerlmaier (2006), S. 28–31.

Anhang

1. Rasselstein GmbH Andernach

1.1 Übersicht

▌ Tochterunternehmen der ThyssenKrupp Steel AG

▌ Einziger deutscher Weißblechhersteller und weltgrößter Produktionsstandort für Verpackungsstahl

▌ Partner von rund 400 Abnehmern in mehr als 80 Ländern der Erde

▌ Etwa 1,5 Mio. Tonnen Jahresproduktion

▌ Komplette Erzeugnispalette aus einer Hand

▌ Höchstes Qualitätsniveau mit Zertifizierung nach DIN EN ISO
9001:2000, ISO TS 16949:2002, DIN EN ISO 14001; Konformitäts-
status zur HACCP-Richtlinie

▌ 1760: Der Unternehmer Heinrich Wilhelm Remy pachtet den Rasselstein am Wiedbach und die Blechfabrik am Aubach mit Zinnhaus

▌ 1769: Erstes deutsches Blechwalzwerk bei Rasselstein

1.2 Unternehmenskennzahlen

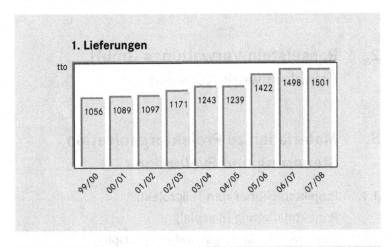

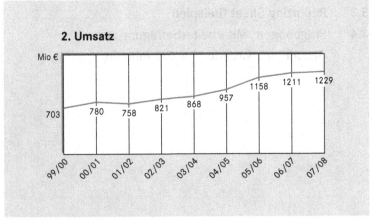

3. Mitarbeiter

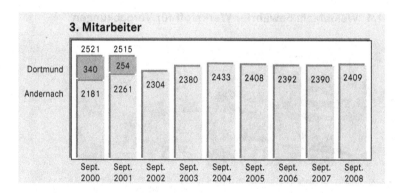

	Sept. 2000	Sept. 2001	Sept. 2002	Sept. 2003	Sept. 2004	Sept. 2005	Sept. 2006	Sept. 2007	Sept. 2008
	2521	2515							
Dortmund	340	254							
Andernach	2181	2261	2304	2380	2433	2408	2392	2390	2409

1.3 Produktionsfluss Weißblech

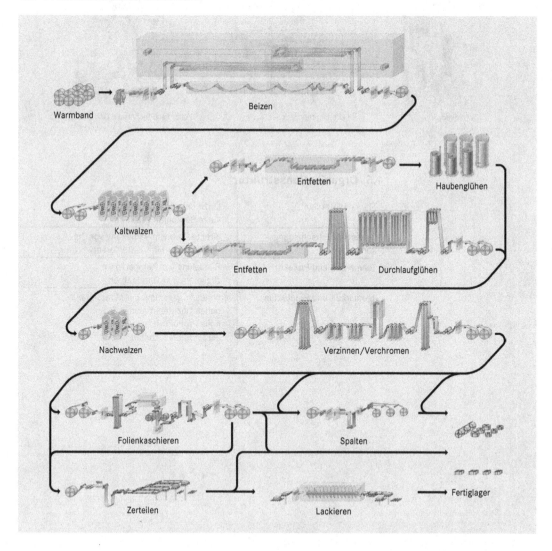

Warmband — Beizen — Kaltwalzen — Entfetten — Haubenglühen — Entfetten — Durchlaufglühen — Nachwalzen — Verzinnen/Verchromen — Folienkaschieren — Spalten — Zerteilen — Lackieren — Fertiglager

1.4 Weißblech: bewährter Werkstoff für Verpackungen

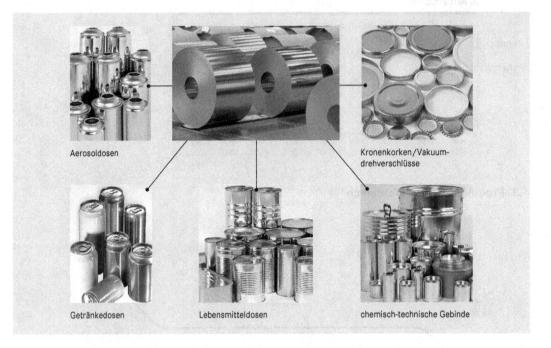

Aerosoldosen

Kronenkorken/Vakuum-drehverschlüsse

Getränkedosen

Lebensmitteldosen

chemisch-technische Gebinde

1.5 Organisationsstruktur

Flache Hierarchie	> kurze Entscheidungswege > kurze Bearbeitungszeiten
Dezentrale Entscheidungs-kompetenz	> direkte Problembearbeitung vor Ort > Stärkung der Mitarbeiterverantwortung
Teamarbeit und Projekte	> Bündelung von Kompetenzen > zügige Projekt-Durchführung
Teamarbeit und Produktion	> hohes Engagement der Mitarbeiter > hohes Qualitätsniveau > hohe Produktivität > kurze Durchlaufzeiten

2. Rasselstein Verwaltungs GmbH, Feinblechwerk Neuwied

Produktpalette

Neuralyt, Kaltfein, Elozink, ab 01.10.2007 feuerverzinkt, Double Dip

Mitarbeiter

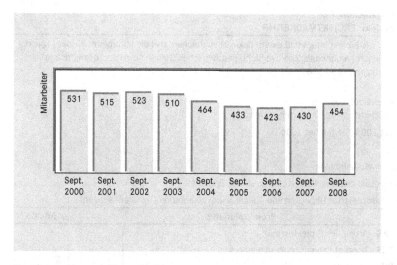

Fertigerzeugung Neuwied

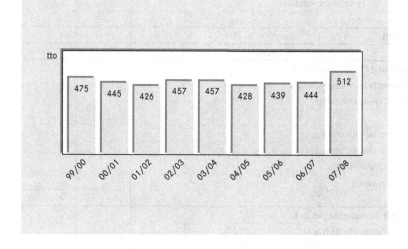

3. Materialien zu Projektorganisation, Steuerung und Evaluation

3.1 Projektsteckbrief zum Teilprojekt: Projektmarketing (Beispiel)

Projektrahmen	Projektsteckbrief Teilprojekt: PROJEKTMARKETING		
Zielsetzung:	Ziel ist, das Projekt intern und extern bekannt zu machen, und die Mitarbeiter für das Projekt zu gewinnen (Verständnis, positive Sicht, ganzheitliches Gefühl) sowie deren langfristige Unterstützung zu erhalten.		
Verbesserungs-/ Einsparpotenzial:	EFQM: Mitarbeiterzufriedenheit Gesellschaftliche Verantwortung/Image		
Projektbeginn/-ende:	August 2003–September 2006		
Verantwortlich	xx		
Marketing:	Gesundheitsbefragung		
Projektevaluation:	Interner und externer Bekanntheitsgrad des Projektes		
Reporting:	Scorecardbasiertes Reporting und Abschlussdokumentation (Transfermanagement)		
Budget/Kosten:	**Projektplanung**		**Juli '05**
	RA-TKS Arbeit des Projektteams		
	RA-TKS Konzept Präventionsmanagement		
	VMBG Präventiver Gesundheitsschutz		
	VMBG Arbeit des Projektteams		
	VMBG Mitarbeiterinformation		
	Gesamt:		
	Im Detail		
	Belastung Projektkonto in €		
	(Kostenstellenniederschrift)		
	Kick-off Gesundheitstag		
	T-Shirts		
	Repräsentationskosten		
	Präsente Gesundheitspass		
	Diverse Flyer, Plakate		
	Kommunikation		
	RA-TKS Sachleistungen in €		
	(pauschalisierte Beträge)		
	RA-TKS Manntage		
	511		
	Gesamt:		

3.2 Scorecard Ernährungsberatung (Beispiel)

12	Handlungsfeld	Maßnahmen	Kennzahlen/ Messgrößen	Soll 2003	Soll 2004	Soll 2005	Verantwort- lich
	ERNÄHRUNGSBERATUNG	Beratungsgespräche*	MT				
			MT (TN)				
			Anzahl der Gespräche				
		Initialisierung Ernährungsberatung	MT				
		Informationsveranstaltungen	MT				
		Motivationsgespräche	MT				
			Anzahl				
		Verlaufsuntersuchung	MT				
			Anzahl				

3.3 Reporting Sheet (Beispiel)

SOLL

Maßnahmen	Kennzahlen Messgrößen	2003	I/2004	II/2004	III/2004	IV/2004	2004	I/2005	II/2005	III/2005	IV/2005	2005	I/2006	II/2006	III/2006	2006	Gesamt
Beratungsgespräche	MT																
Beratungsgespräche (Teilnehmer)	MT																
Gespräche	Anzahl																
Initialisierung Ernährungsberatung	MT																
Informations- veranstaltungen	MT																
Motivationsgespräche	MT																
Gespräche	Anzahl																
Verlaufsuntersuchung	MT																
Untersuchungen	Anzahl																
	Manntage gesamt																
	MT FK																
	MT TN																
	Wert: MT FK																
	Wert: MT TN																
	Wert gesamt:																

IST

Maßnahmen	Kennzahlen Messgrößen	2003	I/2004	II/2004	III/2004	IV/2004	2004	I/2005	II/2005	III/2005	IV/2005	2005	I/2006	II/2006	III/2006	2006	Gesamt
Beratungsgespräche	MT																
Beratungsgespräche (Teilnehmer)	MT																
Gespräche	Anzahl																
Initialisierung Ernährungsberatung	MT																
Informations- veranstaltungen	MT																
Motivationsgespräche	MT																
Gespräche	Anzahl																
Verlaufsuntersuchung	MT																
Untersuchungen	Anzahl																
	Manntage gesamt																
	MT FK																
	MT TN																
	Wert: MT FK																
	Wert: MT TN																
	Wert gesamt:																

Mitarbeiterbefragung
zur Gesundheitssituation bei Rasselstein

Liebe Mitarbeiterinnen und Mitarbeiter,

das Projekt „Der gesunderhaltende Betrieb" wird im September dieses Jahres abgeschlossen. Ein wichtiges Ziel war es dabei, eine positive Gesundheitskultur im Unternehmen aufzubauen und das Wohlbefinden der Mitarbeiterinnen und Mitarbeiter zu verbessern. Um zu überprüfen, inwieweit die vielfältigen Gesundheitsaktionen zur Verbesserung des Wohlbefindens und der Gesundheit beigetragen haben, möchten wir Sie bitten, den nachfolgenden Fragebogen auszufüllen.

Für die weiteren Planungen in diesem Bereich ist es wichtig herauszufinden, welche der durchgeführten Maßnahmen sich als besonders wirksam und erfolgreich erwiesen haben, um Ihr Wohlbefinden zu verbessern. Daher ist es sehr bedeutsam, dass wieder möglichst viele Mitarbeiterinnen und Mitarbeiter an der Befragung teilnehmen. Für Ihre Teilnahme an der Befragung erhalten Sie bei der Abgabe des Fragebogens als kleines „Danke schön" 35 zusätzliche Sammelpunkte in Ihrem Gesundheitspass. Es lohnt sich mitzumachen, bereits ab fünfzig Sammelpunkten winken interessante Preise.

Bearbeitungshinweise:
Das Ausfüllen des Fragebogens dauert etwa 20-30 Minuten. Beantworten Sie bitte möglichst alle Fragen und kreuzen Sie jeweils den Punkt an, der am ehesten auf Ihre Situation zutrifft. Für zusätzliche Bemerkungen ist am Ende des Fragebogens unter der Überschrift „Bemerkungen" Platz.

Die Befragung ist anonym, die Teilnahme freiwillig. Die Fragebögen werden durch das Institut Arbeit und Technik ausgewertet. Die Auswertung und die Darstellung der Ergebnisse erfolgt so, dass keine Einzelper-sonen oder einzelne Aussagen erkennbar werden, d. h. es werden nur zusammengefasste Ergebnisse dargestellt. Die Fragebögen gelangen nicht in die Hände Ihres Vorgesetzten, anderer Unternehmensvertreter oder gar unbefugter Dritter. Das unabhängige Institut Arbeit und Technik (IAT) gewährleistet den notwendigen und erforderlichen Schutz Ihrer persönlichen Daten auch gegenüber Rasselstein oder anderen Konzerngesellschaften.

Bei Unklarheiten mit diesem Fragebogen wenden Sie sich bitte an Frau Dr. Anja Gerlmaier.

Vielen Dank für Ihre Unterstützung!

1. Betriebliche Maßnahmen zum Arbeits- und Gesundheitsschutz

Was tut Ihr Betrieb alles für Ihr Wohlbefinden bzw. Ihre Gesundheit? Bitte geben Sie jeweils an, ob Sie diese Maßnahmen eher gut oder eher schlecht bewerten oder ob Sie nichts darüber wissen.

Wie beurteilen Sie...	eher gut	eher schlecht	kenne ich nicht
die Fitness- und Sportangebote im Betrieb	○	○	○
Angebote zur gesunden Ernährung in der Kantine	○	○	○
Angebote der Zwischenverpflegung	○	○	○
die Gestaltung Ihres Arbeitsplatzes	○	○	○
die Beratungs- und Unterstützungsangebote bei privaten und persönlichen Problemen	○	○	○
die Informationen über Gesundheitsrisiken und krank machendes Verhalten in Ihrem Arbeitsbereich (z. B. falsches Heben)	○	○	○
die Betreuung durch den betriebsärztlichen Dienst	○	○	○
den Zustand von Sicherheitseinrichtungen (z. B. Fluchtwege, Maschinenabsicherung, Schutzkleidung)	○	○	○
die Informationen und Beratungsangebote des Betriebsrates zum Arbeits- und Gesundheitsschutz	○	○	○
die Betreuung durch Sicherheitsfachkräfte	○	○	○

Wie häufig haben Sie an folgenden Maßnahmen teilgenommen?	regel- mäßig	ab und zu	praktisch nie
Seminare zum Thema Gesundheit/Stressprävention	○	○	○
Vergünstigter Besuch von Fitnessstudios	○	○	○
Gesundheitspass	○	○	○
Vorsorgeuntersuchungen (Hautscreening, Hörtests, Schlaganfall u.a.)	○	○	○
Sportangebote (Lauf-/Walking, Radtreff, Badminton, Aerobic u.a.)	○	○	○
Sportevents (Firmenlauf, Skitour)	○	○	○
Trainings zur Unfallverhütung bzw. zum Sicherheitsverhalten	○	○	○
Fahrsicherheitstrainings	○	○	○
Kantinenangebote zur gesunden Ernährung	○	○	○
Andere Angebote, nämlich: _____	○	○	○

(z. B. Beratungs- und Unterstützungsangebote bei finanziellen oder familiären Problemen, Zielgruppentraining Heben und Tragen usw.)

2. Gesundheitsverhalten und Wohlbefinden

Wie würden Sie im Allgemeinen Ihren Gesundheitszustand einschätzen? Kreuzen Sie bitte den Kreis unter dem für Sie zutreffenden Gesicht an!

Was tun Sie bewusst, um gesund zu bleiben?	regel-mäßig	ab und zu	praktisch nie
Treiben Sie Sport?	○	○	○
Entspannen Sie sich?	○	○	○
Gehen Sie zu Vorsorgeuntersuchungen zum Arzt?	○	○	○
Achten Sie auf genügend Schlaf?	○	○	○
Rauchen Sie?	○	○	○
Achten Sie auf fettarme und vitaminreiche Ernährung?	○	○	○

Nachfolgend finden Sie eine Reihe von Fragen nach verschiedenen körperlichen Beschwerden. Antworten Sie bitte, ob und wie häufig Sie die jeweiligen Beschwerden haben.

	regel-mäßig	ab und zu	praktisch nie
Haben Sie Kopfschmerzen?	○	○	○
Haben Sie Magenbeschwerden?	○	○	○
Haben Sie Schlafstörungen?	○	○	○
Haben Sie Konzentrationsstörungen?	○	○	○
Haben Sie Rückenschmerzen?	○	○	○
Haben Sie Nacken- oder Schulterschmerzen?	○	○	○
Haben Sie Ohrengeräusche?	○	○	○

3. Persönliche Einstellung zur Gesundheit

Was ist Ihre persönliche Meinung zu folgenden Aussagen?
Bitte geben Sie an, inwieweit die jeweilige Aussage auf Sie zutrifft.

	trifft gar nicht zu	trifft eher nicht zu	teils-teils	trifft eher zu	trifft völlig zu
Ich weiß, dass ich in Zukunft bei mir etwas ändern muss, damit es mir körperlich und seelisch besser geht.	○	○	○	○	○
Ich informiere mich regelmäßig darüber, was ich tun kann, um gesund zu bleiben (z. B. Zeitschriften).	○	○	○	○	○
Ich weiß, was ich tun kann, um gesund zu leben.	○	○	○	○	○

Informationen rund um das Thema Gesundheit interessieren mich im Vergleich zu anderen Dingen nur wenig.

Ich möchte einige Dinge in meinem Leben ändern, um mehr Freude am Leben zu finden.

4. Auswirkungen der Arbeit

Im Folgenden geht es um Gefühle und Eindrücke, die Sie auf Ihre Arbeit beziehen. Bitte geben Sie an, inwieweit die jeweilige Aussage auf Sie zutrifft.

	fast nie	selten	manch mal	oft	fast immer
Durch die Arbeit bin ich gereizt.	○	○	○	○	○
Ich fühle mich durch die Arbeit überfordert.	○	○	○	○	○
Ich kann mich in die Arbeit voll einbringen.	○	○	○	○	○
Ich fühle mich müde und erschöpft.	○	○	○	○	○
Ich kann nach der Arbeit gut abschalten.	○	○	○	○	○
Ich gehe gern zur Arbeit.	○	○	○	○	○

5. Ihre persönliche Arbeitssituation

Bitte kreuzen Sie an, inwieweit die folgenden Aussagen Ihre derzeitige Tätigkeit beschreiben! Fragen nach dem Vorgesetzten beziehen sich auf den direkten disziplinarischen Vorgesetzten, also z. B. den Schichtführer.

	trifft gar nicht zu	trifft eher nicht zu	teils- teils	trifft eher zu	trifft völlig zu
Das Verhältnis zu den Kollegen ist gut.	○	○	○	○	○
Bei meiner Arbeit habe ich Einfluss darauf, was ich wann erledige.	○	○	○	○	○
Der Vorgesetzte behandelt mich fair.	○	○	○	○	○
Bei wichtigen Belangen wird man vom Vorgesetzten informiert.	○	○	○	○	○
Ich kann mich auf meine Kollegen verlassen, wenn es bei der Arbeit schwierig wird.	○	○	○	○	○
In kritischen Situationen ist klar, an wen ich mich wenden muss (z. B. bei Störfällen, Verletzungen).	○	○	○	○	○
Ich befürchte, dass ich meine Arbeitsstelle bei Rasselstein verlieren kann.	○	○	○	○	○
Bei der Auswahl der Arbeitsmethoden kann ich mitwirken.	○	○	○	○	○
Man hat ausreichend Zeit, um seine Arbeitsaufgaben zu erledigen.	○	○	○	○	○
Ich kann bei Bedarf Hilfe und Unterstützung von Kollegen einholen.	○	○	○	○	○
Bei der Planung und Umsetzung der Arbeitsschritte kann ich mitwirken.	○	○	○	○	○

	trifft gar nicht zu	trifft eher nicht zu	teils-teils	trifft eher zu	trifft völlig zu
Man kann in der Gruppe selbstbestimmt arbeiten, ohne dass von außen eingegriffen wird.	○	○	○	○	○
Bei meiner Arbeit weiß ich Bescheid, wofür ich zuständig bin.	○	○	○	○	○
Bei meiner Arbeit darf ich wichtige Entscheidungen selbst treffen.	○	○	○	○	○
Man erhält Anerkennung und Rückendeckung durch den Vorgesetzten.	○	○	○	○	○
Wenn Probleme bei der Arbeit auftauchen, kann man eigene Lösungen entwickeln.	○	○	○	○	○
Meine Arbeitstätigkeiten sind einfach und sie wiederholen sich kurzfristig.	○	○	○	○	○
Wir können Arbeitsanfall und Terminvorgaben mit dem Vorgesetzten vereinbaren.	○	○	○	○	○
Wir helfen uns bei der Arbeit gegenseitig.	○	○	○	○	○
Bei meiner Arbeit weiß ich, welche Aufgaben als nächste zu erledigen sind.	○	○	○	○	○
Mit meinen Kollegen kann ich offen über alles reden, was mir wichtig ist.	○	○	○	○	○

Wie häufig sind Sie an Ihrem Arbeitsplatz folgenden Belastungen ausgesetzt:

	fast nie	selten	manch-mal	oft	fast immer
Lärm	○	○	○	○	○
Ungünstige Beleuchtung	○	○	○	○	○
Schmutz/Staub	○	○	○	○	○
Langes Stehen	○	○	○	○	○
Viel Sitzen	○	○	○	○	○
Unangenehme Temperaturen	○	○	○	○	○

6. Angaben zur Person

Geschlecht ○ männlich
○ weiblich

Ihr Alter ○ unter 20 Jahre
○ 21 bis 30 Jahre
○ 31 bis 40 Jahre
○ 41 bis 50 Jahre
○ über 50 Jahre

Welche Schulbildung haben Sie (Mehrfachantworten möglich)?

- ○ keine abgeschlossene Schulbildung
- ○ Hauptschulabschluss
- ○ Realschulabschluss
- ○ (Fach-) Abitur oder Fachschul-Abschluss
- ○ Studium an einer Fachakademie
- ○ Fachhochschul-/ Universitätsabschluss

Welche Position haben Sie im Unternehmen?

- ○ Arbeiter/in
- ○ Angestellte/r
- ○ Führungsposition
- ○ sonstiges, nämlich: _____

In welcher Form arbeiten Sie mit anderen Kollegen zusammen?

- ○ überwiegend Einzelarbeit
- ○ überwiegend Team-/Gruppenarbeit

Wie viele Stunden arbeiten Sie gewöhnlich im Durchschnitt pro Woche? _____

Arbeiten Sie in Wechselschicht?   ○ Ja   ○ Nein

Bitte kreuzen Sie an, in welchem Team Sie tätig sind.
Unterstreichen Sie bitte zusätzlich den Bereich, in dem Sie arbeiten!

- ○ **Beize**
- ○ **Walzwerk 1** (Tandem 1, NWW 1, NWW 4, Schleiferei, Tagdienst Frühschicht Handwerker)
- ○ **Walzwerk 2** (Tandem 2, Nachwalzwerk, Schleiferei, Tagdienst Frühschicht Handwerker)
- ○ **Entfetten/Glühen** (Haubenofen 1+2, Entfettung 2/3, Tagdienst FrühschichtS Handwerker)
- ○ **Durchlaufglühe** (D-Öfen 3/4/5, Tagdienst Frühschicht Handwerker)
- ○ **Veredelung 1** (Veredelungsanlagen 8/9/12, Rollenbau Nebenbetriebe, Handwerker)
- ○ **Veredelung 2** (Veredelungsanlage 10/11, Tagdienst Frühschicht Handwerker)
- ○ **Organische Beschichtung**
- ○ **Adjustage** (Spalten, Zerteilen, Nebenbetriebe, Tagdienst Frühschicht Handwerker)
- ○ **Qualitätssicherung** (QS, technische Kundenbetreuung, QS-Systeme)
- ○ **Produktionslogistik** (Coilverpackung, Abfahrer/Einlagerer, Versand)
- ○ **Entwicklungs- und Qualitätswesen** (Anwendungstechnik, Oberflächen /Werkstofftechnik, Innovationszentrum)
- ○ **Energie-/Umweltmanagement**
- ○ **Anlagentechnik**
- ○ **Finanzen/Personal** (Personal Service Arbeitswirtschaft, Sicherheit Gesundheit Dienstleistungen, alle Auszubildenden, Accounting/Controlling/Finance, Verbesserungsprozesse, Materialwirtschaft)
- ○ **Vertrieb** (Vertrieb, zentrale Planung, Marketing, Logistik, Recht/Vorstandsbüro)
- ○ **Sonstiges**, nämlich

Wir bedanken uns herzlich für Ihre Mitarbeit!

Bemerkungen:

Literaturverzeichnis

ANTONI, C. H. (1999), Konzepte der Mitarbeiterbeteiligung: Delegation und Partizipation, in: Hoyos, C. G./Frey, D. (Hrsg.), Arbeits- und Organisationspsychologie, Weinheim.

ANTONOVSKY, A. (1987), in: Kuhn, D., Betriebliche Gesundheitsförderung, Wiesbaden, 2004.

BADURA, B./RITTER W./SCHERF M. (1999), Betriebliches Gesundheitsmanagement – ein Leitfaden für die Praxis, Berlin.

BADURA, B./LITSCH, M./VETTER, CH. (2002), Fehlzeiten-Report 1999, Psychische Belastungen am Arbeitsplatz, Berlin.

BADURA, B. (2004), Was ist Sozialkapital, in: Salutogenetische Ansätze in der Gesundheitsförderung. Vortrag anlässlich der Fachtagung Sport und Gesundheit in Magdeburg. Internet-Dokument vom 08.09.2004.

BADURA, B./SCHELLSCHMIDT, H./VETTER, C. (Hrsg.) (2007), Fehlzeiten-Report 2006. Chronische Krankheiten, Berlin.

BADURA, B./GREINER W., RIXGENS, P./UEBERLE, M./BEHR M. (2008), Sozialkapital: Grundlagen von Gesundheit und Unternehmenserfolg, Berlin.

BAMBERG, E./FAHLBRUCH, B. (2004), Gesundheit und Sicherheit, in: Schuler, H. (Hrsg.), Lehrbuch Organisationspsychologie, Bern.

BECKMANN, J./ZIMOLONG, B./STAPP, M./ELKE, G. (2001), Personalmanagement erfolgreicher Betriebe, in: Zimolong, B. (Hrsg.), Management des Arbeits- und Gesundheitsschutzes. Die erfolgreichen Strategien der Unternehmen, Wiesbaden.

BENGEL, J./STRITTMANN, R./WILLMANN, H. (2001), Was hält Menschen gesund? Antonovskys Modell der Salutogenese – Diskussionsstand und Stellenwert, Bundeszentrale für gesundheitliche Aufklärung – BzgA (Hrsg.), Forschung und Praxis der Gesundheitsförderung, Band 6, Köln.

BERTELSMANN STIFTUNG/BKK BUNDESVERBAND (Hrsg.) (2006), Guide to Best Practice. Unternehmenskultur und betriebliche Gesundheitspolitik: Erfolgsfaktoren für Business Excellence, Essen.

BERUFSGENOSSENSCHAFTLICHE REGELN FÜR SICHERHEIT UND GESUNDHEIT BEI DER ARBEIT, BGR 131–1 „Natürliche und künstliche Beleuchtung von Arbeitsstätten", Oktober 2006.

BIT E.V./UNIVERSITÄT BIELEFELD (2006), „Befragung BGM NRW" vom 8.11.2006, Internet-Dokument in: www.bit-bochum.de/download/

BKK BUNDESVERBAND (1999), Qualitätskriterien für die betriebliche Gesundheitsförderung, Essen 1999.

BKK BUNDESVERBAND (2001), Auf dem Weg zum gesunden Unternehmen, Argumente und Tipps für ein modernes betriebliches Gesundheitsmanagement, BKK Bundesverband Abteilung Gesundheit, WHO-Collaborating (Hrsg.), Essen.

BKK BUNDESVERBAND (Hrsg.) (2006), BKK Gesundheitsreport 2006. Demographischer und wirtschaftlicher Wandel – gesundheitliche Folgen, Essen.

BUNDESANSTALT FÜR ARBEITSCHUTZ UND ARBEITSMEDIZIN (BAUA) (Hrsg.) (2006), Gesundheitsschutz in Zahlen 2004. Dortmund.

BUNDESANSTALT FÜR ARBEITSSCHUTZ UND ARBEITSMEDIZIN, Toolbox zur Erfassung psychischer Belastungen, in: www.baua.de/nn_5846/sid_3D4BA2E49E72608CE07CE82D419D8F75/de/Informationen-fuer-die-Praxis/Handlungshilfen-und-Praxisbeispiele/Toolbox/Instrumente_2C_20Verfahren_20finden__content.html?__nnn=true

BURDORF, A./SOROCK, G. (1997), Positive and negative evidence of risk factors for back disorders. Skandinavian Journal of Work, Environment and Health, 23 (4).

BUTTLER, G./BURKERT, C. (2001), Betriebliche Einflussfaktoren des Krankenstandes, in: Badura, B./Litsch, M./Vetter, C. (Hrsg.), Fehlzeitenreport 2001, Berlin 2001.

DOEF, M. VAN DER/MAES, S. (1999), The job demand-control (-support) model and psychological well-being: a review of 20 years of empirical research. Work and Stress, 13.

DORMANN, C./ZAPF, D. (2002), Social stressors at work, irritation, and depressive symptoms: Accounting for unmeasured third variables in a multi-wave study. Journal of Occupational & Organizational Psychology, 75.

DRUPP, M./OSTERHOLZ, U. (2001), Das „Bonusprojekt" der AOK Niedersachsen. Kontext, Grundzüge, Möglichkeiten und Grenzen, in: Pfaff, H./Slesina, W. (Hrsg.), Effektive betriebliche Gesundheitsförderung. Konzepte und methodische Ansätze zur Evaluation und Qualitätssicherung, Weinheim.

EXPERTENKOMMISSION DER BERTELSMANN STIFTUNG UND DER HANS-BÖCKLER-STIFTUNG (2004), Zukunftsfähige betriebliche Gesundheitspolitik, Gütersloh.

GAAB, J./EHLERT, U. (2005), Chronische Erschöpfung und Chronisches Erschöpfungssyndrom, Reihe Fortschritte der Psychotherapie, Manuale für die Praxis, hrsg. von D. Schulte/K. Grawe/K. Hahlweg/D. Vaitl, Göttingen.

GERLMAIER, A. (2006), Alternsgerechte Personal- und Gesundheitsförderung bei Mittal Steel, Abschlussbericht.

GERLMAIER, A. (2007), Ressourcenorientiertes Präventionsmanagement: Ergebnisse einer Evaluationsstudie in der Stahlindustrie. Internet-Dokument, Gelsenkirchen.

GOLEMAN, D./BOYATZIS R./MCKEE, A. (2003), Emotionale Führung, Berlin.

HARTVIGSEN, J./LINGS, S./LEBOEUF-YDE, C./BAKKETEIG, L. (2004), Psychosocial factors at work in relation to low back pain and consequences of low back pain; a systematic, critical review of prospective cohort studies. Occupational and Environmental Medicine, 61.

HAUPTVERBAND DER GEWERBLICHEN BERUFSGENOSSENSCHAFTEN/BKK BUNDESVERBAND (2004), FGA-Report 5, Stellenwert und betriebliche Relevanz psychischer Belastungen bei der Arbeit.

HEALTH & SAFETY EXECUTIVE (HSE) (1997), Successful health and safety management (2nd ed.), HSG 65, Sudbury.

HEALTH ADVISORY, „Gesundheitsvorsorge zahlt sich für Unternehmen aus", Internet-Dokument vom 22.03.2007

ILMARINEN, J. (1999), „Ageing Workers in the European Union", Ministry of Labour, Helsinki, Finnland.

ILMARINEN, J./TEMPEL, J. (2002), Was können wir tun, damit Sie gesund bleiben?, Hamburg.

ILMARINEN, J./TEMPEL, J. (2003), Erhaltung, Förderung und Entwicklung der Arbeitsfähigkeit - Konzepte und Forschungsergebnisse aus Finnland. In: Badura, B. et al. (Hrsg.): Fehlzeiten-Report 2002, Berlin.

JÖBKES, B. (2004), PowerPointPräsentation - „Gesundheitsförderung", Gesamtkonzept von Mittal Steel in Duisburg, unveröffentlicht.

JÜRGEN, K./BLUME A./SCHLEICHER R./SZYMANSKI, H. (1997), Arbeitsschutz durch Gefährdungsanalyse - eine Orientierungshilfe zur Umsetzung eines zeitgemäßen Arbeitsumweltschutzes, Berlin.

KALUZA, G. (2004), Stressbewältigung. Trainingsmanual zur psychologischen Gesundheitsförderung, Heidelberg.

KARASEK, R.A. (1979), Job demands, job decision latitude and mental strain: Implications for job redesign, Administrative Science Quarterly, 24.

KROLL, D./NEUMANN, H. (Hrsg.) (2004), Neue Wege der Organisation. Teamorientierte Unternehmensführung bei der Rasselstein Hoesch GmbH/Rasselstein GmbH, Wiesbaden.

LANDESANSTALT FÜR ARBEITSSCHUTZ DES LANDES NRW (Hrsg.) (2005), Arbeitswelt NRW 2004. Belastungsfaktoren – Bewältigungsformen – Arbeitszufriedenheit. Düsseldorf: Landesanstalt für Arbeitsschutz des Landes NRW.

LUXEMBURGER DEKLARATION ZUR BETRIEBLICHEN GESUNDHEITSFÖRDERUNG IN DER EUROPÄISCHEN UNION (1997), Verfügbar unter: http://www.netzwerk-unternehmen-fuer-gesundheit.de/ vom 06.12.2006.

MARQUARD, A. (2003), Gerontologie – die junge Wissenschaft vom Altern, in: www.aging-alive.de.

MCGRATH, J.E. (1981), Stress und Verhalten in Organisationen, in: Nitsch, J. R. (Hrsg.), Stress, Bern.

MEISSNER-PÖTHIG D./MICHALAK U. (1997), Vitalitätsdiagnostik, Grundlagen – Angebote – Konsequenzen, Stuttgart.

MOHR, G./RIGOTTI, T./MÜLLER, A. (2005), Irritation – ein Instrument zur Erfassung psychischer Beanspruchung im Arbeitskontext. Skalen- und Itemparameter als 15 Studien, Zeitschrift für Arbeits- und Organisationspsychologie, 49 (1).

MORSCHHÄUSER, M. (2000), Personalentwicklung oder Personalaustausch?, in: Badura, B./Litsch, M./Vetter, C., Fehlzeiten-Report 2000, Berlin.

MORSCHHÄUSER, M. (2002), Ansatzpunkte einer alternsgerechten Arbeits- und Personalpolitik. In: Badura, B./Litsch, M./Vetter, C. (Hrsg.), Fehlzeiten-Report 2002, Berlin.

NOVITAS BKK – DIE PRÄVENTIONSKRANKENKASSE (2003–2006), Gesundheitsberichte für Mittal Steel, 2003–2006.

PFAFF, H. (1999), Organisationsdiagnose im Rahmen des betrieblichen Gesundheitsmanagements, in: Badura, B./Ritter, W./Scherf, M., Betriebliches Gesundheitsmanagement – ein Leitfaden für die Praxis, Berlin.

PARIDON, H./BINDZIUS, F./WINDEMUTH, D./HANSSEN-PANN-HAUSEN, R./BOEGE, K./SCHMIDT, N./BOCHMANN, F. (2004), Ausmaß, Stellenwert und betriebliche Relevanz psychischer Belastungen bei der Arbeit. IGA-Report 5. Dresden: HVBG und Essen.

PELLETIER, K.R. (2001), A review and analysis of the clinical- and cost-effectiveness studies of comprehensive health promotion and disease management programs at the worksite: 1998–2000 update. American Journal of Health Promotion, 16.

RICHTER, P. (2002), Belastung und Belastungsbewältigung in der modernen Arbeitswelt. Flexibilisierung und Intensivierung der Arbeit – Konsequenzen für einen Wandel der psychischen Belastungen, in: Schumacher, J./Reschke, K./Schröder, H. (Hrsg.), Mensch unter Belastung. Erkenntnisfortschritte und Anwendungsperspektiven der Stressforschung, Frankfurt.

RICHTER, P./HACKER, W. (1998), Belastung und Beanspruchung: Streß, Ermüdung und Burnout im Arbeitsleben, Heidelberg.

SACKMANN S. (2004), Erfolgsfaktor Unternehmenskultur, Wiesbaden.

SCHEUCH, K. (2000), Paradigmenwechsel in der Arbeitswelt, Stand und Probleme der arbeitsbezogenen Gesundheitsforschung, in: Brandenburg, U./Nieder, P./Susen, B. (Hrsg.), Gesundheitsmanagement im Unternehmen, Grundlagen, Konzepte und Evaluation, Weinheim und München.

SCHLEICHER R., BIT E.V. (2006), Vortrag „Psychosoziale Belastungen" am 28.04.2006 an der Universität Bielefeld.

SCHWARZER, R. (2004), Psychologie des Gesundheitsverhaltens, Göttingen.

SEMMER, N. K./UDRIS, I. (2004), Bedeutung und Wirkung von Arbeit, in: Schuler, H. (Hrsg.), Lehrbuch Organisationspsychologie, Bern.

SEMMER, N.K./ZAPF, D. (2004), Gesundheitsbezogene Interventionen in Organisationen, in: Schuler, H. (Hrsg.), Enzyklopädie der Psychologie, Themenbereich D, Serie III, Band 4, Organisationspsychologie, Göttingen.

SENGE, P. (1996), Die fünfte Dimension, Stuttgart.

SPRENGER, R. (1994), Mythos Motivation, Frankfurt.

SPRENGER, R. (1995), Das Prinzip Selbstverantwortung, Frankfurt.

STEINMANN, H./SCHREYÖGG, G. (2005), Management: Grundlagen der Unternehmensführung. Konzepte – Funktionen – Fallstudien, Wiesbaden.

ULICH, E. (2005), Arbeitspsychologie, Stuttgart.

ULICH, E./WÜLSER, M. (2008), Gesundheitsmanagement in Unternehmen. Arbeitspsychologische Perspektiven, 3. Auflage, Wiesbaden.

ULICH, E./WÜLSER, M. (2004), Gesundheitsmanagement in Unternehmen. Arbeitspsychologische Perspektiven, Wiesbaden.

UNSCHEDULED ABSENCE SURVEY (2004), in: www.mittelstand-und-familie.de/storage/download/Wirtschaftlicher+Erfolg+mit+Vereinbarkeit+2005.pdf

VAHTERA, J./KIVIMÄKI, M./PENTTI, J./LINNA, A./VIRTANEN, M./ VIRTANEN, P./, FERRIE, J.E. (2004), Organisational downsizing, sickness absence, and mortality: 10-town prospective cohort study. British Medical Journal, 328.

WACHTLER, G./FRANZKE H./BALCKE J. (2000), Die Innovationsfähigkeit von Betrieben angesichts alternder Belegschaften, FES Library.

WEISS, V./UDRIS, I. (2001), Downsizing und Survivors. Stand der Forschung zum Leben und Überleben in schlanken und fusionierten Organisationen, Arbeit, 10.

WEISS, V./UDRIS, I. (2006), Downsizing in Organisationen: Und was ist mit den Verbleibenden nach Personalabbau?, in: Badura, B./Sellschmidt, H./Vetter, C. (Hrsg.), Fehlzeiten-Report 2005. Arbeitsplatzunsicherheit und Gesundheit, Berlin 2006.

WILKENS, U., in: www.boeckler.de/pdf/fof_020122transparenzstudie_ gesundheitsmanagement.pdf

WORLD HEALTH ORGANIZATION, Verfassung der Weltgesundheitsorganisation vom 22. Juli 1946. Deutsche Übersetzung verfügbar unter: http://www.admin.ch/ch/d/sr/c0_810_1/index.html (06.12.2006).

WORLD HEALTH ORGANIZATION (1986), Ottawa-Charter for Health Promotion. First International Conference on Health Promotion. Ottawa, 21 November 1986.

ZAPF, D. (2002), Emotion work and psychological well-being: A review of the literature and some conceptual considerations, Human Resource Management Review, 12.

ZAPF, D./SEMMER, N.K. (2004), Stress und Gesundheit in Organisationen, in: Schuler, H. (Hrsg.), Enzyklopädie der Psychologie, Themenbereich D, Serie III, Band 3, Organisationspsychologie, Göttingen.

ZIMOLONG, B. (Hrsg.) (2001), Management des Arbeits- und Gesundheitsschutzes – Die erfolgreichen Strategien der Unternehmen, Wiesbaden.

ZIMOLONG, B./ELKE, G./TRIMPOP, R. (2006), Gesundheitsmanagement, in: Zimolong, B./Konradt, U. (Hrsg.). Enzyklopädie der Psychologie: Themenbereich D Praxisgebiete, Serie III Wirtschafts-, Organisations- und Arbeitspsychologie, Band 2 Ingenieurpsychologie, Göttingen.

ZOK, K. (2006), Personalabbau, Arbeitsplatzunsicherheit und Gesundheit – Ergebnisse einer repräsentativen Umfrage, in: Badura, B./Sellschmidt, H./Vetter, C. (Hrsg.) (2006), Fehlzeiten-Report 2005. Arbeitsplatzunsicherheit und Gesundheit, Berlin.

Die Autoren

Heinz Leo Becker, Dipl.-Betriebswirt (FH), Leiter des Teilprojektes „Ganzheitliche Lebensberatung", Koordinator Personalservice bei der Rasselstein GmbH.

Frank Berssem, Betriebswirt, Leiter der Teilprojekte Gesundheitsaudits, Gesundheitszirkel, Weiterbildung, Alternde Belegschaften, Leiter Aus- und Weiterbildung bei der Rasselstein GmbH.

Robert Brand, staatl. gepr. Betriebswirt, Teilprojektleiter Fehlzeitenmanagement, Fachleiter Personal bei der Rasselstein GmbH.

Ernst Butz, Sozialversicherungsfachangestellter, Vorstand Novitas BKK – Die Präventionskasse.

Christina Budde, Journalistin, Beraterin, Trainerin, Teilprojektleiterin Gesundheitsmarketing und -kommunikation, selbstständig.

Jürgen Dzudzek, Dipl.-Päd./Dipl.-Sozw., Projektinitiator, alternierender Vorsitzender des Vorstandes der Hütten- und Walzwerks-Berufsgenossenschaft, 1. Bevollmächtigter der IG Metall, Duisburg-Dinslaken; alternierender Vorsitzender des Projektbeirates.

Konrad Einig, Personalleitung Stiftungsklinikum Mittelrhein Koblenz, bis 2008 Leiter des Direktionsbereichs Personalservice und Sicherheit der ThyssenKrupp Steel AG, Mitinitiator/Mitentwicklung der Gesamtkonzeption.

Friedrich Ernst v. Garnier, Designer und Farbphilosoph, Studium an der Werkkunstschule Wiesbaden. Gestaltet weltweit Großprojekte, u. a. für Industrieunternehmen. Zahlreiche nationale und internationale Preise und Auszeichnungen, darunter zweimal der European Steel Design Award.

Dr. Anja Gerlmaier, Dipl.-Psychologin, wissenschaftliche Mitarbeiterin des Forschungsschwerpunktes „Arbeitszeit und Arbeitsorganisation" am Institut Arbeit und Qualifikation der Universität Duisburg (IAQ, vorher IAT).

Klaus Höfer, Dipl.-Ing. (FH), 2005 bis 2006 Teilprojektleiter „altersgerechte Arbeitszeitgestaltung" im Rahmen des DFG-Projektes „Kronos" in Zusammenarbeit mit der TH Karlsruhe, Leiter der Arbeitsorganisation bei der Rasselstein GmbH.

Bernd Hoffmann, Dipl.-Ing., Teilprojektleiter Licht und Farbe, Teamleiter in der Produktionsabteilung Entfetten Glühen der Rasselstein GmbH.

Jürgen Hoss, Techniker, Fachkraft für Arbeitssicherheit, Teilprojektleiter Ergonomie und Sicherheit, Teamleiter Arbeitssicherheit/Vorschlagswesen bei der Rasselstein GmbH.

Bernd Jöbkes, Ingenieur, Leiter der Arbeitssicherheit bei ArcelorMittal.

Marc-Martin Klaassen, Koch, Leiter der Teilprojekte „Ernährung" und „Infrastruktur", Leiter des Betriebsrestaurants bei der Rasselstein GmbH.

Karl Heinz Krämer, Dipl.-Kaufmann, Teilprojektleiter „Gesundheitsaudits", Referent im Personalservice der Rasselstein GmbH.

Dieter Kroll, Mitglied des Vorstands der ThyssenKrupp Steel AG und Arbeitsdirektor, zuständig für das Ressort Personal und Soziales, Mitglied des Verwaltungsrates der Novitas BKK, von 2001 bis 2004 Arbeitsdirektor bei der Rasselstein GmbH.

Dr. Rudolf Carl Meiler, Dipl.-Kaufmann, Dipl.-Psychologe, Gesamtprojektleiter „Der gesunderhaltende Betrieb", Leiter Personalstrategie und Personalentwicklung der ThyssenKrupp Steel AG, Chairman der Working Group People der European Steel Technology Platform.

Dr. Wolfgang Marschner, Dipl.-Chemiker, Koordinator Forschungsprojekte der VMBG, Leiter der Fachstelle Gefahrstoffe der Maschinenbau- und Metall-Berufsgenossenschaft.

Regina Mertens, Dipl.-Pflegewissenschaftlerin (FH), Gesundheitsbeauftragte bei ArcelorMittal.

Dr. med. Karsten Stolz, Facharzt für Allgemeinmedizin, Arbeitsmedizin, Notfallmedizin, Leiter der Teilprojekte Gesundheits-Checkups, Ernährung und Fitness, Psychische Gesundheit und Stressmanagement, Werkbank statt Reservebank, Belastungsatlas, bis 30. Sept. 2007 Betriebsarzt bei der Rasselstein GmbH.

Dr. Dieter Rohe, Leiter Umweltschutz und Leiter AK Gesundheit der Grillo-Werke AG, Koordinierung der Einzelprojekte im AK Gesundheit und disziplinarischer Vorgesetzter im Werksärztlichen Dienst.

Dr. Jochen Spriestersbach, Vorstandsmitglied der Grillo-Werke AG, verantwortlich u. a. für den Arbeits- und Gesundheitsschutz.

Dr. Heinz-Siegmund Thieler, Jurist, Geschäftsführer des Unternehmerverbands der Metallindustrie für Dortmund und Umgebung e.V, amtierender Vorsitzender des Vorstandes der Maschinenbau- und Metall-Berufsgenossenschaft.

Printed in the United States
By Bookmasters